BARRON'S
FOREIGN LANGUAGE GUIDES

INGLÉS COMPLETO

Repaso integral de gramática inglesa para hispanohablantes, Segunda edición

Complete English Grammar Review for Spanish Speakers, Second Edition

Theodore Kendris, Ph.D.
Instructor
Department of Languages and Cultures
Bloomsburg University, Bloomsburg, Pennsylvania

Otras obras de Theodore Kendris
501 Spanish Verbs, Eighth Edition, Barron's Educational Series, Inc., 2017
501 French Verbs, Seventh Edition, Barron's Educational Series, Inc., 2015
French Now!, Fourth Edition, Barron's Educational Series, Inc., 2007
Spanish Grammar, Third Edition, Barron's Educational Series, Inc., 2011

Para Fran y Madeleine

Agradecimientos
Mi sincero agradecimiento a la profesora Carmen P. McSweeney, de Penn State
University, que leyó la primera redacción de este libro para verificar la precisión y
fidelidad de las explicaciones y traducciones en español.

All inquiries should be addressed to:
Barron's Educational Series, Inc.
250 Wireless Boulevard
Hauppauge, New York 11788
www.barronseduc.com

ISBN: 978-1-4380-1049-6

Library of Congress Control No.: 2018945268

Printed in the United States of America
9 8 7 6 5 4 3 2 1

Contenido

1

Introducción: Modo de empleo de este libro (Introduction: How to Use This Book)

Este libro ha sido concebido para ayudar a los estudiantes de nivel intermedio y avanzado que quieren mejorar sus conocimientos de la gramática inglesa. Hicimos un esfuerzo por abarcar todos los conocimientos esenciales. Cada capítulo comienza por varias preguntas (¿Cuánto sabes?) sobre los temas que vamos a estudiar. El objeto de estas preguntas es ayudarte a reconocer lo que necesitas revisar. Las respuestas (Answer Keys) están al fin del libro. ¡Elige tú mismo la dirección de tu trayecto! Puedes comenzar al comienzo y estudiar los capítulos uno por uno, o puedes saltar a la sección que más te interese. Te recomendamos que estudies cada tema por completo. Por ejemplo, si tienes dificultades con los participios pasados, puedes practicar su formación en el capítulo 3, y practicar su uso en los capítulos 2, 3 y 4.

Los ejercicios titulados "Grammar in Context" y "Culture Capsule" te permiten practicar la gramática mientras aprendes algo sobre la cultura e historia estadounidenses.

Notarás que hemos puesto las explicaciones en español para permitirte acentuar la gramática, los ejemplos y los ejercicios. Esperamos que te sean edificantes y divertidos. No te olvides que es natural hacer errores cuando estás aprendiendo un idoma. Lo que importa es reconocer lo que necesitas mejorar y estudiarlo.

No te olvides tampoco que hay apéndices al fin del libro donde puedes buscar una palabra (Vocabulario), un tema (Índice), un verbo irregular (Irregular Verbs) o un verbo regular (Regular Verbs).

La pronunciación del inglés *(English Pronunciation)*

Aunque ya hayas alcanzado un nivel avanzado en inglés, puedes todavía perfeccionar tu pronunciación. Por eso, damos a veces la pronunciación de una palabra problemática. En este libro, empleamos el alfabeto fonético internacional. Este sistema nos permite presentar la pronunciación de manera que se eviten las dificultades asociadas a las variaciones regionales de la pronunciación española. Lo que te ayudará más es hablar siempre en inglés con tus amigos y compañeros de trabajo, escuchar la radio y mirar televisión, navegar por Internet y aprender algo nuevo cada día. Nota que la pronunciación que presentamos es bastante neutra, y que vas a encontrar varias diferencias según la región donde vivas o viajes. En efecto, la pronunciación inglesa requiere mucho trabajo debido a que está subordinada a muchas excepciones. Te sugerimos que estudies un buen libro de pronunciación, como *Pronounce It Perfectly in English,* publicado por Barron's Educational Series, Inc.

A continuación, aparecen los símbolos del alfabeto fonético internacional (International Phonetic Alphabet—IPA) que empleamos en este libro.

IPA	EXAMPLES IN ENGLISH WORDS	APPROXIMATE EXAMPLES IN SPANISH WORDS
Vowels (las vocales)		
[a]	father ['fa ðər], pot [pat]	tan [tan], la [la]
[æ]	travel ['træv əl]	*No hay sonido correspondiente en español.*
[e]	egg [eg], met [met]	tener [te 'ner]
[i]	seed [siːd]	final [fi 'nal]
[ɪ]	fix [fɪks]	*Como la "i" española, pero más corta.*
[ʌ]	up [ʌp], done [dʌn]	*No hay sonido correspondiente en español.*
[ɔ]	torch [tɔrtʃ], draw [drɔ]	*No hay sonido correspondiente en español.*
[ɜ]	earth [ɜrθ]	*No hay sonido correspondiente en español.*
[u]	food [fud], zoo [zu]	mudar [mu 'dar]
[ə]	again [əgen]	*No hay sonido correspondiente en español.*

IPA	EXAMPLES IN ENGLISH WORDS	APPROXIMATE EXAMPLES IN SPANISH WORDS
Semivowels *(las semivocales)*		
[j]	**y**ear [jɪər], **y**es [jes]	**y**o [jo]
[w]	**w**est [west]	ac**ue**rdo [a 'kwer do]
Diphthongs *(los diptongos)*		
[eɪ]	st**ay** [steɪ]	r**ei**no ['rrei no]
[eə]	c**a**re [keər]	*No hay sonido correspondiente en español.*
[ɪə]	f**ea**r [fɪər]	*No hay sonido correspondiente en español.*
[aɪ]	f**igh**t [faɪt], fr**y** [fraɪ]	b**ai**lar [bai 'lar]
[ɔɪ]	t**oy** [tɔɪ]	est**oy** [est 'ɔɪ]
[aʊ]	c**ow** [kaʊ]	**au**la ['aʊ la]
[oʊ]	g**o** [goʊ]	*No hay sonido correspondiente en español.*
[ʊə]	t**our** [tʊ ər]	t**ur**no ['tʊr no]
Consonants *(las consonantes)*		
[b]	**b**a**b**y [beɪbɪ], **b**e [biː]	**b**eso ['be so]
[d]	**d**one [dʌn]	**d**ía ['di a]
[ð]	mo**th**er ['mʌð ər]	na**d**a ['na ða]
[f]	**f**un [fʌn]	**f**alda ['fal da]

IPA	EXAMPLES IN ENGLISH WORDS	APPROXIMATE EXAMPLES IN SPANISH WORDS
[g]	give [gɪv], gum [gʌm]	*No hay sonido correspondiente en español.*
[h]	help [help]	jurar [xu 'rar]
[k]	cup [kʌp], kangaroo [kæŋgəru]	culpa ['kul pa]
[l]	long [lɔŋ], tell [tel]	la [la]
[m]	me [mi], him [hɪm]	mandar [man 'dar]
[n]	banana ['bə næn ə]	nato ['na to]
[ɲ]	onion ['ʌn jən], canyon ['kæn jən]	niña ['ni ɲa]
[ŋ]	camping ['kæm pɪŋ]	*No hay sonido correspondiente en español.*
[p]	pal [pæl]	para ['pa ra]
[r]	ripe [raɪp], rude [rud]	pero ['pe ro]
[s]	silence ['saɪ ləns], pass [pæs]	cita ['si ta]
[t]	table ['teɪ bəl]	tú [tu]
[θ]	tooth [tuθ]	cita ['θi ta] (pronunciación castellana)

IPA	EXAMPLES IN ENGLISH WORDS	APPROXIMATE EXAMPLES IN SPANISH WORDS
[v]	village ['vɪl ɪdʒ], live [lɪv] / [laɪv]	*No hay sonido correspondiente en español.*
[z]	zero ['zɪr oʊ], easy ['i zi], shows [ʃoʊz]	Como la "s" de desde.
[ʃ]	shows [ʃoʊz], shovel ['ʃʌv əl], vacation [veɪ 'keɪ ʃən], suspicion [sə 'spɪʃ ən], special ['speʃ əl]	sherpa ['ʃer pa]
[tʃ]	chair [tʃer]	mucho ['mu tʃo]
[ʒ]	garage [gə 'raʒ], pleasure ['pleʒ ər]	*No hay sonido correspondiente en español.*
'	Este símbolo indica que hay que acentuar la sílaba.	

¡PRACTIQUEMOS! 1A

Elige la palabra que corresponda a cada transcripción fonética.

approximate	cure	doctor	investigation	system
purpose	occasion	evidence	endurance	demand
caution	suspicion			

1. [kjʊr] _____
2. [ə ˈkeɪ ʒən] _____
3. [pər ˈpəs] _____
4. [dɪ ˈmænd] _____
5. [en ˈdʊr əns] _____
6. [ˈsɪs təm] _____
7. [ˈdok tər] _____
8. [ˈev ɪ dəns] _____
9. [ə ˈprak sɪ mət] _____
10. [ˈkɔ ʃən] _____

¡PRACTIQUEMOS! 1B

Pon cada frase en inglés; utiliza las palabras siguientes:

practice	where	by	power	makes
knowledge	you	cover	a	hang
book	is	perfect	heals	wounds
judge	its	your	you	home
is	hat	can't	time	all

1. [ˈprak təs] [meɪks] [ˈpɜr fɪkt] _____
2. [ˈnalɪdʒ] [ɪz] [paʊər] _____
3. [ju] [keənt] [dʒʌdʒ] [ə] [bʊk] [baɪ] [ɪts] [ˈkʌvər] _____
4. [həʊm] [ɪz] [wer] [ju] [hæŋ] [yur] [hæt] _____
5. [taɪm] [hiːlz] [ɔːl] [wuːndz] _____

2

Verbos—Los tiempos en el presente (Verbs—Present Tenses)

Utilizamos los tiempos presentes en inglés la mayoría de las veces. O sea, "There's no time like the present" (no hay tiempo como el presente) para comenzar un repaso de la gramática inglesa. En este capítulo, hablaremos del presente de indicativo (Present Indicative), del presente perfecto (Present Perfect), de los participios presentes (Present Participles) y del progresivo del presente (Present Progressive).

El presente de indicativo *(Present Indicative)*

El presente de indicativo se emplea cuando hablamos de acciones habituales y de verdades generales. Por ejemplo, si digo

I play the violin.

expreso que yo soy violinista y que yo toco regularmente el violín. Pero, si quiero decir que en este momento estoy tocando el violín, tengo que decir

I am playing the violin.

Este es el progresivo del presente (del que vamos a hablar a continuación). ¡Volvamos ahora al presente de indicativo!

¡Cuidado! En general, en oraciones que describen sentimientos, debes utilizar el presente de indicativo.

I love chocolate.
Me encanta el chocolate.

Michael likes his car.
A Miguel le gusta su coche. (No uses **is liking**.)

Cuando emplear el presente de indicativo

Declaraciones de hechos y realidades

Mount McKinley is the tallest mountain in the United States.
El monte McKinley es la montaña más alta de los Estados Unidos.

The cabinet advises the president.
El gabinete aconseja al presidente.

It snows here in winter.
Nieva aquí en el invierno.

My wife is pretty.
Mi esposa es linda.

¿Sabías tú? (Did you know?)
The Earth isn't a perfect sphere. The circumference of the Earth is 24,859.82 miles around the poles and 24,901.55 miles around the equator.

Source: National Aeronautics and Space Administration (www.nasa.gov)

(Ver el capítulo 19, Los números.)

Vocabulary Helper
circumference [sər ˈkʌm fər əns]
la circunferencia
to measure [ˈmeʒ ər]   *medir*

VERDADES GENERALES

The Earth is a sphere.
La Tierra es una esfera.

ACCIONES HABITUALES

I get up at six in the morning.
Me levanto a las seis de la mañana.

Matthew plays soccer after school.
Matthew juega al fútbol después de la escuela.

La formación del presente de indicativo *(Formation of the Present Indicative)*

Como ya sabes, la formación del presente de indicativo en inglés puede ser muy sencilla o enormemente complicada. Cuando usamos los verbos regulares, tenemos que modificar la terminación según la persona (**I, you, he, she, it, we, you, they**) y el número (singular, plural). Por suerte, las terminaciones son menos difíciles en inglés que en español.

Infinitivo – **to** = stem (el radical)
to walk – to = walk

Para **I, you (singular), we, you (plural),** y **they** utiliza sólo el radical.

to walk *(caminar)*

I walk	We walk
You walk	You walk
☐	They walk

Para **he, she** y **it**, tienes que añadir **s** al radical:
He walk**s**, she walk**s**, it walk**s** [wɔ:ks]

Si el radical termina en la vocal **e**—y si el sujeto es **he, she** o **it**—tienes que agregar **s** al radical:

to take *(tomar)*

I take	We take
You take	You take
He, she, it take**s**	They take

> **Tip**
> Cuando se trata de costumbres, hay frecuentemente una indicación en la oración.
>
> **every Monday, Tuesday, Wednesday...**
> todos los lunes, martes, miércoles...
>
> | **in the morning** | *por la mañana* |
> |---|---|
> | **in the evening** | *por la noche, por la tarde* |
> | **when it rains** | *cuando está lloviendo* |
>
> **Before she starts the car, Madeleine always puts on her seat belt.**
> *Antes de arrancar el coche, Madeleine se pone siempre el cinturón de seguridad.*
>
> **In the summer we go to California.**
> *En el verano, vamos a California.*

> **Tip**
> En inglés, el **infinitivo** comienza por **to**:
> **to talk** *(hablar)*
> **to understand** *(entender)*   (Ver el capítulo 10, El infinitivo.)

Otros verbos que terminan en e:

to **accede** (*acceder*), to **aggravate** (*agravar*), to **describe** (*describir*), to **die** (*morir*), to **hoe** (*azadonar*), to **leave** (*partir*), to **lie** (*acostarse, echarse; mentir*), to **mete out** (*imponer*), to **partake** (*tomar parte en*), to **recede** (*retirarse*), to **restore** (*restablecer*), to **retrieve** (*recuperar, recoger*), to **subdue** (*someter*), to **suppose** (*suponer*), to **vindicate** (*vindicar*)

Si el radical termina en una vocal (que no es **e**)—y si el sujeto es **he**, **she** o **it**—tienes que añadir **es** al radical:

to **go** (*ir*)

I go	We go
You go	You go
He, she, it go**es**	They go

Otros verbos que terminan en una vocal (que no es **e**):

to **do** (*hacer*), to **outdo** (*superar*), to **overdo** (*exagerar, hacer demasiado*), to **zero** (*poner a cero*)

> **Tip**
> Para formar la negación de un verbo, pon **do not** o la contracción **don't** antes del radical:
>
> **I eat.**
> *Como.*
>
> **I do not eat.** o **I don't eat.**
> *No como.*

> **Tip**
> Exceptions: to radio (*radiar*) He/She/It radios
> to lasso (*echar el lazo*) He/She/It lassos or lassoes

Si el radical termina en una consonante + **y**, tenemos que cambiar el **y** a **i** antes de agregar **es** al radical:

to **deny** (*negar*)

I deny	We deny
You deny	You deny
He, she, it den**ies**	They deny

Otros verbos que terminan en una consonante + **y**:

to **accompany** (*acompañar*), to **apply** (*aplicar, solicitar*), to **clarify** (*aclarar*), to **cry** (*llorar*), to **decry** (*criticar*), to **defy** (*desafiar*), to **fly** (*volar*), to **fry** (*freír*), to **imply** (*insinuar*), to **pry** (*fisgar, abrir con una palanca*), to **rally** (*agruparse*), to **rely** (*depender*), to **spy** (*espiar*), to **try** (*probar*), to **unify** (*unificar*), to **vary** (*variar*)

Si el radical termina en una vocal + **y**, no cambies la **y**:

to **display** (*exhibir, demostrar*)

I display	We display
You display	You display
He, she, it display**s**	They display

Otros verbos que terminan en una vocal + **y** son:

to **allay** (*calmar*), to **annoy** (*molestar*), to **buy** (*comprar*), to **delay** (*demorarse, tardar*), to **deploy** (*utilizar*), to **pay** (*pagar*), to **play** (*jugar, tocar*), to **pray** (*orar*), to **say** (*decir*), to **slay** (*matar*), to **toy** (*jugar con*), to **x-ray** (*radiografiar*), to **lay** (*poner*)

> **Tip**
> En los tiempos presentes, el verbo **to lay** toma un objeto directo: **to lay bricks** (*poner ladrillos*).
>
> **Perry lays bricks for a living.**
> *Perry se gana la vida poniendo ladrillos.*
>
> Si no hay objeto directo, tienes que emplear el verbo **to lie** (*echarse*).
> **When I'm tired, I lie down on the couch.**
> *Cuando estoy cansado, me echo en el sofá.*

El verbo **to have** es irregular:

I have	We have
You have	You have
He, she, it ha**s**	They have

Nota que **to have** termina en **s** en la tercera persona del presente de indicativo.

Focus on Verbs—To Be (*ser, estar*)

I am	We are
You are	You are
He, she, it is	They are

Nota que **to be** termina en **s** en la tercera persona del presente de indicativo.

En inglés, no existe la distinción que solemos ver en español. Ambos verbos, *ser* y *estar*, significan **to be**.

James is intelligent.
Jaime es inteligente.

Anne and Marie are tired.
Anne y Marie están cansadas.

The drugstore is over there.
La farmacia está allá.

¡PRACTIQUEMOS! 2A

Cambia la forma del verbo según el nuevo sujeto:

I eat bananas.
Koko eats bananas.

1. *We* amuse the children. *The clown* _____ the children.
2. *He* challenges me. *They* _____ me.
3. *Todd and Marco* avoid homework. *Mike and I* _____ homework.
4. *Maria* runs like the wind. *Maria and Robert* _____ like the wind.
5. *My house* faces the street. *We* _____ the street.
6. *I* forbid you to go. *My mother* _____ you to go.
7. *You* lack judgment. *George* _____ judgment.
8. *Tom* predicts the weather. *Lisa* _____ the weather.
9. *Arthur and Frank* react quickly. *They* _____ quickly.
10. *Gene and Leslie* dance divinely. *You* _____ divinely.
11. In a dangerous situation, *a soldier* always radios for support. In a dangerous situation, *I* always _____ for support.
12. *We* never fly first class. *My friend James* never _____ first class.

El presente perfecto *(Present Perfect)*

Utilizamos el presente perfecto para hablar de una acción que comenzó en el pasado y que continúa en este momento. Por ejemplo:

I have slept.
He dormido.

Fran has finished her work.
Fran ha terminado su trabajo.

Si dices I sleep (duermo), hablas del presente en términos generales, por ejemplo I sleep soundly (duermo profundamente). Si dices I have not slept (no he dormido), la gente comprende que hablas del presente reciente.

Why are you so tired?
(¿Por qué estás tan cansado?)

I haven't slept in two days!
(¡Hace dos días que no he dormido!)

La formación del presente perfecto
(Formation of the Present Perfect)

El presente perfecto consiste en el verbo auxiliar to have (*haber*)—conjugado en el presente de indicativo—y el participio pasado (ver el capítulo 3).

EJEMPLOS

You have helped me a great deal.
Tú me has ayudado mucho.

Ssh! The movie has begun!
¡Cchut! ¡La película ha comenzado! (...acaba de comenzar)

(Ver Past Participles en el capítulo 3.)

¡PRACTIQUEMOS! 2B

> **Vocabulary Helper**
> **to contaminate** [kən 'tæm ə neɪt]   *contaminar*
> **to expect** [ɪk 'spekt]   *esperar*
> **expectation** [ɪk spek 'teɪ ʃn]   *la esperanza*
> **pipe** [paɪp]   *una cañería*
> **solution** [sə 'lu ʃən]   *una solución*
> **to solve** [salv]   *solucionar*

Put all the following statements in the present perfect.

Ex.: They _____ (to eat) all my candy.
They *have eaten* all my candy.

1. We _____ (to contaminate) the water.
2. The water _____ (to circulate) through the pipes.
3. Circles _____ (to appear) in our field.
4. The results _____ (to exceed) our expectations.
5. I _____ (to expect) this for a long time.
6. Time _____ (to solve) your problem.
7. The baseball season _____ (to begin)!
8. You _____ (to finish) your homework? Bravo!
9. Ted _____ (to lose) a lot of weight!
10. Fran and Madeleine _____ (to go) to the zoo. They will return this evening.

Los participios presentes
(Present Participles)

Tip
Hablamos de las contracciones en el capítulo 22 (Puntuación).

Antes de hablar del presente progresivo, examinemos los participios presentes. Éstos se emplean para formar el presente progresivo, el progresivo del pasado y el progresivo del futuro. Se emplea también como gerund. (Hablamos de los gerunds en el capítulo 10.)

Formación de los participios presentes
(Present Participle Formation)

La formación del participio presente en inglés es bastante sencillo. Tienes solo que agregar ing al radical.

to eat − to = eat
eat + ing = eating

EJEMPLOS

We are studying English grammar.
Estamos estudiando la gramática inglesa.

Si el verbo termina en e, suprime la e antes de añadir ing al radical:

bailar	to dance	dancing
borrar	to erase	erasing
limpiar	to wipe	wiping
respirar	to breathe	breathing

Si el verbo termina en y, hay solo que añadir ing al radical:

secar	to dry	drying
decir	to say	saying

Si el verbo termina en n, p, t, después de una vocal sola, tienes que doblar la n, p, t antes de añadir ing al radical:

comenzar	to begin	beginning
parar	to stop	stopping
sentarse	to sit	sitting

Algunos verbos con participios presentes irregulares:

to die (*morir*)	dying
to dye (*teñir*)	dyeing
to tie (*atar*)	tying o tieing
to singe (*quemar*)	singeing

Tip
Para evitar la confusión con el participio presente de to sing (*cantar*), que es **singing**, hay que mantener la letra **e**. Además, las dos palabras se pronuncian de manera diferente: **singing** [sɪŋɪŋ]; **singeing** [sɪndʒɪŋ]

BUSCAPALABRAS (WORD SEARCH)

Find the present participle and past participle of each of the following words and circle them:

```
M  L  H  D  G  N  I  T  I  R  W  Z  J  T  K
R  O  R  U  N  D  E  R  T  A  K  I  N  G  N
H  W  G  N  I  Y  D  E  I  D  M  L  M  C  Q
V  A  M  U  N  D  E  R  T  A  K  E  N  O  G
I  L  E  D  E  N  E  P  R  A  H  S  E  Q  G
V  K  N  N  P  U  K  J  H  L  E  V  T  R  H
K  I  P  T  R  B  E  E  N  Q  D  Y  T  C  N
E  N  J  W  A  N  E  R  A  S  E  D  I  Q  Q
K  G  N  I  H  C  T  A  C  S  K  N  R  Q  U
G  N  O  W  S  I  V  S  C  C  L  U  W  S  U
S  I  G  N  I  D  N  I  F  X  A  O  U  C  T
Z  O  V  I  B  E  I  N  G  Z  W  F  C  U  F
B  G  Z  H  K  T  H  G  U  A  C  A  D  U  C
```

to be	_____	_____
to catch	_____	_____
to die	_____	_____
to erase	_____	_____
to find	_____	_____
to go	_____	_____
to sharpen	_____	_____
to undertake	_____	_____
to walk	_____	_____
to write	_____	_____

El presente progresivo *(Present Progressive)*

Utilizamos el presente progresivo en inglés para hablar de acciones que están ocurriendo en este momento. Consta de dos partes: el verbo **to be** *(estar)* conjugado según el sujeto + **el participio presente**:

I am listening.
Estoy escuchando.

We are conforming.
Nosotros nos conformamos.

Vocabulary Helper
to launch [lɔntʃ]   *lanzar*
to participate [par 'tɪs ə peɪt]   *participar*
project ['pradʒ ekt]   *el proyecto*
space station [speɪs 'steɪ ʃən]   *la estación
espacial*

NASA and the ESA are launching a rocket.
La NASA y la AEE lanzan un cohete.

He is deceiving you.
Él te engaña.

Lisa is recovering from her operation.
Lisa se está reponiendo de su operación.

The farmer is scattering seeds.
El granjero está esparciendo las semillas.

The government is financing our project.
El gobierno está financiando nuestro proyecto.

You're exceeding the speed limit.
Estás excediendo el límite de velocidad.

¡PRACTIQUEMOS! 2C

Traduce las oraciones siguientes.

1. Estoy leyendo un libro. _____
2. Madeleine está contenta. _____
3. Estamos mirando televisión. _____
4. Anna y María están en el zoo. _____
5. Fran está trabajando hoy. _____
6. Mi esposa es linda. _____
7. Brett y Ellen están jugando al tenis. _____
8. El caballo se está comiendo una manzana. _____
9. Me gusta la ciencia ficción. _____
10. ¡Cuidado! ¡El avión se está estrellando! _____

Grammar in Context

DIALOGUE

Harry gets on a bus and sits down next to Sally. He has a lot of questions.

Harry: Excuse me. Is this seat taken?

Sally: No it isn't.

Harry: Are you _____ (go) downtown?

Sally: That's where the bus _____ (go) right now.

Harry: Are you _____ (read) the paper?

Sally: No. I have a bird and I _____ (choose) a nice page to put in his cage.

Harry: What kind of bird do you have?

Sally: I _____ (have) a parakeet. _____ (do) you _____ (like) birds?

Harry: I _____ (love) chicken, turkey, and duck. I _____ (enjoy) any bird that _____ (go) well with rice.

Sally: I _____ (ought to) go now.

Harry: Will I see you again?

Sally: Not if I _____ (see) you first.

Vocabulary Helper
cage [keɪdʒ]   *una jaula*
duck [dʌk]   *un pato, una pata*
parakeet ['pær ə kit]   *un periquito*

Putting It All Together

CRUCIGRAMA (CROSSWORD PUZZLE)

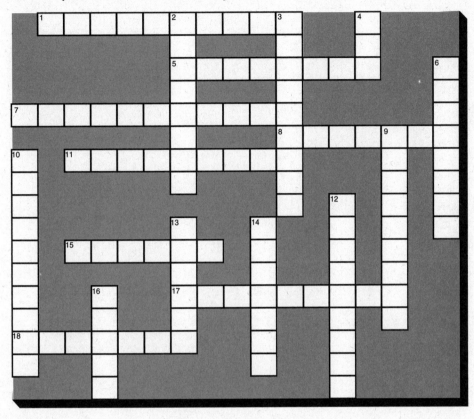

Across

1. You _____ (help) us a lot.
5. The Earth _____ (revolve) around the Sun.
7. Tonight we _____ (watch) our favorite TV show.
8. Mike _____ (be) waiting for twenty minutes.
11. The stripes on the U.S. flag _____ (represent) the original thirteen states.
15. The criminal _____ (deny) any involvement in the crime.
17. It _____ (snow) heavily right now.
18. The word "table" _____ (convey) many meanings.

Down

2. Reading is an activity that _____ (enrich) your vocabulary.
3. I am _____ (delight) to meet you.
4. Our government _____ (have) three branches.
6. Dave and I _____ (download) songs from the Internet every day.
9. I _____ (encourage) you to relax.
10. They often _____ (contradict) each other.
12. Paul's explanation _____ (clarify) the problem.
13. Your explanation _____ (defy) logic.
14. My nightmares _____ (magnify) my fears.
16. My mother _____ (love) chocolate.

3

Verbos—Los tiempos pasados (Verbs—Past Tenses)

¿Cuánto sabes? *(How much do you know?)* ?

1. Pon los verbos siguientes en el pretérito (Simple Past Tense).
   You _____ (to smile)
   We _____ (to eat)
   They _____ (to write)
   She _____ (to write)
   I _____ (to sleep)

2. Elige la forma correcta:
   I _____ my homework when I fell asleep.
   a. did
   b. done
   c. was doing
   d. do

3. Indica el participio pasado de cada verbo:
   to eat _____
   to sleep _____
   to try _____
   to talk _____
   to paint _____

4. Escoge la forma correcta:
   Had you _____ before you went to the movie?
   a. ate
   b. eaten
   c. eat
   d. eating

5. Traduce la oración siguiente:
   Cuando yo era joven, iba a la playa todos los días.
   _____

Introducción

Hay muchas maneras de hablar del pasado en inglés, pero aún, los tiempos pasados no corresponden a los que usamos en español. En este capítulo vamos a hablar de los tiempos siguientes: **Simple Past** (el pretérito), **Past Progressive** (el progresivo del pasado, el pasado continuo), **Past Perfect** (el pasado perfecto), **Past Perfect Progressive** (el pasado perfecto continuo). Hablaremos también de los **Past Participles** (los participios pasados).

Utilizamos los tiempos pasados para hablar de acciones, estados mentales o físicos, eventos o descripciones que han ocurrido en el pasado.

Algunas palabras y frases que indican el pasado:

already	*ya*
last...	
last month	*el mes pasado*
last night	*anoche*
last Tuesday	*el martes pasado*
last week	*la semana pasada*
last year	*el año pasado*
...ago	
two days ago	*hace dos días*
two months ago	*hace dos meses*
two years ago	*hace dos años*
three hours ago	*hace tres horas*
fifty years ago	*hace cincuenta años*
yesterday...	
yesterday	*ayer*
yesterday afternoon	*ayer por la tarde*
yesterday evening	*ayer por la noche*
yesterday morning	*ayer por la mañana*
the day before yesterday	*anteayer*

We went out last night.
Salimos anoche.

He graduated from Northwestern University twenty years ago.
Él se graduó de Northwestern University hace veinte años.

The plane took off fifteen minutes ago.
El avión despegó hace quince minutos.

She already ate. (She has already eaten.)
Ella ya comió. (...ha comido)

Vocabulary Helper
domestic [də 'mes tɪk] *nacional*
flight [flaɪt] *el vuelo*

El **Simple Past** del inglés se traduce por el pretérito o el imperfecto del español, según el contexto. Nota las expresiones y los contextos que indican la obligación de utilizar los tiempos pasados en las oraciones siguientes:

When I was young, I played baseball. or **When I was young, I used to play baseball.**
*(Hablamos de la expresión **used to** en la página 63.)*
Cuando era pequeño, jugaba al béisbol.

During the Renaissance, Florence was a beautiful city.
Durante el Renacimiento, Florencia era una ciudad hermosa.

When we lived in Los Angeles, my mother worked at the university.
Cuando habitábamos en Los Angeles, mi madre trabajaba en la universidad.

In the good old days, an ice cream cone cost a nickel.
En los buenos tiempos, un cucurucho de helado costaba cinco centavos.

Over spring break we went to Cancun.
Durante las vacaciones de primavera, nos fuimos a Cancún.

This morning, I got up at 6 A.M.
Esta mañana me levanté a las 6 de la madrugada.

My mother was pretty.
Mi madre era linda.

La formación del Simple Past

LOS VERBOS REGULARES

Para formar el Simple Past de un verbo regular, tienes que añadir **ed** o **d** al radical del verbo.

to walk (*caminar*)

to walk – to = walk
walk + ed = walked

La conjugación de un verbo en el Simple Past es muy sencilla (¡incluso para una persona simple!). No cambia según la persona (masculina o femenina) o el número (singular o plural).

I walked	We walked
You walked	You walked
He, she, it walked	They walked

Cambios ortográficos de los verbos regulares

y → i

Cuando el verbo termina en y, tienes que cambiar la y a i antes de añadir la d:

to carry (*llevar*)

I carried	We carried
You carried	You carried
He, she, it carried	They carried

Otros verbos que terminan en y: to apply (*aplicar*), to clarify (*clarificar*), to cry (*llorar*), to defy (*desafiar*), to exemplify (*ejemplificar*), to magnify (*magnificar*), to marry (*casarse con*), to rely (*atenerse*), to reply (*replicar*), to steady (*estabilizar*), to study (*estudiar*), to terrify (*aterrorizar*), to vary (*variar*)

> **¡Excepciones!**
> Cuando un verbo termina en **ay, ey** u **oy,** no cambies la **y:**
> We stayed in the library until midnight.
> *Nosotros nos hemos quedado en la biblioteca hasta la medianoche.*
>
> Otros verbos que terminan en **ay, ey** u **oy: to annoy** (*apestar, molestar*), **to convey** (*transportar, transmitir*), **to destroy** (*destruir*), **to display** (*exhibir*), **to employ** (*emplear*), **to play** (*jugar*), **to portray** (*representar*), **to prey on** (*aprovecharse de*)

Duplicación de una consonante final

> **¡Excepciones a estas excepciones!**
> **to lay** (*poner*)   **laid**   [leɪd]
> **to pay** (*pagar*)   **paid**   [peɪd]
> **to say** (*decir*)   **said**   [sed]
> **to slay** (*matar*)   **slew**   [slu]
> Ver la página 25, donde hay una lista de otros verbos irregulares.

A veces hay que doblar la consonante final de un verbo antes de añadir ed. Si se trata de un verbo de una sílaba, este cambio se hace para conservar el sonido del infinitivo.

to stop [stap] → stopped [stapt]

The policeman stopped the traffic.
El agente paró la circulación.

Sin doblar la consonante, las letras –ope– [ʌp] cambiarían la pronunciación de la palabra. En este caso, stope no significa nada.

Otros verbos que doblan la consonante final: to hug (*abrazar*), to mug (*atracar*), to slug (*aporrear*), to snub (*desairar*), to tip (*dar una propina, inclinar*)

Si el verbo tiene más de una sílaba, y si esta sílaba se acentúa, la consonante final se dobla.

to refer (*remitir, mandar*)

Dr. Gorham referred her patient to a psychiatrist.
La doctora Gorham mandó a su paciente a un psiquiatra.

Otros verbos polisilábicos que doblan la consonante final: to compel [kəm 'pel] (*obligar*), to defer [dɪ 'fɜr] (*diferir*), to infer [in 'fɜr] (*inferir*), to occur [ə 'kɜr] (*ocurrir*), to rebel [rɪ 'bel] (*rebelarse*). Nota que la sílaba que se dobla es la que se acentúa.

Por supuesto, la consonante final no se dobla si la sílaba no se acentúa.

to travel ['træv əl] (*viajar*)

Mr. Diogenes traveled far and wide looking for an honest man.
El señor Diógenes viajó por todas partes en busca de un hombre honesto.

Aquí tienes otros verbos como to travel: to benefit ['ben ı fıt] (*beneficiar*), to differ ['dıf ər] (*ser diferente*), to unravel [ʌn 'ræv əl] (*deshacer*), to shovel ['ʃʌv əl] (*palear*)

Por supuesto, hablamos de verbos que terminan en una sola consonante. Si hay más de una consonante al final del verbo, no tienes que duplicar la consonante:

to consist (*consistir*)

The film consisted of random scenes with no apparent plot.
La película consistía de escenas aleatorias sin argumento evidente.

Otros verbos como to consist: to desist (*desistir*), to insist (*insistir*), to persist (*persistir*), to resist (*resistir*)

A veces, este cambio nos ayuda a distinguir entre dos verbos:

to star [star] → starred [stard]

Brett and Ellen starred in a play by Neil Simon.
Brett y Ellen protagonizaron una obra de Neil Simon.

Sin repetir la *r*, el Simple Past de to star sería stared [sterd]. Pero stared es el Simple Past de to stare [ster] (*mirar fijamente, ojear*).

to stare → stared

Ted stared at the TV all night.
Ted miró fijamente el televisor toda la noche.

Ningún cambio

El Simple Past de algunos verbos se parece al infinitivo.

to beat (*golpear*)	beat
to burst (*reventar*)	burst
to cost (*costar, valer*)	cost
to hit (*golpear*)	hit
hurt (*doler, herir*)	hurt
to put (*poner*)	put
to read (*leer*)	read (el Simple Past se pronuncia [red].)
to set (*poner, fijar*)	set
to shut (*cerrar*)	shut

Tommy shut the door.
Tommy cerró la puerta.

Algunos verbos regulares:

to accelerate	(*acelerar*)	accelerated
to acquire	(*adquirir*)	acquired
to advise	(*aconsejar*)	advised
to alter	(*alterar*)	altered
to avoid	(*evitar*)	avoided
to challenge	(*desafiar*)	challenged
to contaminate	(*contaminar*)	contaminated

to decline	(declinar)	declined
to delight	(encantar)	delighted
to demonstrate	(demostrar)	demonstrated
to document	(documentar)	documented
to download	(telecargar, bajar)	downloaded
to enact	(promulgar)	enacted
to encourage	(alentar)	encouraged
to fabricate	(fabricar)	fabricated
to initiate	(iniciar)	initiated
to investigate	(investigar)	investigated
to maintain	(mantener)	maintained
to neglect	(descuidar)	neglected
to overlook	(pasar por alto, olvidar)	overlooked
to pass	(pasar)	passed
to plead	(implorar, declararse inocente o culpable)	pleaded

(Hay personas que dicen **pled,** pero es más correcto decir **pleaded.**)

to postpone	(diferir, aplazar)	postponed
to reflect	(reflejar)	reflected
to replace	(reemplazar)	replaced
to sneak	(moverse a hurtadillas)	

(Hay personas que dicen **snuck.** Sin embargo, es más correcto decir **sneaked.**)

to solve	(solucionar)	solved
to tempt	(tentar)	tempted
to underestimate	(desapreciar)	underestimated
to volunteer	(ofrecerse)	volunteered
to work	(trabajar)	worked

The defendant pleaded guilty to the crime.
El acusado se declaró culpable del crimen.

Los verbos irregulares *(Irregular Verbs)*

En inglés, hay muchos verbos que son irregulares en el Simple Past. Lamentablemente, esos verbos no son sencillos y tenemos que memorizarlos. Algunos de los verbos irregulares se utilizan con mucha frecuencia, en particular los siguientes:

(¡Apréndelo!) Memorize it!

to be *(ser)*

I was	We were
You were	You were
He, she, it was	They were

to go *(ir, irse)*

I went	We went
You went	You went
He, she, it went	They went

to have *(tener, tomar, haber)*

I had	We had
You had	You had
He, she, it had	They had

to say *(decir)*

I said	We said
You said	You said
He, she, it said	They said

Hay una lista de las partes principales de los verbos irregulares en los apéndices.

El **Simple Past** de algunos otros verbos irregulares:

to become	(volverse)	became
to begin	(empezar)	began
to break	(romper)	broke
to bring	(traer)	brought
to buy	(comprar)	bought
to catch	(agarrar, atrapar)	caught
to come	(venir)	came
to deal	(negociar, repartir)	dealt
to dive	(tirarse de cabeza, sumergirse)	dived, dove
to do	(hacer)	did
to drink	(beber)	drank
to drive	(manejar)	drove
to eat	(comer)	ate
to fall	(caer, caerse)	fell
to find	(encontrar)	found
to fly	(volar)	flew
to forbid	(prohibir)	forbade
to forget	(olvidar)	forgot
to freeze	(congelar, helar)	froze
to get	(obtener)	got
to give	(dar)	gave
to grow	(crecer)	grew
to hang	(colgar)	hung

(Cuando **to hang** significa *ahorcar*, el verbo es regular en el Simple Past: **hanged**.)

to hear	(oír)	heard
to keep	(conservar)	kept
to kneel	(arrodillarse)	knelt
to know	(saber)	knew
to lay	(poner)	laid
to lead	(conducir)	led
to leave	(salir)	left
to lend	(prestar)	lent
to lose	(perder)	lost
to make	(hacer)	made
to ride	(ir o montar a caballo, en bicicleta, etcétera)	rode
to ring	(sonar)	rang
to rise	(subir)	rose
to run	(correr)	ran
to see	(ver)	saw
to seek	(buscar)	sought
to sell	(vender)	sold
to shake	(sacudir)	shook
to shine	(brillar)	shone

(Si **to shine** quiere decir *pulir / sacar brillo a*, el Simple Past es regular: **shined**.)

to sing	(cantar)	sang
to sink	(sumergir)	sank
to sit	(sentarse)	sat
to slay	(matar)	slew

to sleep	*(dormir)*	slept
to speak	*(hablar)*	spoke
to spit	*(escupir)*	spat
to stand	*(estar de pie)*	stood
to steal	*(robar)*	stole
to strive	*(afanarse, esforzarse)*	strove
to swear	*(jurar)*	swore
to sweep	*(barrer)*	swept
to swim	*(nadar)*	swam
to take	*(tomar)*	took
to teach	*(enseñar)*	taught
to tear [ter]	*(rasgarse)*	tore

(Si **to tear** quiere decir *derramar lágrimas*, se pronuncia [tɪr] y el **Simple Past** es regular: **His eyes teared** [tɪrd] **up.**)

to think	*(pensar)*	thought
to throw	*(tirar)*	threw
to understand	*(entender)*	understood
to wear	*(llevar)*	wore
to win	*(ganar)*	won
to write	*(escribir)*	wrote

Nota que muchos verbos terminan en **t** en el Simple Past (por ejemplo, **caught, bought**). Además, algunos de los verbos regulares tienen el sonido **t** aún cuando terminan en **d.** Las terminaciones cuyo sonido cambia de *d* en *t* son:

ch	to watch	watched	[watʃt]
f	to laugh	laughed	[læft]
k	to walk	walked	[wɔkt]
p	to help	helped	[helpt]
s	to toss	tossed	[tɔst]
sh	to wash	washed	[waʃt]

La terminación **ed** se pronuncia **d** [d] cuando el infinitivo termina en una vocal o en una de las consonantes siguientes:

b	to snub	snubbed	[snʌbd]
d	to sand	sanded	[sændəd]
g	to hug	hugged	[hʌgd]
l	to heal	healed	[hild]
v	to shove	shoved	[ʃʌvd]
z	to buzz	buzzed	[bʌzd]

Vocales (Vowels)

e	to move	moved	[muvd]
y	to fry	fried	[fraɪd]

¡PRACTIQUEMOS! 3A

Pon cada oración en el Simple Past:

1. I eat at noon. _____
2. Fran teaches psychology. _____
3. Bob is a lawyer. _____
4. We put on our hats. _____
5. They talk a lot. _____
6. You ask a lot of questions. _____
7. She helps children with their homework. _____
8. I watch too much TV. _____
9. Our senator runs for office every six years. _____
10. Sammy catches the ball. _____
11. We often work all weekend. _____
12. You demonstrate a high level of understanding of the topic. _____

BUSCAPALABRAS (WORD SEARCH)

Busca el Simple Past de cada verbo en la lista:

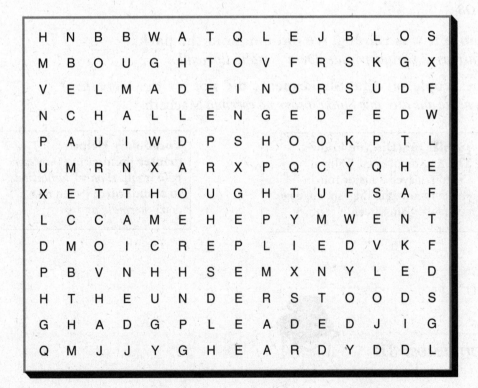

H	N	B	B	W	A	T	Q	L	E	J	B	L	O	S
M	B	O	U	G	H	T	O	V	F	R	S	K	G	X
V	E	L	M	A	D	E	I	N	O	R	S	U	D	F
N	C	H	A	L	L	E	N	G	E	D	F	E	D	W
P	A	U	I	W	D	P	S	H	O	O	K	P	T	L
U	M	R	N	X	A	R	X	P	Q	C	Y	Q	H	E
X	E	T	T	H	O	U	G	H	T	U	F	S	A	F
L	C	C	A	M	E	H	E	P	Y	M	W	E	N	T
D	M	O	I	C	R	E	P	L	I	E	D	V	K	F
P	B	V	N	H	H	S	E	M	X	N	Y	L	E	D
H	T	H	E	U	N	D	E	R	S	T	O	O	D	S
G	H	A	D	G	P	L	E	A	D	E	D	J	I	G
Q	M	J	J	Y	G	H	E	A	R	D	Y	D	D	L

become	document	leave	shake
buy	have	make	thank
come	hear	maintain	think
challenge	hurt	plead	understand
do	lead	reply	go

Negaciones *(Negations)*

Por supuesto, no somos siempre cooperadores, y necesitamos a veces poner el verbo en su forma negativa. Para hacerlo, utilizamos el auxiliar **do** (en el Simple Past) + **not** como solemos hacer en el presente de indicativo (ver el capítulo 2). Agregamos el verbo (sin **to**). Es más fácil en el Simple Past porque la forma del verbo **to do** es siempre **did.** Por ejemplo:

to write *(escribir)*

FORMA AFIRMATIVA

Presente		Simple Past	
I write	We write	I wrote	We wrote
You write	You write	You wrote	You wrote
He, she, it writes	They write	He, she, it wrote	They wrote

FORMA NEGATIVA

Presente		Simple Past	
I do not write	We do not write	I did not write	We did not write
You do not write	You do not write	You did not write	You did not write
He does not write	They do not write	He did not write	They did not write

EJEMPLOS

Because it was raining, we did not go to the park.
No fuimos al parque porque llovía / estaba lloviendo.

Some people say that Shakespeare did not write *Macbeth.*
Hay gente que dice que Shakespeare no escribió Macbeth.

¿Sabías tú? (Did you know?)
The English printer, William Caxton, played a major role in standardizing the English language during the late fifteenth century.

Vocabulary Helper
printer ['prɪn tər] *el impresor*
role [rəul] *el papel, la función*
to standardize ['stæn dər daɪz] *normalizar*

¡PRACTIQUEMOS! 3B

Pon las oraciones siguientes en la forma negativa.

1. We traveled around the world.
2. Anne and Marie went to France last summer.
3. The firemen put out the blaze.
4. Our cat slept all morning.

Tip
La contracción de **did not** es **didn't.**

I didn't answer the door because I was tired.

No abrí la puerta porque yo estaba cansado.

---

5. The movie cost $100 million to produce.
6. Biff was a very good salesman.
7. Nathaniel and John bought a sailboat.
8. David built a beautiful cabinet.
9. Eddie walked down to the corner.
10. You did a good deed.

Cómo hacer preguntas en el Simple Past
(How to Ask Questions in the Simple Past)

Para hacer preguntas en el Simple Past, puedes añadir un signo de interrogación al fin de una oración afirmativa. Tienes que acentuar la última sílaba:

You ate the entire pizza?
¿Te comiste toda la pizza?

Puedes también invertir el orden del sujeto y del verbo auxiliar (o del verbo **to be**). En otras palabras, debes poner el auxiliar **did** (el Simple Past de **to do**) antes del sujeto. El verbo no cambia de forma.

to finish (*terminar*)

Did you finish your homework?
¿Has terminado tus tareas?

to eat (*comer*)

Did Ralph eat his candy?
¿Se ha comido Raúl sus golosinas?

Yes, he did.
Sí, se las comió. o Sí, lo hizo.

¡Excepción!
El verbo **to be** no necesita **did** en el pasado. Tienes que añadir **not** o la contracción **n't** al verbo.
Was Toni home yesterday? o **Wasn't Toni home yesterday?**

Toni was not home yesterday. o **Toni wasn't home yesterday.**
Toni no estaba en casa ayer.

We were not happy when the Cubs lost the game. o **We weren't happy when the Cubs lost the game.**
No nos pusimos felices cuando los Cubs perdieron el partido.

¿Sabías tú? (Did you know?)
The Chicago Cubs did not win a World Series championship from 1908 until 2016. They play baseball at Wrigley Field in Chicago.

Vocabulary Helper
World Series [wɜrld ˈsɪr iz]
la Serie Mundial
championship [ˈtʃæm pɪ ən ʃɪp] *el campeonato*

Es también posible añadir una coletilla (**tag question**). Ésta debe concordar con el sujeto de la cláusula.

George was at the party, wasn't he?
Jorge estaba en la fiesta, ¿no?
En este caso, **wasn't he** tiene concordancia con el sujeto **George**.

We made a lot of money, **didn't we?**
Ganamos mucho dinero, ¿verdad?
Necesitas añadir **didn't we** porque el sujeto es **we**.

Otras **tag questions:**

didn't I?	didn't we?
didn't you?	didn't you?
didn't he?	didn't they?
didn't she?	
didn't it?	

wasn't I?	weren't we?
weren't you?	weren't you?
wasn't he?	weren't they?
wasn't she?	
wasn't it?	

Utilizamos los pronombres interrogativos en el Simple Past como en el presente. Sólo hay que cambiar el tiempo.

Where do you swim?
¿Dónde nadas?

Where did you swim?
¿Dónde nadaste?

¡PRACTIQUEMOS! 3C

Cambia cada oración a una pregunta. (Varias respuestas son posibles. Ver la página 221, donde hay una lista de pronombres interrogativos.)

1. You bought a new shirt. _____
2. Joe and Alberto moved our piano. _____
3. We woke up at six A.M. _____
4. Anne and Marie went to the zoo. _____
5. Madeleine was tired. _____
6. Abe was the tallest one in the class. _____
7. You locked the door. _____
8. Marisol won the election easily. _____
9. It rained all night. _____
10. I told you the latest news from home. _____

El pasado continuo *(Past Progressive)*

El uso del Past Progressive (el pasado continuo / el pasado progresivo) es como el Present Progressive, pero se utiliza, por supuesto, para eventos y acciones que ocurrieron en el pasado. Se hace hincapié sobre el desarrollo, o más precisamente, sobre la progresión de la acción.

Formación del pasado continuo
(Formation of the Past Progressive)

Ponemos **to be** en el Simple Past y añadimos el participio presente (el radical del verbo + **ing**). Ver el cápitulo 2, Participios presentes.

Situaciones en las que utilizamos el **Past Progressive**:

1. Para hablar de una acción que estaba ocurriendo cuando otra acción tuvo lugar:

I was watching TV when I fell asleep.
Miraba televisión cuando me quedé dormido / dormida.

Nota que **was watching** equivale al imperfecto, *miraba* y al pasado progresivo del español: *Estaba mirando el televisor cuando me quedé dormido / dormida.*

2. Para enfatizar la acción, la duración o la experiencia:

We were studying.
Estábamos estudiando.

3. A veces, las dos acciones (o más) ocurren simultáneamente:

While Professor Smith was talking, I was texting my friends.
Mientras el profesor Smith hablaba, yo estaba enviando mensajes de texto a mis amigos.

La forma negativa del pasado continuo
(The Past Progressive in the Negative)

Cuando queremos poner en su forma negativa un verbo que está en el Past Progressive, añadimos **not** después del verbo **to be** y antes del gerundio:

I was walking. → I was not walking.
Yo caminaba / Yo no caminaba.

Cómo hacer preguntas *(How to Ask Questions)*

Para hacer una pregunta en el Past Progressive, intercambiamos el orden del sujeto y del verbo:

You were laughing. → Were you laughing?
Tú te estabas riendo. → ¿Te estabas tú riendo?

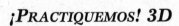

you were

Por supuesto, es posible hacer una pregunta en el pasado continuo con pronombres interrogativos.

What were you saying?
¿Qué estaba Ud. diciendo?

¡PRACTIQUEMOS! 3D

Present Progressive → Past Progressive

Pon cada oración en el Past Progressive.

1. Sally is wearing a blue dress. _____
2. James and Lynn are talking on the phone. _____
3. Marie and I are writing a computer program. _____
4. Michael is not playing baseball. _____
5. Are you listening to me? _____
6. George is lying through his teeth. _____
7. You are making me angry. _____
8. Are you sleeping? _____

9. My cat and dog chased each other. _____
10. The IRS investigated my accountant. _____
11. The clown amused the children. _____
12. Madeleine celebrated her birthday. _____
13. Did Toni fly the plane? _____
14. Ted restored an old car. _____

Los participios pasados *(Past Participles)*

Los participios pasados son útiles para formar los tiempos perfectos (Present Perfect, capítulo 2; Past Perfect, capítulo 3; Future Perfect, capítulo 4). Los utilizamos también para poner una oración en la voz pasiva (ver el capítulo 9).

La formación de los participios pasados
(Formation of Past Participles)

Los verbos regulares *(Regular Verbs)*

Cuando el verbo es regular, el participio pasado se forma de la misma manera que el Simple Past. Tú has aprendido esta conjugación al principio de este capítulo. Si tienes aún problemas, revisa la formación del Simple Past de los verbos regulares, antes de continuar.

to walk *(caminar)*

Present	I walk, you walk, he walks, she walks, we walk, etcétera
Simple Past	I walked, you walked, he walked, she walked, we walked, etcétera
Participio pasado	**walked**

Ejemplos de participios pasados de algunos verbos regulares:

to achieve *(lograr)* → achieved
to challenge *(desafiar)* → challenged
to deceive *(engañar)* → deceived
to display *(exhibir)* → displayed
to enact *(promulgar)* → enacted
to magnify *(magnificar)* → magnified
to mention *(mencionar)* → mentioned
to prompt *(estimular, provocar)* → prompted
to recover *(recobrar, recuperar)* → recovered
to submit *(someter)* → submitted
to travel *(viajar)* → traveled

Los verbos irregulares *(Irregular Verbs)*

En inglés hay muchos verbos que tienen un participio pasado irregular. Por lo general, son los mismos verbos que vimos más arriba en la sección sobre el Simple Past. **¡Cuidado!** Los participios pasados de los verbos irregulares pueden ser diferentes del Simple Past. (Ver los apéndices, donde hay una lista de las partes principales de los verbos irregulares.)

FORMA IDÉNTICA (IDENTICAL FORM)

> to catch (*atrapar*): I caught (Simple Past); caught (Past Participle)
> to hit (*golpear*): I hit (Simple Past); hit (Past Participle)

FORMA DIFERENTE (DIFFERENT FORM)

> to begin (*comenzar*): We began (Simple Past); begun (Past Participle)

"I have not yet begun to fight." (*Aún, no he comenzado a batallar*.)
John Paul Jones, captain of the *Bonhomme Richard* in the Revolutionary War

Participios pasados irregulares útiles
(Useful Irregular Past Participles)

El participio pasado de un verbo irregular puede terminar en **d, ght** o **n**. A veces, la terminación parece totalmente aleatoria. En efecto, la lógica detrás de estas formas tiene su origen en la historia filológica. Por ejemplo, el participio pasado de **to drink** no es **drunken**, sino **drunk**. Desde el siglo XVII, **drunken** sirve de adjetivo (*borracho*). El participio pasado de **to buy** es **bought**, y no **boughten**, una forma que no se usa en inglés desde hace décadas. Debes hoy en día decir **bought**.

to be (*estar, ser*)	been
to become (*volverse*)	become
to begin (*empezar*)	begun
to break (*romper*)	broken
to bring (*traer*)	brought
to buy (*comprar*)	bought
to catch (*agarrar, atrapar*)	caught
to come (*venir*)	come
to deal (*negociar, repartir*)	dealt
to dive (*tirarse de cabeza, sumergirse*)	dived
to do (*hacer*)	done
to drink (*beber*)	drunk
to drive (*manejar*)	driven
to eat (*comer*)	eaten
to fall (*caer, caerse*)	fallen
to find (*encontrar*)	found
to fly (*volar*)	flown
to forbid (*prohibir*)	forbidden
to forget (*olvidar*)	forgotten
to freeze (*congelar, helar*)	frozen
to get (*obtener*)	gotten
to give (*dar*)	given
to go (*ir, irse*)	gone
to grow (*crecer*)	grown
to hang (*colgar*)	hung

(Cuando to hang significa *ahorcar*, el participio pasado es regular: hanged.)

to have (*tener, tomar, haber*)	had
to hear (*oír*)	heard
to hurt (*doler, herir*)	hurt
to keep (*conservar*)	kept
to kneel (*arrodillarse*)	knelt
to know (*saber*)	known
to lay (*poner*)	laid
to lead (*conducir*)	led
to leave (*salir*)	left
to lend (*prestar*)	lent

to lose *(perder)*	lost
to make *(hacer)*	made
to ride *(ir o montar a caballo, en bicicleta, etcétera)* ridden	
to ring *(sonar)*	rung
to rise *(subir)*	risen
to run *(correr)*	run
to say *(decir)*	said
to see *(ver)*	seen
to seek *(buscar)*	sought
to sell *(vender)*	sold
to shake *(sacudir)*	shaken
to shine *(brillar)*	shined

(Si to shine quiere decir *pulir / sacar brillo a*, el Simple Past es regular: shined.)

to sing *(cantar)*	sung
to sink *(sumergir)*	sunken
to sit *(sentarse)*	sat
to slay *(matar)*	slain
to sleep *(dormir)*	slept
to speak *(hablar)*	spoken
to spit *(escupir)*	spat
to stand *(estar de pie)*	stood
to steal *(robar)*	stolen
to strive *(afanarse, esforzarse)*	strived, striven
to swear *(jurar)*	sworn
to sweep *(barrer)*	swept
to swim *(nadar)*	swum
to take *(tomar)*	taken
to teach *(enseñar)*	taught
to tear [ter] *(rasgarse)*	torn

(Si to tear quiere decir *derramar lágrimas*, se pronuncia [tɪr] y el participio pasado es regular: teared [tɪrd].)

to think *(pensar)*	thought
to throw *(tirar)*	thrown
to understand *(entender)*	understood
to wear *(llevar)*	worn
to wet *(mojar)*	wet, wetted
to win *(ganar)*	won
to write *(escribir)*	written

Have you caught any fish at the lake?
¿Has atrapado algunos peces (pescado algo) en el lago?

I have not seen a 3D movie in years.
No he visto una película en tres dimensiones desde hace muchos años.

(Ver más abajo la sección sobre el pasado perfecto.)

CRUCIGRAMA (CROSSWORD PUZZLE)

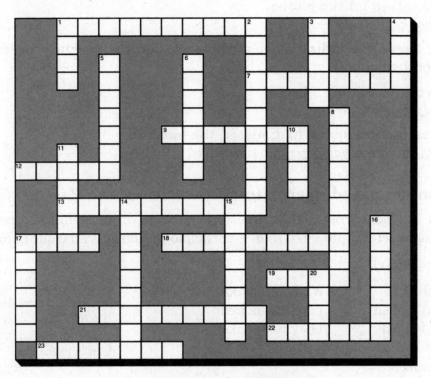

Participios pasados:

Across	Down
1. to maintain	1. to make
7. to access	2. to disapprove
9. to alter	3. to eat
12. to sleep	4. to say
13. to overlook	5. to think
17. to be	6. to baffle
18. to sharpen	8. to download
19. to sell	10. to do
21. to forfeit	11. to become
22. to get	14. to recover
23. to avoid	15. to enrich
	16. to write
	17. to buy
	20. to lose

El pasado perfecto *(Past Perfect)*

Utilizamos el Past Perfect (llamado también el Pluperfect) para hablar de acciones que tuvieron lugar antes de otra acción, evento o momento preciso. Esta conjugación equivale al pretérito pluscuamperfecto y al pretérito anterior del español.

When we arrived at the train station, we realized that we had forgotten our tickets.
Cuando llegamos a la estación, nos dimos cuenta que habíamos dejado nuestros billetes en la casa.

En primer lugar, dejamos los billetes en la casa y en seguida fuimos a la estación. A veces, el evento posterior se implica, pero no aparece en la oración.

We **had talked** on the phone.
Habíamos hablado por teléfono.

El **Past Perfect** se utiliza también para contestar una pregunta que trata de una acción posterior.

Why were you late?
¿Por qué llegaste tarde?

I arrived late because I **had missed** the bus.
Llegué tarde porque había perdido el autobús.

Formación del pasado perfecto *(Formation of the Past Perfect)*

El **Past Perfect** corresponde al **Present Perfect** (ver el capítulo 2), pero **to have** se conjuga en el **Simple Past**: **had** + participio pasado del verbo que quieres utilizar.

to look (*mirar*)

I had looked	We had looked
You had looked	You had looked
He had looked	They had looked
She had looked	
It had looked	

> **¡Cuidado!**
> Si no has aprendido los participios pasados irregulares, estudia la sección más arriba, en la página 33.

No importa que el verbo sea regular o irregular.

to bring (*traer*)

I had brought	We had brought
You had brought	You had brought
He had brought	They had brought
She had brought	
It had brought	

El adverbio se pone antes del participio pasado:

They had already left.
Ya habían partido.

Margarita did everything that she **had promised** to do.
Margarita hizo todo lo que había prometido hacer.

Nota

Puedes utilizar una contracción por **had**, especialmente cuando estás hablando.

I had eaten → I'd eaten	We had eaten → We'd eaten
You had eaten → You'd eaten	You had eaten → You'd eaten
He had eaten → He'd eaten	They had eaten → They'd eaten
She had eaten → She'd eaten	

¡PRACTIQUEMOS! 3E

*Escribe el **Past Perfect** de cada verbo.*

1. I _____ (to shake) his hand.
2. You _____ (to buy) a new laptop.
3. You and I _____ (to go) to the mall.
4. Mark _____ (to give) the ball to Sammy.
5. Sally _____ (to forget) to eat her vegetables.
6. Charlie and I _____ (to begin) the assignment.
7. Rick _____ (to lead) the group.
8. It _____ (to fall) on the floor.
9. I _____ (to walk) all the way to the campus.
10. My friends _____ (to teach) their children to ski.

La forma negativa del pasado perfecto
(Past Perfect in the Negative)

La forma negativa del Past Perfect es bastante fácil para expresar. Tienes sólo que añadir **not** después de **had,** y no antes del auxiliar como en español.

We had eaten. → We had not eaten.
Habíamos comido.→ No habíamos comido.

I had talked. → I had not talked.
Había hablado. → No había hablado.

Si hay un adverbio en la oración, ponlo en medio de **not** y el participio pasado.

We had not <u>yet</u> run.
Todavía no habíamos corrido.

> **¡Cuidado!**
> Cuando la oración está en forma negativa, la contracción puede hacerse en **had** o en **not**, pero no en las dos palabras.
>
> **I had not seen her in years. →**
> **I hadn't seen her in years.**
> **I'd not seen her in years.**

¡PRACTIQUEMOS! 3F

*Pon cada oración en el **Past Perfect** y en forma negativa.*

1. Dave and June have gone to Hershey, Pennsylvania. _____
2. My friends have seen the movie. _____
3. You have said enough. _____
4. We have traveled far. _____
5. Terri has read every book in the library. _____

La forma interrogativa: Cómo hacer preguntas en el Past Perfect
(Interrogative form: How to ask questions in the past perfect)

Al igual que el **Present Perfect** (que vimos en el capítulo 2), el **Past Perfect** requiere la inversión del sujeto y **have**.

You had chosen well. → Had you chosen well?
Tú habías escogido bien. → ¿Habías tú escogido bien?

My cat had caught a mouse. → Had my cat caught a mouse?
Mi gato había atrapado un ratón. → ¿Había mi gato atrapado un ratón?

Como viste en el capítulo 2 (página 12), el pronombre interrogativo va al principio de la oración:

Where had he gone?
¿Adónde había ido él?

When had you seen them last?
¿Cuándo los habías visto por última vez?

Hablaremos de los pronombres interrogativos en el cápitulo 18 (página 221).

¡PRACTIQUEMOS! 3G

Pon cada oración en forma interrogativa.

1. Dave had fought his last fight. _____
2. Madeleine had lost her doll. _____
3. I'd finished all my work. _____
4. We'd reached the end of our rope. _____
5. Fran and I had paid our taxes on time. _____

El pasado perfecto continuo / el pasado perfecto progresivo
(Past Perfect Progressive)

Utilizamos este tiempo en inglés para enfatizar la duración de una acción. Consiste en el verbo **to be** en el **Past Perfect** + el participio presente del verbo.

to swim *(nadar)*

I had been swimming	We had been swimming
You had been swimming	You had been swimming
He had been swimming	They had been swimming
She had been swimming	
It had been swimming	

Why was their hair wet? They had been swimming.
¿Porqué tenían el pelo mojado? Habían estado nadando.

La negación del **Past Perfect Progressive** requiere **not** antes del participio pasado:

I had not been driving.
No había estado conduciendo.

La palabra **not** se pone antes de un adverbio en una oración:

We had not yet been hiking.
Todavía no habíamos ido de excursión.

Para hacer una pregunta en el Past Perfect Progressive, cambia la orden del sujeto y **had**.

They had been drinking.
Habían estado bebiendo.

Had they been drinking?
¿Habían estado bebiendo?

Por supuesto, el adverbio va antes del participio pasado:

They had possibly been drinking.
Quizás habían estado bebiendo.

Los adverbios como **curiously** (curiosamente), **fortunately** (afortunadamente) y **luckily** (afortunadamente) se ponen al principio de la oración.

Fortunately, the hurricane passed to the north.
Afortunadamente, el huracán pasó hacia el norte.

¡PRACTIQUEMOS! 3H

*Pon cada oración en el **Past Perfect Progressive**, y después en la forma negativa.*

1. We _____ (to sleep).
   forma negativa _____
2. Had he _____ (to drink)?
   forma negativa _____
3. You _____ (to be) very
   helpful.
   forma negativa _____
4. Had they _____ (to be) quiet?
   forma negativa _____
5. They _____ (to be) quiet.
   forma negativa _____

> **Tip**
> Hay un resumen de las partes principales de los verbos irregulares en el apéndice.

Enfoque sobre los tiempos pasados *(Focus on Past Tenses)*

Had just + participio pasado

Have just y **had just** equivalen a *acabar de* en español. Para hablar de una acción que ocurrió inmediatamente antes de un momento preciso en el pasado, pon **to have** en el Simple Past.

The plane had just landed.
El avión acababa de aterrizar.

We had just returned home when the phone rang.
Acabábamos de regresar a casa cuando el teléfono sonó.

Used to / would + infinitivo

Para hablar de acciones habituales en el pasado, utilizamos used to con el infinitivo. Esta construcción (would + infinitivo) equivale al imperfecto en español.

My family used to go to the beach every summer.
Mi familia iba a la playa cada verano.

Nota que used to se traduce con el pretérito imperfecto en español.

Es también posible expresar el imperfecto en español por would + infinitivo.

In high school I would play soccer after school.
En la secundaria, jugaba al fútbol después de clases.

Forma negativa

Cuando niegas used to, tienes que decir did not use to. Nota que empleamos use en vez de used en la forma negativa.

We did not use to stay at home on Friday evenings.
No nos quedábamos en casa cada viernes por la noche.

> **¡Cuidado!**
> No confundas esta expresión con el condicional:
>
> **If I had the time, I would play soccer.**
> *Si tuviera el tiempo, jugaría al fútbol.*
> Estudiaremos el condicional en el capítulo 5.

Forma interrogativa

La forma interrogativa necesita la inversión de did y el sujeto. Según hacemos en la forma negativa, usamos use en lugar de used.

He used to play football.   Did he use to play football?
Él jugaba al fútbol americano.   *¿Jugaba él al fútbol americano?*

Kept / kept on / kept right on + participio presente

Si quieres hablar de una acción que continuaba o se repetía en el pasado, usa kept + el participio presente del verbo.

It kept raining all day.
Continuaba lloviendo todo el día.

Marco kept right on talking.
Marco continuaba hablando.

Going to + infinitivo

Para hablar del futuro próximo en el pasado (estar a punto de + infinitivo), usa going to + el infinitivo del verbo.

Isaac was going to play the violin.
Isaac iba a tocar el violín.

I thought that I was going to faint.
Yo pensaba que iba a desmayarme.

¡PRACTIQUEMOS! 3I

Pon cada oración en el pasado. Usa *used to, would, kept on* o *going to*, según el contexto.

1. We go to the movies every Saturday. _____
2. My father is a tap dancer. _____
3. Our town is beautiful. _____
4. Your necklace is going to cost a lot. _____
5. Alex checks his e-mail every day. _____
6. Bryan keeps right on running. _____
7. Matthew and Andrew are going to join a band. _____
8. Our town is not dangerous. _____
9. We like chocolate eclairs. _____
10. Every Thanksgiving we go to my grandmother's house. _____

¡PRACTIQUEMOS! 3J

¿Cuál es la pregunta? Escribe la pregunta que lleva a la respuesta indicada.

Ex.: _____

   Respuesta: Yes, it kept raining all day.

   Pregunta: *Did it keep raining all day?*

1. _____

   No, my brother did not use to play the drums.

2. _____

   Yes, when I was a child I would play video games all day.

3. _____

   Yes, officer, the car kept going after the light had turned red.

4. _____

   No, we were not going to fly to Canada.

5. _____

   Yes, they would often attend protests.

John ha pasado un día muy ocupado. Examina su horario y contesta las preguntas en el fondo de la página.

May 15, 2023		
6:00 A.M.	Wake up	6:00 P.M. Cook dinner with family
6:30 A.M.	Eat breakfast	
7:00 A.M.	Catch train to work	7:00 P.M. Watch TV
8:00 A.M.	Read newspaper	8:00 P.M. Call my brother
8:30 A.M.	Read e-mail	
9:00 A.M.	Meet with Mrs. Rockefeller	
11:00 A.M.	Call Tokyo office	10:00 P.M. Go to sleep
11:30 A.M.		
12 Noon	Go to lunch with Governor Brown	
1:00 P.M.		
2:00 P.M.	Write report for board of directors	
3:00 P.M.		
4:00 P.M.	Sneak out early	
4:30 P.M.	Catch train home	
5:00 P.M.		

(Si aún no sabes los pronombres interrogativos, estudia el capítulo 18.)

1. At what time did John wake up? _____
2. When did John eat breakfast? _____
3. When did he catch the train to work? _____
4. Did John call the New York office at 11:00 A.M.? _____
5. What did John do at 4:00 P.M.? _____
6. Did John call his brother in the evening? _____
7. Did he go to sleep at midnight? _____
8. At what time did John have lunch with the governor? _____
9. Did John cook dinner with his family? When? _____
10. Did John watch TV from 7:00 P.M. until 8:00 P.M.?_____

4

Verbos—Los tiempos futuros (Verbs—Future Tenses)

¿Cuánto sabes? *(How much do you know?)*

?

Pon cada oración en el tiempo futuro que corresponde al contexto:

1. We listen to the radio. _____
2. We are listening to the radio. _____
3. They have eaten dinner. _____

Cambia cada oración a la forma interrogativa:

4. You will finish early. _____
5. They will have talked to the mayor. _____

El uso del tiempo presente para hablar del futuro
(Use of the Present Tense to Talk About the Future)

Al igual que en español, puedes utilizar el presente de indicativo para hablar de un futuro próximo (cercano).

The sun sets at 8:30 today.
El sol se pone a las ocho y media hoy.

Olivier is about to go on stage.
Olivier está a punto de pisar las tablas.

GOING TO

Además, puedes utilizar **to be** + **going to** + infinitivo, en el presente, para hablar de la intención de hacer algo en el futuro. Esta construcción corresponde a ir + a + infinitivo en español.

I am going to learn Arabic.
Voy a aprender árabe.

Marisol is going to attend medical school next year.
Marisol va a asistir a la facultad de medicina el año próximo.

Los tiempos futuros *(Future Tenses)*

Hablemos ahora de los tiempos futuros. En este capítulo, vamos a hablar del **Simple Future** (el futuro simple), del **Future Perfect** (el futuro perfecto), del **Future Progressive** (el futuro continuo) y del **Future Perfect Progressive** (el futuro perfecto continuo).

WILL / SHALL: FORMACIÓN

Utilizamos **will** o **shall** para formar todos los tiempos futuros en inglés. (Ver también el capítulo 6, donde hablamos de los verbos auxiliares **will** y **shall**.)

WILL

Por lo general, vamos a emplear el verbo auxiliar **will,** seguido de la forma simple del verbo en cuestión (el infinitivo menos **to**).

to cook *(cocinar)*

I will cook.	We will cook.
You will cook.	You will cook.
He, she, it will cook.	They will cook.

Nota que **will** no cambia su forma según la persona (**I, you, he, she, it, we, they**) ni tampoco según el número (singular o plural).

SHALL

Hay gramáticos que dicen que necesitas elegir entre **will** y **shall** según el sentido de la oración. En otras palabras, si la oración comunica cierta fuerza, tienes que decir **shall** en la segunda y tercera personas. Si sigues esta regla, vas a utilizar casi siempre **shall** en la primera persona para formar los tiempos futuros. A riesgo de ofender a los gramáticos que proponen esta regla, te sugiero que utilices **will** para formar los tiempos futuros en todas la personas:

I will sing.
Yo cantaré.

They will sing.
Cantarán.

Di **shall** si el sujeto es **I** o **we** si quieres hacer una pregunta o pedir algo a alguien con cortesía:

Shall I serve you some tea?
¿Le (te) sirvo té?

Shall we dance?
¿Bailamos?

Shall está desapareciendo del uso cotidiano en inglés. No obstante, hay expresiones en las que vas a oír **shall** en la segunda y tercera personas:

You shall pay for your insolence!
¡Pagarás tu insolencia!

The right of citizens of the United States, who are eighteen years of age or older, to vote **shall** not be denied or abridged by the United States or by any State on account of age.

(26th Amendment to the U.S. Constitution)

La forma negativa de **will** es **will not**:

I will not remain silent.
No me quedaré silencioso.

La contracción de **will not** es **won't**:

You won't solve your problems by hiding.
No resolverás tus problemas escondiéndote.

Cómo hacer preguntas en el futuro

Tienes sólo que transponer **will** y el sujeto; es un poco como la sintaxis en el presente con **do** (**Do you agree?** *¿Estás de acuerdo?*)

<u>**You will**</u> go shopping. → <u>**Will you**</u> go shopping?
<u>**Mary will**</u> present her project tomorrow. → <u>**Will Mary**</u> present her project tomorrow?

¡PRACTIQUEMOS! 4A

Cambia cada oración al futuro.

1. My car accelerates quickly. _____
2. Laura avoids eating meat. _____
3. We notice any changes to the document. _____
4. A global economy prospers. _____
5. Our wi-fi is very secure. _____
6. You don't fool me. _____
7. I disapprove of your behavior. _____
8. Erika is very tired. _____
9. Do they have the flu? _____
10. Do you understand? _____

Adverbios que indican los tiempos futuros
(Adverbs That Indicate Future Tenses)

Algunos adverbios y frases adverbiales indican que debes emplear los tiempos futuros:

tomorrow	*mañana*
the day after tomorrow	*pasado mañana*
next week	*la próxima semana*
next month	*el próximo mes*
next year	*el próximo año*
next Tuesday	*el próximo martes*
later	*más tarde*
later on	*más tarde*
soon	*pronto*
after...	*después de...*
in the future	*en el futuro*
someday	*algún día*
tomorrow morning	*mañana por la mañana*
tomorrow afternoon	*mañana por la tarde*

Otras veces, el contexto indica esta necesidad:

When I'm thirty...
Cuando tenga treinta años de edad...

On my birthday, we'll eat out.
Para mi cumpleaños, vamos a comer en un restaurante.

El futuro perfecto *(Future Perfect)*

Utilizamos el Future Perfect para hablar de lo que habrá ocurrido en el futuro. (Ver el capítulo 3.)

EJEMPLO

I will have slept.
Habré dormido.

Fran will have finished her work.
Fran habrá terminado su trabajo.

By next week, I will have read *The Great Gatsby.*
Antes de la próxima semana, habré leído El gran Gatsby.

FORMA NEGATIVA

La forma negativa del **Future Perfect** es **will not** + el participio pasado

I'm sorry. We will not have obtained permission before the due date.
Lo siento. No habremos obtenido el permiso antes del vencimiento.

FORMA INTERROGATIVA

Para hacer preguntas en el Future Perfect, tienes que cambiar el orden de **will** y el sujeto: **Will** + sujeto + **have** + participio pasado.

Will you have eaten when I get home?
¿Habrán comido cuando yo llegue a casa?

¡PRACTIQUEMOS! 4B

Pon el número de la forma inglesa en el blanco de la forma española que corresponda.

1. She will have eaten.
2. He will buy.
3. We will have spoken.
4. I will have slept.
5. You will demonstrate.
6. They will avoid.
7. It will function.
8. We will have bought.
9. She is going to investigate.
10. We will have obtained.
11. They will demand.
12. He will have proposed.
13. You will have solved.
14. I will clarify.
15. You will have avoided.

_____ Habré dormido.
_____ Habremos comprado.
_____ Ella habrá comido.
_____ Habremos obtenido.
_____ Ellos demandarán.
_____ Él comprará.
_____ Ud. habrá solucionado.
_____ Yo aclararé.
_____ Habremos hablado.
_____ Funcionará.
_____ Tú demostrarás.
_____ Uds. habrán evitado.
_____ Ella va a investigar.
_____ Ellos evitarán.
_____ Él habra propuesto.

El futuro continuo *(Future Progressive)*

El futuro continuo describe una acción que estará ocurriendo en el futuro. Enfatiza la acción o la progressión de una acción. Se forma con **will be** + el participio presente:

to work *(trabajar)*

I will be working
You will be working
He, she, it will be working

We will be working
You will be working
They will be working

Mary will be working.
Mary estará trabajando.

I will not be attending the meeting.
No estaré asistiendo a la reunión.

(O sea, **I will not attend the meeting.** Esta oración enfatiza la acción de asistir.)

El futuro continuo perfecto *(Future Perfect Progressive)*

Este tiempo enfatiza una acción que habrá ocurrido. Corresponde a haber + estado + gerundio en español.

At seven A.M., I will have been sleeping for five hours.
A las siete de la mañana, yo habré dormido cinco horas.

Putting It All Together

Same stuff, different day... (otro día, pero todo igual)

Pon cada oración en el tiempo futuro que corresponda al contexto.

Modelo:

Yesterday, we went to the movies.

Tomorrow, *we will go* to the movies.

<table>
<tr><td>

1. Today, I am studying.
   Tomorrow, _____.

2. I was studying when my brother arrived.
   _____
   when my brother arrives.

</td><td>

Tip
El futuro de **There is** (*hay*) es **There will be** (*habrá*).

There is a sale today at the mall.
Hoy, hay una venta en el centro comercial.

There will be an election next Tuesday.
Habrá una elección el martes próximo.
La contracción de **There will be** es **There'll be.**

There'll be a party after the ball game.
Habrá una fiesta después del partido.
La forma negativa de **There will be** es **There will not be** o **There won't be.**

Don't arrive before eight o'clock; there won't be anyone at home.
No lleguen antes de las ocho; no habrá nadie en casa.

</td></tr>
</table>

3. The police are investigating the robbery.
   The police _____ the robbery.

4. Marco is being audited.
   Next week, Marco _____.

5. Last summer, Hilda and Martha went to the Grand Canyon.
   Next summer, Hilda and Martha _____ to the Grand Canyon.

6. We saw a good film last night.
   We _____ a good film this evening.

7. I hadn't finished the test when the time ran out.
   I _____ the test when the time runs out.

8. Bill was released from prison last month.
   Bill _____ from prison next month.

9. The House passed a finance bill last year.
   The House _____ a finance bill next year.

10. My nephew has been playing the drums for ten years.
    When he turns twenty-five, my nephew _____ the drums for twenty years.

CRUCIGRAMA (CROSSWORD PUZZLE)

Pon cada oración en el Simple Future, Future Perfect, Future Progressive o Future Perfect Progressive según el contexto. Por ejemplo:

We <u>walked</u> to the market. (2 palabras) → We <u>will walk</u> to the market.

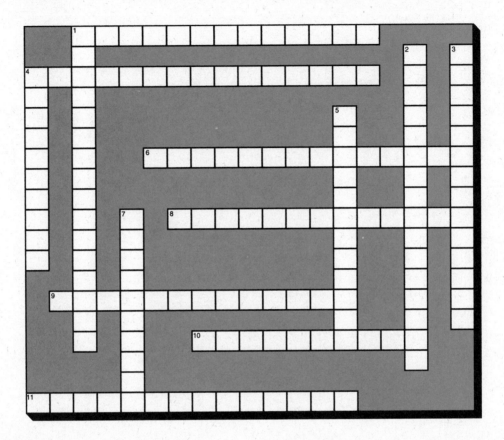

Across

1. It <u>is raining</u>. (3 palabras)
4. Laura <u>demonstrated</u> great self control. (2 palabras)
6. His car <u>accelerates</u> briskly. (2 palabras)
8. The police <u>were baffled</u> by the crime. (3 palabras)
9. Mr. and Mrs. Simon <u>celebrated</u> their fiftieth anniversary. (2 palabras)
10. My mother <u>donated</u> her piano to the church. (2 palabras)
11. It <u>has rained</u>. (3 palabras)

Down

1. I <u>am converting</u> my music collection to digital format. (3 palabras)
2. A private company <u>has launched</u> a new satellite. (3 palabras)
3. We <u>are enduring</u> many hardships. (3 palabras)
4. My brother <u>returns</u> tomorrow. (2 palabras)
5. Our meeting <u>has been</u> postponed. (3 palabras)
7. The government <u>launched</u> a new satellite. (2 palabras)

Vocabulary Helper	
con brío	**briskly**
lanzar	**to launch**
una empresa privada	**a private company**

5

Verbos—El condicional (Verbs—The Conditional Tense)

¿Cuánto sabes? *(How much do you know?)* ⃝?

Pon en el blanco el condicional del verbo entre paréntesis.

1. We _____ (to go) to the beach.
2. I _____ (to like) some water, please.

Traduce cada oración al inglés.

3. Si yo tuviera el dinero, compraría un nuevo ordenador. _____
4. Si hubieras comido, no habrías tenido hambre. _____

Formación del condicional *(Formation of the Conditional)*

La formación del condicional en inglés es bastante sencilla. Tienes sólo que añadir **would** al infinitivo (sin **to**): sujeto + **would** + infinitivo (menos **to**).

to write (*escribir*)

I + would + write = I would write. (*Yo escribiría.*)

Nota que hablamos de los verbos auxiliares en el capítulo 6.

to run (*correr*)

I would run	We would run
You would run	You would run
He, she, it would run	They would run

Nota que se trata del condicional: Yo correría, tú correrías, él correría.

If you had better sneakers, you would run faster.
Si tuvieras mejores zapatillas de deportes, correrías más rápidamente.

¡Cuidado! No confundas el condicional inglés con el imperfecto.

When I was young, <u>I would run to school.</u> (o I used to run to school.)
Cuando yo era joven, corría a la escuela. (o Yo solía correr a la escuela.)

Después de ese breve ejercicio, vamos a hablar de los usos del condicional en inglés.

51

¡PRACTIQUEMOS! 5A

Pon el condicional del verbo indicado en el blanco.

1. I _____
   (to bake / *hornear*) a cake.
2. You _____
   (to bake / *hornear*) a cake.
3. Sandra _____
   (to bake / *hornear*) a cake.
4. Danielle and I _____ (to bake / *hornear*) a cake.
5. You and Mark _____ (to bake / *hornear*) a cake.
6. Harry and Sally _____ (to bake / *hornear*) a cake.
7. I _____ (to start / *arrancar*) my car if I had the keys.
8. You _____ (to buy / *comprar*) a yacht (*un yate*) if you had enough money.
9. Tony _____ (to win / *ganar*) the race if he were faster.
10. We _____ (to travel / *viajar*) if we had a million dollars.

> **Tip**
> Si puedes reemplazar **if** por **when** (*cuando*), probablemente no se trata del condicional:
>
> **If it rains, I put on a hat.**
> *Si llueve, me pongo un sombrero.*
>
> **When it rains, I put on a hat.**
> *Cuando llueve, me pongo un sombrero.*
>
> **If you ring the bell, he will answer the door.**
> *Si haces sonar el timbre, él abrirá la puerta.*
> Pero, si hay duda, emplea el condicional:
>
> **If it rained, I would put on a hat.**
> *Si lloviera, me pondría un sombrero.*

Usos del condicional *(Uses of the Conditional)*

Como acabas de ver en ¡Practiquemos! 5A, el condicional en inglés se emplea con una cláusula que contiene **if** (una "if clause"), y que necesita el modo subjuntivo. (Ver también el capítulo 7.) La **if clause** puede ponerse a la cabeza o al final de la oración. Nota que la palabra **if** no necesita siempre el condicional.

If you save your money, you will be rich.
Si ahorras tu dinero, serás rico.

Forgive me if I have disturbed you.
Perdóneme si yo lo he molestado.

Si la **if clause** toma el subjuntivo, debes utilizar el condicional:

If we took a plane, we would arrive sooner.
Si tomáramos un avión, llegaríamos más pronto.

If I had a nickel for every mistake I've made, I would be a millionaire.
Si tuviera un níquel por cada error que he hecho, sería millonario.

La **if clause** establece una condición. Por ejemplo:

If I were you, I would lock the doors.
Si yo fuera tú, cerraría las puertas con llave.
La condición es: si yo fuera tú. La acción que depende de esta acción necesita el tiempo condicional: yo cerraría las puertas con llave.

If you studied more, you would get better grades.
Si estudiaras más, obtendrías mejores notas.

Proverbio escocés: **If my grandmother had wheels, she'd be a wagon.**
Si mi abuela tuviera ruedas, sería una carreta. (No lo creo.)

Forma negativa del condicional *(Conditional in the Negative)*

La forma negativa del condicional es **would** + **not** + infinitivo (sin **to**).

to write *(escribir)*

I would not write   We would not write
You would not write   You would not write
He, she, it would not write   They would not write

If I had more friends, I would not be so lonely.
Si tuviera más amigos, no estaría tan solo.

La **if clause** puede ser afirmativa o negativa, según el contexto:

If you wore camouflage, they would not see you.
If you did not wear camouflage, they would see you.

Nota que la contracción de **would not** es **wouldn't**:

You wouldn't have a headache if you wore your eyeglasses.
No tendrías dolor de cabeza, si llevaras tus anteojos.

Vocabulary Helper
llegar tarde   **to be late**
la culpa   **fault**
barato   **cheap**

¡PRACTIQUEMOS! 5B

Traduce cada oración al inglés.

1. Si tuviéramos el tiempo, iríamos a Inglaterra.

   _____

2. Si Tomás fuera más alto, jugaría al baloncesto.

   _____

3. Si llegamos tarde, no es culpa mía.

   _____

4. Si el sol brillara, podríamos ver la Estatua de la Libertad.

   _____

5. Si comieras menos dulces, te sentirías mejor.

   _____

6. Yo tendría un televisor plasma en cada cuarto si fueran más baratos.

   _____

7. Si Mathilda durmiera más, no estaría tan cansada.

   _____

8. Si no tuviéramos deberes, podríamos ir al cine.

   _____

9. Si Jean-Claude estuviera aquí, las cosas serían diferentes.

   _____

El condicional perfecto *(Past Conditional)*

Es también posible hablar de condiciones y posibilidades en el pasado. Primero, la if clause debe ser en el pasado:

If you had been at Mary's party...
Si hubieras estado en la fiesta de Mary...

El Past Conditional se forma empleando el verbo auxiliar to have con el participio pasado del verbo que quieres emplear. (Ver el capítulo 3 para los participios pasados.)

If you had been at Mary's party, you would have seen Arthur.
Si hubieras estado en la fiesta de Mary, habrías visto a Arthur.

to walk *(caminar)*

I would have walked	We would have walked
You would have walked	You would have walked
He, she, it would have walked	They would have walked

La forma negativa es would + not + have + participio pasado.

If Mathilda had run faster, she would have won the race.
Si Mathilda hubiera corrido más rápidamente, habría ganado la carrera.

If we had worked more carefully, we would not have made so many mistakes.
Si hubiéramos trabajado más cuidadosamente, no habríamos hecho tantos errores.

¡PRACTIQUEMOS! 5C

Pon la forma correcta del verbo entre paréntesis.

1. If I had arrived earlier, I _____ (to see) Clint Eastwood.
2. If Sam had looked under the bed, he _____ (to find) his shoes.
3. If the book had been more interesting, I _____ (to finish) it.
4. You _____ (to play) with your friends if you had done your chores *(tus tareas)*.
5. If they had gotten caught, they _____ (to get) in trouble.
6. We _____ (to go) to the beach if the weather had been nicer.
7. If Mike had waited a year, he _____ (to buy) his house for less money.
8. If Lewis and Clark had gone south, they _____ (to not discover) the Mississippi.

A veces, la gente emplea el pretérito en la if clause:

If I knew you were coming, I'd have baked a cake.
Sin embargo, es más correcto decir

If I'd known (I had known) you were coming, I'd have (I would have) baked a cake.

Otros usos del condicional

Es posible emplear el condicional sin la if clause. En este caso, la condición se implica:

The president said that he would cut taxes.
El presidente dijo que disminuiría los impuestos. (La condición, por ejemplo la aprobación del congreso, se implica.)

A new pair of glasses would help you see better.
Unos anteojos nuevos te ayudarían a ver mejor.

Tony and Dave promised that they would volunteer at the fair.
Tony y Dave prometieron que se ofrecerían de voluntarios para la feria.

Brett would give you the shirt off his back.
Brett te daría su camisa puesta. (O sea, si tú necesitaras una camisa.)

Hacer preguntas en el condicional

Al igual que en español, en inglés es posible hacer preguntas en el condicional, por inversión del sujeto y del verbo.

You would understand if you had more time.

Tú entenderías si tuvieras más tiempo.

Would you understand if you had more time?
¿Entenderías tú si tuvieras más tiempo?

Putting It All Together

Completa la oración con la forma correcta del verbo entre paréntesis.

1. I _____ (to advise) you to keep quiet.
2. Our town _____ (to benefit) from the new factory.
3. If you eat your vegetables, you _____ (to be) healthy.
4. If it rained, we _____ (to need) our umbrellas.
5. Dr. Michaels had hoped that the new medicine _____ (to cure) the common cold.
6. If I had a computer, I _____ (to download) some music.
7. If we hadn't capped the bottle, the water _____ (to evaporate).
8. If you had called, I _____ (to answer) the phone.
9. Dan _____ (never to go) to the airport if he had known it was snowing.
10. A new car _____ (to cost) a lot more than a used car.

¿QUÉ HARÍAS? (WHAT WOULD YOU DO?)

Por cada oración, di que quisieras hacer la misma cosa, añadiendo too.

Example: They would take a walk. *I would take a walk too.*

1. Paul would like to sing. _____
2. We would dictate the terms. _____
3. Stewart and Patrick would lead the mission. _____
4. You would obtain permission. _____
5. Sandra would earn more money. _____

Ahora, pon cada oración en su forma negativa, añadiendo either *(tampoco) en vez de* too*:*

Example: I would take a walk too. *I would not take a walk either.*

6. _____
7. _____
8. _____
9. _____
10. _____

6

Verbos—Los verbos auxiliares y modales (Verbs—Auxiliary and Modal Verbs)

¿Cuánto sabes? *(How much do you know?)*

(**?**)

Pon esta oración en el tiempo futuro:

1. He has a headache. _____

   Traduce estas oraciones:

2. Cuando era pequeño, Sammy montaba en bicicleta todos los días.

   _____

   (*montar en bicicleta* = **to go bike riding**)

3. Deberías ahorrar dinero.

   _____

¿Qué hace un verbo auxiliar? *(What Does an Auxiliary Verb Do?)*

Un verbo auxiliar (conocido también como **helping verb**) ayuda a otro verbo a comunicar un tiempo. Hablaremos de los verbos modales (**modal verbs**) más abajo. Comencemos por los verbos auxiliares **to have, to be** y **to do**.

To Have

Ante todo, nota que **to have** se conjuga. Como has visto en los capítulos 2, 3 y 4, **to have** se utiliza con el participio pasado para formar el Present Perfect (**I have eaten**), el Past Perfect (**I had eaten**) y el Future Perfect (**I will have eaten**). **To have** nos ayuda a formar los tiempos compuestos en inglés, de la misma manera que **haber** nos ayuda a formarlos en español.

Michael has written several books.
Michael ha escrito algunos libros.

Have you heard the latest news?
¿Has oído las últimas noticias?

Yes, I have heard it.
Sí, yo las he oído.

To Be

El verbo auxiliar **to be** (*ser* o *estar*) se conjuga también. En inglés, utilizamos **to be** para formar los tiempos futuros (**I will go, I will have gone**), el Present Progressive (**I am writing** / *estoy escribiendo*), el Past Progressive (**I was walking** / *estaba caminando*) y el Future Progressive (**I will be swimming** / *estaré nadando*). Además, **to be** nos ayuda a formar la voz pasiva (ver el capítulo 9).

The Washington Monument was completed in 1884.
El Monumento a Washington se completó en 1884.

¿Sabías tu? (Did you know?)

Construction of the Washington Monument began in 1848. After several delays, including the Civil War (1862–1865), it was finished in 1884. At the top of the monument—which is 555 feet 5-1/8 inches tall—is an 8.9-inch tip. The tip is made of aluminum, which was a precious metal in the nineteenth century. In fact, aluminum used to be worth more than silver!

Sources: The National Park Service (www.nps.gov) and The United States Geological Survey (minerals.usgs.gov)

Shall y Will

Como has visto más arriba (y en el capítulo 4), **will** nos ayuda a formar el futuro de un verbo. Nota que **will** no cambia según la persona o el número:

I will help   We will help
You will help   You will help
He will help   They will help
She will help

Vocabulary Helper
delay [di 'leɪ] *el retraso*
to finish ['fɪ nɪʃ] *acabar*
the top [tap] *la cima*
precious metal ['preʃəs 'me tl] *el metal precioso*
to be worth [wɜrθ] *valer*

Utiliza **will** para formar los tiempos futuros en todas la personas:

I will talk.
Yo hablaré.

They will talk.
Hablarán.

Di **shall** si el sujeto es **I** o **we** si quieres hacer una pregunta o pedir algo a alguien con cortesía:

Shall we sit down?
¿Nos sentamos?

(Para más detalles sobre el uso de **will** en los tiempos futuros, ver el capítulo 4.)

To Do

To do es un verbo muy útil. Se emplea cuando quieres decir "hacer" con complemento.

I do my homework after dinner.
Hago mis deberes después de la cena.

To do se emplea como verbo auxiliar para hacer preguntas. Nota el orden del sujeto y el verbo:

Do you read much?
¿Lees mucho?

Según has leído en los capítulos 2 y 3, **to do** se emplea con la palabra **not** para poner una oración en su forma negativa:

I believe you. *Yo te creo.* → **I do not believe you.** *Yo no te creo.*

Además, podemos utilizar **to do** para enfatizar la acción:

to do + forma simple del verbo

I believe you. *Yo te creo.* → **I do believe you.** *Por supuesto, yo te creo.*

En este caso, **do** se emplea en vez de **of course**: Of course I believe you!

I closed the window. *Cerré la ventana.* → **I did close the window.**

"**Do you**, Thomas, **take** this woman to be your lawful wedded wife?"

"**I do!**"

> **Vocabulary Helper**
> **lawful** ['lɔ fʊl] *legal, legítimo, legítima*
> **wedded** ['wed ɪd] *casado, casada*

> **Vocabulary Helper**
> **to buy** [baɪ] *comprar*
> **mistake** [mɪ 'steɪk] *error*
> **mountain** ['maʊn tən] *la montaña*
> **to laugh** ['lɑf] *reír*

¡PRACTIQUEMOS! 6A

Traduce las oraciones siguientes, utilizando la forma apropiada de to have, to be, to do, shall o will.

1. Ellos han terminado. _____
2. ¿Abro la ventana? _____
3. Hemos subido esa montaña. _____
4. Ud. ha hecho un error. _____
5. Dave y June han comprado un coche. _____
6. Ellos reirán. _____
7. ¿Nos sentamos? _____
8. Vas a hacer la cena. _____
9. No hablo chino. _____
10. Susan trabajará este sábado. _____
11. ¡Ud. va a lamentar su error! _____
12. ¿Comes carne? _____
13. ¡Por supuesto, me encanta leer un buen libro! _____

Los verbos modales *(Can, Could, May, Might, Must, Should, Would)*

Por lo general, los verbos modales comunican habilidades, necesidades, obligaciones, permiso, potencias y probabilidades. No tienen infinitivo ni participios presentes o pasados y tampoco se conjugan.

CAN

El verbo modal **can** corresponde a *poder* en español. Sin embargo, en inglés está seguido por la forma simple del verbo, y no por el infinitivo.

Capacidad:

I can juggle three balls.
Yo puedo hacer juegos malabares con tres pelotas.

Tip
La forma negativa de **can** es **cannot**. La contracción de **cannot** es **can't**.

You *can* **run, but you** *can't* **hide.**
Puedes correr, pero no puedes esconderte.

Permiso:
Can I come in?
¿Puedo entrar? (Ver también **May**, a continuación.)

No hay forma pasada para **can.** Necesitas el verbo modal **could** (ver la sección más abajo).

Tampoco hay forma futura para **can.** Tienes que utilizar la frase **to be able** (*ser capaz*).

If you practice, you *will be able* **to juggle four balls.**
Si practicas, podras hacer juegos malabares con cuatro pelotas.

COULD

Could es un verbo modal bastante interesante. Como acabas de leer, se utiliza para expresar capacidad en el pasado.

Babe Ruth was a great baseball player. He *could* **both hit and pitch.**
Babe Ruth era un estupendo jugador de béisbol. Podía golpear y lanzar también.

Tip
La forma negativa de **could** es **could not.**
I could not believe it. *No lo podía creer.*
La contracción de **could not** es **couldn't.**
I couldn't believe it. *No lo podía creer.*

Además, **could** se utiliza en el presente para solicitar permiso:

Could you speak more slowly, please?
¿Puede usted hablar más despacio, por favor?

Nota que el contexto nos ayuda a distinguir el permiso de una pregunta sobre acciones que tuvieron lugar en el pasado.

Could he see you?
¿Pudo él verte?

MAY

May es un verbo modal que expresa la posibilidad, el permiso y el deseo.

Deseo:
May you get drenched!
¡Que se empape!

Permiso:
May I borrow your umbrella?
¿Puede ud. prestarme su paraguas?

Posibilidad:
It may rain tomorrow.
Quizás llueva mañana.

> **Proverb**
> **Sticks and stones *may* break my bones, but words will never hurt me.**
> *Los palos y las piedras pueden romperme los huesos, pero las palabras nunca me harán daño.*

> **Tip**
> La forma negativa de **may** es **may not**.
> **You may not like the new contract.**
> *Quizás no te guste el nuevo contrato.*
> La contracción de **may not** se usa muy raramente: **mayn't**.

MIGHT

Might comunica una posibilidad en el presente o el futuro:

"Joe isn't in his office."

"He might be at the warehouse."

—*Joe no está en su oficina.*

—*Está quizás en el almacén.*

(Es también posible decir: **He *may* be at the warehouse.**)

We might go to Canada in August.
Podríamos ir a Canadá en agosto.

Who might you be?
¿Quién sería Ud?

Este verbo modal se emplea también como forma pasada de **may**.

> **Pronunciation tip**
> **Might** se pronuncia [maɪt], como **kite** [kaɪt], **light** [laɪt] o **night** [naɪt].

> **Tip**
> La forma negativa de **must** es **must not**.
> **You *must* put on your seat belt.**
> *Debes ponerte tu cinturón de seguridad.*
> **You *must* not drive without (putting on) your seat belt.**
> *No debes manejar sin (ponerte) el cinturón de seguridad.*
> La contracción de **must not** es **mustn't**.
> **You *mustn't* worry.**
> *No debes preocuparte.*

MUST

Must es un verbo modal que debes estudiar. Este verbo, que no se conjuga según la persona o el número, comunica una obligación.

We must hurry if we want to catch our plane.
Debemos apresurarnos si queremos tomar el avión.

Must puede expresar una inferencia o deducción.

Tony must be tired after all that hard work.
Tony debe estar cansado después de tanto trabajo difícil.

Your hair is wet! It must be raining!
¡Tienes el pelo mojado! ¡Debe estar lloviendo!

> **Proverb**
> **If the mountain will not come to Mohammed, Mohammed must go to the mountain.**
> *Si la montaña no viene a Mahoma, Mahoma debe irse a la montaña.*

SHOULD

Should expresa una obligación.

Frank should apologize to Mary.
Frank le debe pedir perdón a Mary.

You should remove your hat in a theater.
Debes quitarte el sombrero en un teatro.

Should expresa una posibilidad cuando inviertes el verbo y el sujeto.

Should **you have any questions, please call my assistant.**
Si tiene preguntas, llame por favor a mi ayudante.
(Ver **ought to**, más abajo.)

Tip
La forma negativa de **should** es **should not**. La contracción de **should not** es **shouldn't**.

We **shouldn't** stay out after 10 P.M.
No debemos quedarnos hasta después de las diez. (Debemos regresar a casa antes de las diez.)

WOULD

Como has visto en el capítulo 5, **would** se emplea para formar el tiempo condicional en inglés.
Este verbo modal expresa también una posibilidad:

The new law <u>would</u> require further spending.
La nueva ley necesitaría gastos adicionales.

Esta palabra se emplea como fórmula de cortesía:

<u>Would</u> **you please pass me the salt.**
Por favor, podrías pasarme la sal.

I <u>would</u> like a cup of coffee.
Yo quisiera un café.

Tips
La forma negativa de **would** es **would not**.

If I were you I *would not* wake up that dog.
En tu lugar, yo no despertaría a ese perro.

Puedes emplear una contracción después de un pronombre.

I would rather be in Pittsburgh. → **I'd** rather be in Pittsburgh.
La contracción de **would not** es **wouldn't**.

***Wouldn't* you like to know?**
¿No quisieras saberlo?

Puedes también emplear **would** para expresar el equivalente del imperfecto en español. (Ver el capítulo 3.)

When she was a child, Madeleine would go to the beach every summer.
Cuando era joven, Madeleine iba a la playa todos los veranos.

OUGHT TO

A diferencia de **should** y **must**, **ought to** necesita **to** antes del verbo en cuestión.

You should call your aunt.
Deberías telefonear a tu tía.

You ought to call your uncle.
Deberías telefonear a tu tío.

La forma negativa es **ought not to**:

Dan ought not to drive so fast.
Dan no debería conducir tan rápidamente.

USED TO

El verbo **used to** expresa el imperfecto de indicativo, así como el verbo soler. (Ver el capítulo 3.)

We <u>used to</u> live in Idaho.
Vivíamos en Idaho.

La forma negativa de **used to** es **didn't use to**:

George didn't use to exercise before his heart attack.
George no solía hacer exercicios antes de su infarto.

Para hacer una pregunta con **used to**, tienes que añadir **did** antes del sujeto:

did + **sujeto** + **use to** + **verbo**

Did Susan <u>use to</u> play soccer in high school?
¿Susan jugaba al fútbol en la secundaria?

¡PRACTIQUEMOS! 6B

Cambia el sujeto de cada oración.

1. We ought to be more careful. (you) _____
2. Sally must be home by now. (they) _____
3. My father can speak four languages. (we) _____
4. Anne must not like chocolate. (Anne and Marie) _____
5. I can't hear the TV. (Mr. Robinson) _____
6. Fran may get a new job. (I) _____
7. Would you like some pie? (Tom) _____
8. I could hear the neighbors arguing. (we) _____
9. My friends might come to dinner. (the mayor) _____
10. You should take my umbrella. (I) _____

Putting It All Together

Vocabulary Helper
to alleviate [ə 'li vi eɪt] *aliviar*
to contaminate [kən 'tæm ɪ neɪt] *contaminar*
to download ['daʊn ləʊ d] *bajar*
fiscal ['fɪs kəl] *fiscal*
to postpone [poʊst 'poʊn] *posponer*
science fiction ['saɪ əns 'fɪk ʃən] *la ciencia ficción*
smoke detector [smoʊ k dɪ 'tek tər] *un detector de humo*
symptoms ['sɪmp təmz] *los síntomas*

A. SENTENCE SCRAMBLE

Pon cada oración en el orden correcto.

1. do Peter will work the and Paul _____
   _____
2. call shall doctor I the? _____
   _____
3. can after go park dinner to the we _____
   _____
4. science do like you fiction? _____
5. you you hide can't can run, but _____
6. open could please door you the _____
7. your aspirin alleviate may symptoms _____
8. for we gift his him ought to thank _____
9. postpone our meeting may Mr. George _____
10. in should you batteries your replace the detector smoke _____

B. POSITIVE OR NEGATIVE?

Si la oración es afirmativa, ponla en su forma negativa. Si es negativa, ponla en su forma afirmativa.

1. The oil spill may contaminate Lake Michigan.
   _____

2. Our new electrician should not conform to city codes.
   _____

3. Lucy might not have bought a new car.
   _____

4. Lemons may cure cancer.
   _____

5. My old computer could download faster than my new one.
   _____

6. I didn't finish my chores.
   _____

7. We must encourage fiscal responsibility.
   _____

8. Tony can fly helicopters.
   _____

9. When I was young, we didn't use to go to Florida on vacation.

_____

10. Flying cars would eliminate the need for highways.

_____

C. INTERROGATIVE

Cambia cada oración a la forma interrogativa.

1. Brett will star in a new film. _____
2. You can write with both hands. _____
3. Our ancestors could endure extreme cold. _____
4. Congress should pass a bill to improve the economy. _____
5. Ethan has recovered from his accident. _____

D. PROVERBIOS Y EXPRESIONES

Pon el verbo auxiliar que completa el proverbio o expresión.

1. Children _____ be seen and not heard (*oídos*).
2. All good things _____ come to an end.
3. The meek (*los mansos*) _____ inherit the earth.
4. Those who _____, do; those who _____, teach.
5. I _____ if I could.

7

Verbos—El modo subjuntivo (Verbs—The Subjunctive Mood)

¿Cuánto sabes? *(How much do you know?)*

?

Pon la forma correcta del verbo en el blanco.

1. It is important that you _____ (to answer) the question.
2. I insist that they _____ (to return) the books.
3. My boss asked me _____ (to work) late.
4. I wish Maria _____ (to be) more cooperative.

En inglés, el uso del modo subjuntivo es bastante raro. De hecho, muchos anglohablantes no conocen las reglas, y evitan las construcciones y los verbos que requieren el subjuntivo. Además, en algunas situaciones, utilizan el indicativo en lugar del subjuntivo. Por ejemplo, dicen I wish I *was* on vacation en lugar de I wish I *were* on vacation (*Quisiera estar de vacaciones*). No obstante, es muy útil aprender el uso correcto del subjuntivo.

Formación del modo subjuntivo en el presente
(Formation of the Subjunctive Mood in the Present)

En el presente, tienes sólo que emplear la forma básica del verbo. Nota que, aunque el subjuntivo se parezca al presente de indicativo, en la tercera persona del singular no toma una s al final. La mayoría de las veces, el subjuntivo sigue una expresión que incluye that (que).

to speak (*hablar*)

(that) I speak	(that) we speak
(that) you speak	(that) you speak
(that) he, she, it speak	(that) they speak

to go (*ir*)

(that) I go	(that) we go
(that) you go	(that) you go
(that) he, she, it go	(that) they go

Hay siempre una excepción, y en este caso es el verbo **to be**:

to be (*ser, estar*)
(that) I be   (that) we be
(that) you be   (that) you be
(that) he, she, it be   (that) they be

El modo subjuntivo se emplea de la misma manera cuando la oración habla del pasado, incluso en lo que respecta a su formación. Es decir, aunque hablamos del pasado, utilizamos el presente de subjuntivo.

We demanded that the governor resign.
Exigimos que el gobernador dimita de su oficio.

It was necessary that we burn our furniture to heat the cabin.
Fue necesario que quemáramos nuestros muebles para caldear la cabaña.

¡PRACTIQUEMOS! 7A

Pon la forma correcta del verbo entre paréntesis.

It is important that...
1. you _____ (to go).
2. Tom _____ (to obtain) permission.
3. we _____ (to finish) our work.

It is vital that...
4. I _____ (to see) the director.
5. Anne _____ (to leave) for New York tomorrow.
6. Peter and Paul _____ (to speak) with Mary.

I demand that...
7. you _____ (to stop) fidgeting.
8. they _____ (to return) my flash drive.
9. Dr. Suarez _____ (to examine) my foot.
10. the store _____ (to reimburse) me.

El subjuntivo pasado (El pasado de subjuntivo) *(Past Subjunctive)*

Hay también un subjuntivo pasado en inglés. Se utiliza en las "**if clauses**" (las cláusulas con *si*). Cuando utilizamos **if** para expresar una irrealidad, empleamos el modo subjuntivo. Aunque el subjuntivo sea raro en inglés, se utiliza

cuando hablamos de algo que no corresponde a la realidad. Como has visto en el capítulo 5, el condicional se pone en la oración subordinada.

If you ate more vegetables, you would be healthier.
Si comieras más legumbres, estarías más sano.

Formación del subjuntivo pasado
(Formation of the Past Subjunctive)

En el pasado, el subjuntivo tiene la misma forma que el Simple Past del verbo (ver el capítulo 3).

If you watched less television, your grades would be better.
Si miraras menos televisión, sacarías mejores notas.

El subjuntivo de **to be** es irregular en el pasado.

to be (*ser, estar*)

I were	we were
you were	you were
he, she, it were	they were

If Madeleine were taller, she would be able to reach the top shelf.
Si Madeleine fuera más alta, podría alcanzar el estante superior.

If we were older, we would be wiser.
Si fuéramos mayores, seríamos más sensatos.

If my window were cleaner, I would have a better view.
Si mi ventana estuviera más limpia, tendría mejor vista.

Expresiones que necesitan el subjuntivo en inglés

El subjuntivo se emplea después de expresiones que manifestan una obligación.

It is important that you be on time.
Es importante que llegues a la hora.

It is necessary that we pay our taxes.
Es necesario que paguemos nuestros impuestos.

Otras expresiones que toman el subjuntivo:

It is imperative that...	*Es urgente que...*
It is required that...	*Es necesario que...*
It is urgent that...	*Es urgente que...*
It is vital that...	*Es importante que...*

Sin embargo, la gente evita el subjuntivo, utilizando **must** o **should**:

It is necessary that you be on time. → **You should be on time.**
Deberías llegar a la hora.

It is required that we pay our taxes. → **We must pay our taxes.**
Debemos pagar nuestros impuestos.

El modo subjuntivo se emplea después de algunos verbos que expresan un deseo, una petición o una sugerencia.

We demand that the mayor resign.
Requerimos que el alcalde dimita.

I wish (that) you were more tolerant.
Me gustaría que fueras más tolerante.

I insist that Casey finish his vegetables.
Insisto en que Casey termine de comer sus legumbres.

Otros verbos que toman el modo subjuntivo:

to ask (*pedir*), **to propose** (*proponer, sugerir*), **to recommend** (*recomendar*), **to request** (*pedir*), **to suggest** (*sugerir*), **to urge** (*rogar*), **to wish** (*desear*).

I wish you were here.
Quisiera que estuvieras aquí.

Nota que **to wish** puede tomar el condicional: **I wish you would pay attention.**

Los anglohablantes evitan el subjuntivo, empleando construcciones que no tienen **that**. El infinitivo es muy útil para estas construcciones (ver el capítulo 10).

We demand that the mayor resign. → **We want the mayor to resign.**
We demand the mayor's resignation.

Hay frases hechas en las que empleamos el subjuntivo. Por lo general, estas expresiones manifestan un deseo.

Long live the King! Long live the Queen!	*¡Viva el rey! ¡Viva la reina!*
God forbid!	*¡Dios no lo quiera!*
Far be it from me...	*No tengo la intención de...*
Be that as it may...	*En cualquier caso...*
Come what may...	*Pase lo que pase...*
God bless America!	*¡Dios bendiga a los Estados Unidos!*

¡PRACTIQUEMOS! 7B

¿Subjuntivo o infinitivo? Pon en el blanco la forma correcta del verbo entre paréntesis.

1. We request that you _____ (to answer) our letter.
2. I urge you _____ (to reconsider) our offer.
3. Laura recommended that we _____ (to order) the steak.
4. Our mother asked us _____ (to be) quiet.
5. Bill and I suggest that you _____ (to check) your answers.
6. It was necessary _____ (to delete) the file.
7. It's imperative that we _____ (to stop) global warming.
8. You must _____ (finish) your homework.

La forma negativa del modo subjuntivo
(Subjunctive Mood in the Negative)

La forma negativa del subjuntivo toma **not** antes del verbo:

We ask that you not reject our proposal. *Pedimos que no rechaces nuestra propuesta.*
Sin embargo, es siempre posible expresar el mismo pensamiento en el afirmativo.

We ask that you accept our proposal. *Pedimos que aceptes nuestra propuesta.*

Y también puedes evitar el subjuntivo:

We ask you to accept our proposal. *Te pedimos aceptar nuestra propuesta.*

Cómo hacer preguntas *(How to Ask Questions)*

Cuando utilizas la forma interrogativa con el modo subjuntivo, sólo la cláusula principal se cambia.

You demand that we apologize. → Do you demand that we apologize?
¿Exigen Uds. que nos disculpemos?

Putting It All Together

Vocabulary Helper
checkup ['tʃek ʌp] *un chequeo*
proposal [prə 'peʊ zəl] *una propuesta*

Pon la forma correcta del verbo entre paréntesis.
¡Cuidado! Algunas oraciones no necesitan el subjuntivo.

1. The policeman demanded that the gunman _____ (to put down) his weapon.
2. I insist that you _____ (to reveal) the name of the informant!
3. It is important that you _____ (to download) the entire file.
4. We recommend that all students _____ (to be) in class by 9 A.M.
5. Long _____ (to live) Elvis!
6. If it _____ (to be) snowing, we will go skiing.
7. William wishes that he _____ (to be) in Philadelphia.
8. My doctor recommends that I _____ (to go) to the gym.
9. Our teacher asked that we _____ (to study) every evening.
10. If the dam bursts, the town _____ (to be) destroyed.
11. It is vital that we _____ (to slow) global warming.
12. Anne suggests that we _____ (to plant) more shrubs.
13. I urge you _____ (to buy) more stocks.
14. Fran demanded that her boss _____ (to raise) her salary.
15. It is important _____ (to practice) every day.
16. It is important that you _____ (to practice) every day.
17. We wish you _____ (to be) here with us.
18. Paul asked that we _____ (to clarify) our proposal.
19. My friends urged me _____ (to jump) in the pool.
20. It is urgent that you _____ (to get) a checkup.
21. Did Jessie insist that you _____ (to apologize)?
22. Did my teacher suggest that I _____ (to read) more?
23. Did we recommend that you _____ (to try) the new restaurant at the mall?
24. Is it imperative that you _____ (to study) the next chapter?
25. Is it important for you _____ (to follow) the recipe exactly?

8

Verbos—El modo imperativo (Verbs—The Imperative Mood)

El uso del modo imperativo en inglés
(Use of the Imperative Mood in English)

     Al igual que en español, utilizamos el imperativo en inglés para mandar a alguien o para pedirle algo, y para dar direcciones.

Please bring me a hammer.
Tráigame un martillo, por favor.

Formación del modo imperativo
(Formation of the Imperative Mood)

     Para formar el imperativo en inglés, tienes solo que emplear la forma simple del verbo. Al igual que en español, hay que dejar el sujeto. Nota que se trata de la segunda persona del singular o del plural.

Go away!
¡Vete! (Cuando le hablas a una persona.)

Go away!
¡Váyanse! (Cuando le hablas a dos personas o más.)

En cuanto a la primera persona del plural, decimos Let us + la raíz del verbo:

Let us go! / Let's go!
¡Vámonos!

En la tercera persona del singular o del plural, decimos Let + him, her, it, them (o un apellido) + la raíz del verbo:

Let him go.
Que se vaya.

Let George do it.
Que Jorge lo haga.

The police officer said, "Please show me your license."
El agente dijo, "Por favor, muéstreme su permiso de conducir."

Please let her in.
Por favor, déjela entrar.

RESUMEN

to go (*ir*)		to be (*ser, estar*)	
—	Let us go. / Let's go.	—	Let us be. / Let's be.
Go.	Go.	Be.	Be.
Let him go.	Let them go.	Let him be.	Let them be.
Let her go.		Let her be.	
Let it go.		Let it be.	

La forma pasiva del modo imperativo

Es también posible expresar el modo imperativo utilizando el imperativo de **to get** + el participio pasado del verbo. Nota que **to get** no se traduce siempre como *obtener*; de hecho, las expresiones idiomáticas utilizando *to get* se traducen de varias maneras, incluso por verbos reflexivos.

Get lost!
¡Piérdete! o *¡Vete!*

Hay otras expresiones con **to get** en el imperativo negativo.

Don't get hurt!
¡No te hagas daño!

Don't get caught!
¡No te dejes atrapar!

Algunos ejemplos útiles del modo imperativo:

Be quiet. *Cállate. / Cállese Ud. / Cállense.*
Close the door. *Cierra / Cierren la puerta.*
Do not disturb! *¡No molestar!*
Don't go. *No te vayas. / No se vayan.*
Follow me. *Sígueme. / Síganme.*
Hang up (the phone)! *¡Cuelgue (el teléfono)!*
Help me. *Ayúdame. / Ayúdenme.*
Help yourself. *Sírvete.*
Leave me alone! *¡Déjame! / ¡Déjeme! / ¡Déjenme!*
Let's go! *¡Vámonos!*

Listen to me. *Escúchame. / Escúchenme.*
Look at me. *Mírame. / Mírenme.*
Look out! *¡Cuidado!*
Please be quiet. *Silencio, por favor.*
Please call me. *Llámame / Llámeme. / Llámenme, por favor.*
Please turn off the lights. *Por favor, apaga (apaguen) las luces.*
Please wait. Espera. / Esperen, por favor.
Stop! *¡Párate! / ¡Párense!*
Take one. *Ten / Tenga uno.*

¿Has notado el uso de **please** y **don't** en estos ejemplos? En otras palabras, es una buena idea moderar el imperativo con una expresión que lo haga más cortés.

Please *(por favor)*

Would you please + infinitivo – to

Would you please give me the phone book.
Por favor, deme la guía telefónica.

Would you be so kind as + infinitivo

Would you be so kind as to close the door.
Por favor, cierre la puerta.

Would you mind + participio presente

Would you mind turning off the radio.
Por favor, apague la radio.

¡PRACTIQUEMOS! 8A

Vocabulary Helper
magnifying glass ['mæg nɪ faɪ ɪŋ glæs]
una lupa
to postpone [poʊ st 'poʊ n] *aplazar, posponer*
to volunteer [val ən 'tɪr] *ofrecerse de voluntario*
wood [wʊ d] *la madera*

Pon cada verbo en la forma correcta.

1. _____ (to open) the door.
2. _____ (to take) a walk.
3. Let's _____ (to take) a walk.
4. _____ (to postpone) the meeting
5. Please _____ (to turn off) the lights
6. _____ (to have) a good time!
7. _____ (to save) your work before you shut down the computer.
8. Don't forget _____ (to do) your homework.
9. _____ (to bring) me my magnifying glass.
10. When you trim wood, _____ (to measure) twice and _____ (to cut) once!

¡PRACTIQUEMOS! 8B

Pon cada oración en su forma negativa.

1. Get up! _____
2. Open the door. _____
3. Let's eat out. _____
4. Let him in. _____
5. Avoid sunlight. _____
6. Neglect your work. _____
7. Let's tighten our belts. _____
8. Let him solve the problem. _____
9. Submit your resignation. _____
10. Bring the scissors. _____

Putting It All Together

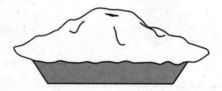

Toni vertió chocolate sobre su receta para la tarta de manzana. Ayúdale a restituir las palabras emborronadas.

Filling

First, prepare the filling:

1. _____ 6 (six) apples.
2. _____ the apple slices in a large bowl.
3. _____ 1/2 cup sugar, 1 tablespoon of flour, 1 teaspoon of cinnamon, and 4 ounces of margarine.
4. Mix thoroughly.
5. _____ filling aside and prepare crust.

Crust

1. Pour 3 cups of flour and 3 tablespoons of sugar in a large bowl.
2. Add 3/4 cup of shortening pieces, and 1/4 cup water to bowl.
3. _____ thoroughly and quickly.
4. Spread flour on flat surface.
5. _____ mixture and flatten.
6. Make two flat circles.

Combine filling and crust

1. _____ oven to 450 degrees.
2. Place one circle of dough into pie plate.
3. _____ filling into pie plate.
4. _____ other circle of dough on top.
5. _____ edges of pie and cut slits on top of pie.
6. _____ for 15 minutes and turn oven temperature down to 350° for 30 minutes.
7. _____ pie from oven and let it cool for one hour.

Optional recipe

1. Start car.
2. Drive to bakery.
3. _____ apple pie.

Vocabulary Helper	
to add [æd]	añadir
to bake [beɪk]	hornear
to buy [baɪ]	comprar
to cut up [cʌt ʌp]	cortar
to knead [nid]	amasar
to mix [mɪks]	mezclar
to pinch [pɪntʃ]	pellizcar
to place [pleɪs]	poner
to pour [pɔr]	verter
to preheat [pri 'hit]	precalentar
to prepare [pri 'pɜər]	preparar
to put [pʊt]	poner
to remove [ri 'muv]	sacar
to set aside [set ə 'saɪd]	apartar
cinnamon ['sin ə mən]	la canela
crust [krʌst]	la corteza
dough [doʊ]	la masa
filling ['fɪl ɪŋ]	relleno
flour ['flaʊ ər]	la harina
margarine ['mar dʒər ɪn]	la margarina
shortening ['ʃɔr tən ɪŋ]	la grasa
slit [slɪt]	un corte

9

La voz pasiva
(The Passive Voice)

¿Cuánto sabes? *(How much do you know?)*

Cambia cada oración a la voz pasiva, y exprésala después en forma negativa y en forma de pregunta.

    1. Susan wrote the article.
    Voz pasiva _____
    Forma negativa _____
    Pregunta _____
    2. The people elect the president.
    Voz pasiva _____
    Forma negativa _____
    Pregunta _____

Introducción (¿Voz activa o voz pasiva?)
Introduction (Active Voice or Passive Voice?)

    En inglés, al igual que en español, puedes emplear la voz activa o la voz pasiva. En la voz pasiva, el sujeto hace la acción.

Roger hit the ball.
Roger golpeó la pelota.

Se trata de ejercer acción sobre un complemento. En otras palabras, el verbo debe ser transitivo. Para saber si el verbo es transitivo o no, debes hacerte la pregunta: **What did he hit?** (*¿Qué golpeó?*)

He hit the ball.

    sujeto   verbo   complemento

Si no hay complemento, el verbo es intransitivo. Por ejemplo, **He slept.** Ese verbo no tiene complemento.

En cuanto a la voz pasiva, tienes sólo que cambiar el orden del sujeto y del complemento. Eso se hace normalmente con ayuda de la preposición by (*por*) y el verbo to be (*ser, estar*). Puedes también emplear el verbo to get, que tiene muchos significados idomáticos en la lengua popular (*obtener, hacerse*). Si no has revisado los participios pasados, hazlo ahora en el capítulo 3.

Muchos gramáticos prefieren el uso de la voz activa. Estamos de acuerdo con éstos, porque la voz activa es más directa, sobre todo si estás escribiendo un trabajo donde das tu opinión y tienes que evitar de atenuar tu argumento. No obstante, el uso juicioso de la voz pasiva puede ayudarte a variar tu estilo. Por ejemplo, si quieres enfatizar el complemento, la voz pasiva es apropiada.

Cuando dices, The ball was hit by Roger (*La pelota fue golpeada por Roger*), se explica por qué pagaste un millón de dólares para comprarla. Enfatizas el complemento, y no la persona que hizo la acción.

Además, hay campos donde la voz pasiva es necesaria. A modo de ejemplo, un científico debe mantener cierta distancia y objetividad. En vez de decir I placed the substance in a petri dish (*Yo puse la sustancia en un plato de laboratorio*), un científico diría The substance was placed in a petri dish (*La sustancia fue puesta en un plato de laboratorio*).

La formación de la voz pasiva (Formation of the Passive Voice)

Como acabamos de decir, la voz pasiva consiste en to be + el participio pasado.

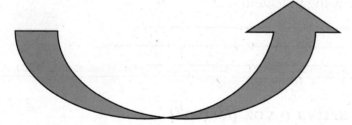

Tony <u>walks</u> our dog. ⟶ Our dog <u>is walked</u> by Tony.

Si empleas el presente continuo, con ing, debes utilizar being + el participio pasado:

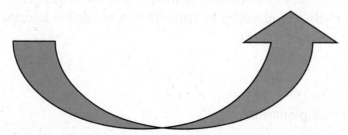

Tony <u>is walking</u> our dog.   Our dog <u>is being walked</u> by Tony.

Vocabulary Helper
Continental Congress [kan tə 'nen təl kaŋ gres] *el congreso continental*
drafted ['dræft ɪd] participio pasado de **to draft** *(redactar, escribir la primera versión)*
jokingly ['dʒoʊk ɪŋ li] *en broma*
prominent ['pram ə nənt] *prominente*
signature ['sɪg nə tʃər] *la firma*
to sign [saɪn] *firmar*

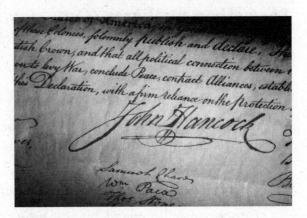

El pasado de la voz pasiva
(Passive Voice in the Past)
Si la acción sucedió en el pasado, hay sólo que poner **to be** (o **to get**) en el tiempo pasado.

John Hancock signed the Declaration of Independence.
John Hancock firmó la Declaración de Independencia

The Declaration of Independence was signed by John Hancock.
La Declaración de Independencia fue firmada por John Hancock.

Bob was writing the article.
Bob estaba escribiendo el artículo.

The article was being written by Bob.
El artículo estaba siendo escrito por Bob.

The police caught the robber.
La policía capturó al ladrón.

The robber was caught by the police. o **The robber got caught by the police.**
El ladrón fue capturado por la policía.

La voz pasiva en el futuro *(Passive Voice in the Future)*
En el futuro, tienes que emplear **will be** + el participio pasado del verbo.

NASA and the ESA will launch the rocket.
La NASA y la AEE (la Agencia Espacial Europea) lanzarán el cohete.

The rocket will be launched by NASA and the ESA.
El cohete será lanzado por la NASA y la AEE.

El condicional de la voz pasiva *(Passive Voice in the Conditional)*
En el condicional, debes emplear el verbo auxiliar **would**. (Ver el capítulo 5.)

Jean-Claude would open the door if he had the key.
Jean-Claude abriría la puerta si tuviera la llave.

The door would be locked by Jean-Claude.
La puerta sería cerrada por Jean-Claude.

Jean-Claude would have locked the door.
Jean-Claude habría cerrado la puerta.

The door would have been locked by Jean-Claude.
La puerta estaría cerrada con llave por Jean-Claude.

Los verbos auxiliares *(Can, May, Might, Should, Ought to, Must)*

Cuando se trata de verbos auxiliares, tienes sólo que utilizar be con el participio pasado. (Ver el capítulo 6.)

Two people can play this game.
Dos personas pueden jugar este juego.

This game can be played by two people.
Este juego puede ser jugado por dos personas.

The new drug may cure cancer.
Quizás esta nueva medicina pueda curar el cáncer.

Cancer may be cured by the new drug.
Quizás el cáncer sea curado por la nueva medicina.

Vocabulary Helper
to break [breɪk] *romper*
to fix [fɪks] *reparar*
to restore [rɪ 'stɔr] *restaurar*
assembly line [ə 'sem bli laɪn] *una cadena (una línea) de montaje*
income tax ['ɪn kʌm tæks] *los impuestos*
sound barrier [saʊnd bær i ər] *la barrera del sonido*

¡PRACTIQUEMOS! 9A

Cambia cada oración a la voz pasiva.

1. Frank Lloyd Wright designed many beautiful houses.

   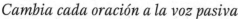

2. Henry Ford developed the modern assembly line.

   _____

3. The Internal Revenue Service collects income tax.

   _____

4. George Washington Carver developed the peanut.

   _____

5. George Bush nominated Samuel Alito to the Supreme Court.

   _____

6. Carlos is restoring the painting.

   _____

7. Chuck Yeager broke the sound barrier in 1947.

   _____

8. Dave was fixing the car.

_____

9. The Chicago Cubs won the 2016 World Series.

_____

10. Snow covered the ground.

_____

La forma negativa de la voz pasiva
(Passive Voice in the Negative)

Para poner la voz pasiva en su forma negativa, añade **not** después de **to be** o **to get** en el presente.

The barber did not cut my hair. → My hair was not cut by the barber.
Y después de **will** en el futuro:

My hair will not be cut by the barber.

My hair will not have been cut by the barber.

De hecho, **not** se añade después de todos los verbos auxiliares:

This door <u>should</u> not be opened.

Cómo hacer preguntas en la voz pasiva
(How to Ask Questions in the Passive Voice)

Si quieres hacer una pregunta en la voz pasiva, invierte el sujeto y el auxiliar **to be**.

She wrote the blog. → The blog was written by her. → Was the blog written by her? _¿El blog fue escrito por ella?_

Si el auxiliar es **to get**, haz la pregunta con **to do**:
Did the blog get written by her?

¡PRACTIQUEMOS! **9B**

Pon cada oración en la voz pasiva y entonces en forma negativa.

1. Paul left the umbrella.

_____

_____

2. The dog is chasing the cat.

_____

_____

3. The man bought the farm.

_____

4. Ryan and Sara acknowledged the gift.

_____

5. You are wearing out the floor.

_____

_____

¡PRACTIQUEMOS! 9C

Pon cada oración en la voz pasiva, y después en forma de pregunta.

1. I convinced the committee to pass the motion.

_____

_____

2. The police recovered the stolen paintings.

_____

3. The lens magnifies the image.

_____

4. Brett will play the role of Charlemagne.

_____

5. The farmer is scattering the seeds.

_____

_____

6. Lightning struck our house.

_____

_____

Resumen *(Summary)*

Ejemplo de un verbo en la voz pasiva:

to write *(escribir)*

	Singular	Plural
Presente, voz activa	Marie writes the program.	Marie writes the programs.
Presente simple	The program is written by Marie.	The programs are written by Marie.
Presente continuo	The program is being written by Marie.	The programs are being written by Marie.
Pasado simple	The program was written by Marie.	The programs were written by Marie.
Pasado continuo	The program was being written by Marie.	The programs were being written by Marie.
Presente perfecto	The program has been written by Marie.	The programs have been written by Marie.
Pasado perfecto	The program had been written by Marie.	The programs had been written by Marie.
Futuro simple	The program will be written by Marie.	The programs will be written by Marie.
El condicional	The program would be written by Marie.	The programs would be written by Marie.
Condicional pasado	The program would have been written by Marie.	The programs would have been written by Marie.

Putting It All Together

CULTURE CAPSULE

Cambia la voz activa a la voz pasiva donde sea indicado.

THE PRESS IN THE UNITED STATES

1) <u>The Founding Fathers wrote the Bill of Rights in 1791.</u> 2) <u>The First Amendment of the Bill of Rights guarantees freedom of speech</u>: "Congress shall make no law respecting an establishment of religion, or prohibiting the free exercise thereof; *or abridging the freedom of speech, or of the press;* or the right of the people peaceably to assemble, and to petition the Government for a redress of grievances."

> **Vocabulary Helper**
> **to abridge** [ə 'brɪdʒ] *abreviar*
> **anchorman, anchorwoman** ['æŋ kər man, 'æŋ kər woman] *el presentador, la presentadora*
> **to assemble** [ə 'sembl] *reunirse*
> **blog** [blɔg] *un blog*
> **to enjoy** [en 'dʒɔɪ] *disfrutar de*
> **grievance** ['gri vəns] *una queja*
> **influential** [ɪn flu 'en ʃəl] *influyente*
> **journalism** ['dʒər nəl izəm] *el periodismo*
> **medium** ['mi di əm] *el medio*
> **to parody** ['pær ə di] *parodiar*
> **peaceably** ['pi səb li] *pacíficamente*
> **the press** [ðə pres] *la prensa*
> **redress** [ri 'dres] *reparación*
> **respecting** [ris 'pek tɪŋ] *con respecto a*
> **self-expression** [self ɪks preʃ ən] *la autoexpresión*
> **thereof** [ðer ʌv] *del mismo, de la misma*

This put the right to self-expression in the hands of the people. Over the years, we have found many ways to exercise the freedom of the press. 3) <u>Many newspapers provided national and local news.</u> Some early newspapers were the *New York Times,* the *Washington Post,* and the *Boston Globe.* One influential publisher was William Randolph Hearst. Some say that 4) <u>the movie *Citizen Kane* parodies Hearst's life.</u> In the early 1900s, radio became a popular medium of communication. By the 1960s, 5) <u>television had overtaken radio.</u> Walter Cronkite and Edward R. Murrow were early TV anchormen. 6) <u>CBS's Ed Bradley covered the Vietnam War.</u> Television journalism helped to bring equality to news media through the work of journalists such as Barbara Walters and Helen Thomas, who was a White House correspondent from the 1960s through the 1990s. In recent years, the Internet has brought news back into the hands of individuals. Thanks to blogs, 7) <u>individuals can write about current events</u>. Online videos also help give people a way to exercise their freedom of speech and enjoy the freedom of the press. It goes without saying that 8) <u>the Internet will play a great role</u> in journalism of the future.

1. _____
2. _____
3. _____
4. _____
5. _____
6. _____
7. _____
8. _____

10

El infinitivo y el *gerund* (The Infinitive and the Gerund)

¿Cuánto sabes? *(How much do you know?)*

Traduce la cláusula entre paréntesis y escríbela en el blanco.

1. I want _____ (*ir al cine*).
2. We promise _____ (*hacer nuestros deberes*).
3. Brad quit _____ (*beber*) alcohol.
4. _____ (*fumar*) is very bad for your health.

Los usos del infinitivo *(Uses of the Infinitive)*

El uso del infinitivo en inglés se parece mucho al del español, con una diferencia importante, como verás más abajo. Primero, el infinitivo es la forma que vas a encontrar en los diccionarios, normalmente sin la preposición to.

El infinitivo como sujeto *(Infinitive as Subject)*

El infinitivo puede servir de complemento del verbo en una oración:

I like to read.
Me gusta leer.

When his boss came in, Ted pretended to work.
Cuando su jefe entró, Ted fingió trabajar.

Es también posible utilizar el *gerund* ['dʒer ənd], el cual termina en ing. (Ver el capítulo 11.)

I like reading.
Me gusta leer.

Puedes añadir un complemento al infinitivo:

I want to read *War and Peace*.
Quisiera leer La guerra y la paz.

I hope to become a doctor.
Espero llegar a ser doctor.

Es también posible poner un adverbio después del infinitivo para modificarlo:

Fred and Elizabeth promised to arrive early.
Fred y Elizabeth prometieron llegar temprano.

Además, el uso no cambia en el modo imperativo.

Don't forget to drive carefully.
No te olvides de conducir cuidadosamente.

A veces, es posible dar una serie de infinitivos en la misma oración.

Rick went downtown to buy shoes (in order) to replace the pair he'd worn out.
Rick fue al centro para comprar zapatos, para reemplazar el par que había gastado.

Si el sujeto de la oración va a hacer una serie de acciones, no es necesario repetir to.

I can't go out tonight because I have to clean the house, fix the sink, and cook.
No puedo salir esta noche porque tengo que limpiar la casa, reparar el fregadero y cocinar.

El infinitivo en una oración negativa
(The Infinitive in a Negative Sentence)

Para poner una oración que contiene un infinitivo en su forma negativa, basta con decir do not (don't) o did not (didn't) antes del verbo que se conjuga:

I meant to wake you.
Yo quería despertarte.

I didn't mean to wake you.
Yo no quería despertarte.

Es también posible, a veces, poner not antes del infinitivo:

We decided not to go out.
Decidimos no salir.

No obstante, es más fácil buscar otra manera de expresar el mismo pensamiento.

We decided to stay home.
Decidimos quedarnos en casa.

Preguntas *(Questions)*

Para hacer una pregunta, hazla con el verbo que se conjuga y no con el infinitivo.

Do you need to go to the restroom?
¿Necesitas ir al servicio?

Algunas expresiones que toman el infinitivo

Hay muchos verbos y expresiones que toman el infinitivo:

to advise (someone) + inf. *aconsejar a*
to agree + inf. *acordar*

Let's agree to disagree.
Acordemos no estar de acuerdo.

to appear + inf. *parecer*
to be going + inf. *ir a*

We are going to take the train.
Vamos a tomar el tren.

to be afraid + inf. *tener miedo de*
to be dying + inf. *estar ansioso de*

I'm dying to go to Disneyland.
Estoy ansioso de visitar Disneylandia.

to be eager + inf. *estar ansioso de*
to be happy + inf. *estar encantado de*
to be likely + inf. *ser probable*
to be pleased + inf. *estar encantado de*

I'm pleased to meet you.
Estoy encantado de conocerle.

to be sad + inf. *estar triste de*
to cease + inf. *cesar de*
to continue + inf. *seguir + gerundio*

It continued to snow until the next day.
Siguió nevando hasta el día siguiente.

to decide + inf. *decidirse*

We decided to take a walk.
Decidimos dar un paseo.

to expect + inf. *esperar*
to fail + inf. *no conseguir*
to forget + inf. *olvidarse de*

Charles forgot to lock the door.
Charles se olvidó de cerrar la puerta con llave.

to get + inf. *llegar a, lograr*
to have + inf. *tener que*

I have to leave early.
Tengo que irme temprano.

to hope + inf. *esperar*

We hope to finish work early.
Esperamos terminar el trabajo temprano.

to intend + inf. *tener la intención de*

Maria intends to go to graduate school.
María tiene la intención de matricularse en una escuela para graduados.

to know how + inf. *saber*

Hilda knows how to play the piano.
Hilda sabe tocar el piano.

to learn + inf. *aprender a*
to manage + inf. *conseguir*
to mean + inf. *tener la intención de*

Sorry. I didn't mean to disturb you.
Lo siento. No tenía la intención de molestarle.

to need + inf. *tener que*

You need to pay attention in class.
Tienes que prestar atención en clase.

to offer + inf. *ofrecerse para*

Dave offered to pay for the meal.
Dave ofreció pagar por la comida.

to plan + inf. *planear*
to pretend + inf. *pretender, fingir*
to promise + inf. *prometer*

Laura promised to eat her vegetables.
Laura prometió comerse las verduras.

to refuse + inf. *rechazar (hacer algo)*

Madeleine refused to pay the bill.
Madeleine rechazó pagar la cuenta.

to remember + inf. *acordarse de*
to seem + inf. *parecer*

Everything seems to be in order.
Todo parece estar en regla.

to try + inf. *intentar, esforzarse*
to wait + inf. *esperar*
to want + inf. *querer*
it's time + inf. *es hora de*

"What time is it?"—"It's time to buy a watch."
"¿Qué hora es?"—"Es hora de comprar un reloj."

Nota que puedes emplear el infinitivo por las expresiones que vimos en el capítulo 7 sobre el modo subjuntivo (**it's important that...**, **it's vital that...**). Pero, sin la palabra **that,** puedes utilizar el infinitivo:

It's important that you be there. → **It's important for you to be there.**

Es importante que estés allá.

El verbo auxiliar ought to necesita el infinitivo:

You ought to see Mike's new car.
Deberías ver el nuevo coche de Mike.

Los otros verbos auxiliares (can, could, may, might, must, should y will) toman el infinitivo, pero sin la partícula to.

We can leave now.
Ahora podemos irnos.

You must buy a new smartphone.
Deberías comprar un nuevo smartphone.

¡PRACTIQUEMOS! 10A

Traduce la frase entre paréntesis y escríbela en el blanco.

1. Jordan plans _____ (*estudiar en China*).
2. We refuse _____ (*creer la noticia*).
3. I'm going _____ (*visitar Miami*).
4. My sister is learning _____ (*hablar árabe*).
5. Richard and Lucille pretended _____ (*prestar atención*).
6. Our teacher offered _____ (*posponer el examen*).
7. It's time _____ (*pagar las facturas*).
8. James managed _____ (*evitar el accidente*).
9. We can't wait _____ (*estar de vacaciones*).
10. Did you remember _____ (*cerrar la puerta con llave*)?

Los nombres verbales *(Gerunds)*

Primero, tenemos que explicar que un gerund no es un gerundio. Como leíste en el capítulo 2, el gerundio del español corresponde al participio presente del inglés, especialmente en lo que concierne a los verbos *estar, continuar y seguir.*

I am working.
Estoy trabajando.

Cuando el verbo inglés se emplea como sustantivo, es lo que llamamos un nombre verbal o, en inglés, a gerund.

Solving math problems is difficult.
Es difícil resolver problemas matemáticos.

Nota la diferencia importante entre el español y el inglés; en español utilizamos el infinitivo como sujeto de la oración, pero en inglés utilizamos el gerund.

Formación del gerund *(Gerund Formation)*

Un gerund tiene la misma forma que el participio presente. La formación del gerund consiste en añadir ing al radical del verbo. (Presentamos las instrucciones completas en el capítulo 2.)

to walk → walking
to deprive → depriving

El gerund como sujeto *(Gerund as Subject)*

Cuando quieres emplear un verbo como sujeto, puedes poner el gerund a la cabeza de la oración. Nota que en este caso el gerund es un sustantivo.

Traveling is enjoyable.
Viajar es agradable.

Pero puedes también emplear el infinitivo.

It is enjoyable to travel.
Es agradable viajar.

Drinking and driving don't mix.
Tomar bebidas alcohólicas no es una buena combinación. (El juego de palabras es que
to mix quiere decir combinar o preparar un cóctel.)

> **¡Cuidado!**
> Hay varias adjetivos, formados
> a partir de verbos, que terminan
> en **ing**.
> **Traveling is <u>interesting</u>.**
> *Viajar es interesante.*

El *gerund* como complemento de objeto directo
(Gerunds as Direct Objects)

A menudo vas a encontrar el gerund como complemento.

We like exercising.
Nos gusta hacer ejercicios.

Por lo general, el gerund va a seguir verbos como:
to avoid *evitar*

Dan avoids eating pork.
Dan evita comer cerdo.

to consider *considerar*

Have you considered changing doctors?
¿Has considerado cambiar de médico?

to dislike *no gustar a*

Chuck dislikes cleaning.
A Chuck no le gusta limpiar.

to enjoy *disfrutar, gustar a*

I enjoy reading.
Me gusta leer.

to finish *terminar*

Morgan finished studying at two in the morning.
Morgan terminó de estudiar a las dos de la madrugada.

to keep *seguir, mantener*

We keep trying to succeed.
Seguimos tratando de tener éxito.

to practice *practicar*

Andrew practices playing the drums every day.
Andrew practica tocar el tambor todos los días.

to quit *dejar, dimitir*

My father quit smoking.
Mi padre dejó de fumar.

to risk *arriesgar*

Careful! You risk hurting yourself.
¡Ten cuidado! Arriesgas hacerte daño.

to stop *parar, dejar*

Stop making so much noise.
Deja de hacer tanto ruido.

Algunos verbos pueden ser seguidos por un gerund o un infinitivo:

to begin *comenzar, empezar*

It began raining. (o It began to rain.)
Empezó a llover.

to hate *odiar*

Chris hates flying. (o Chris hates to fly.)
Chris odia volar.

to love *amar, gustar a*

Fran loves traveling. (o Fran loves to travel.)
A Fran le gusta viajar.

to prefer *preferir*

I prefer staying at home on Saturdays. (o I prefer to stay home on Saturdays.)
Prefiero quedarme en casa los sábados.

El *gerund* después de las preposiciones
(Gerunds with Prepositions)

Dado que un gerund sirve de sustantivo, puede seguir una preposición.

John is good at playing tennis.
Juan es buen jugador de tenis.

Un gerund puede también seguir el caso posesivo.

I like your mother's cooking.
Me gusta como cocina tu madre.

They enjoyed Gene's dancing.
Disfrutaron del baile de Gene.

Un gerund puede tomar un complemento.

Doing homework makes me tired.
Hacer tareas me cansa.

Y puede tomar un adverbio porque es todavía un verbo, aunque se emplee como sustantivo.

Mario likes driving quickly.
A Mario le gusta conducir rápidamente.

La forma negativa del *gerund*
(Negative Expressions with Gerunds)

Si quieres expresar lo contrario del **gerund**, puedes poner **not** antes de éste.

They protested by not eating or drinking.
Protestaron en no comer ni beber.

There is pleasure in finishing a good book.
Es agradable terminar un buen libro.

¡PRACTIQUEMOS! 10B

Completa las oraciones siguientes con el verbo apropiado en forma de **gerund**. *Cada verbo se emplea una vez.*

to clean   to smoke   to eat   to commit (cometer)   to bother
to stream (*descargar una película*)   to get   to make   to sing   to keep

1. My father quit _____.
2. The waiter suggested _____ in another restaurant.
3. The defendant denies _____ the crime.
4. Have you finished _____ your room?
5. Stop _____ me!
6. I enjoy _____ a good movie on my tablet (*mi tableta*).
7. We discussed _____ married.
8. Eric likes _____ beer.
9. Addison likes _____ in the shower.
10. _____ secrets is difficult.

La separación del infinitivo *(Split Infinitives)*

Hay gramáticos que dicen que debes evitar de separar la preposición **to** del verbo. Por ejemplo, hay personas que insertan el adverbio después de **to**:

He had to close the door. → He had to quickly close the door.

Es más correcto decir **He had to close the door quickly.**

"To boldly go where no man has gone before." —Gene Roddenberry (*creador de Star Trek*)

Ir valientemente adonde nadie ha ido antes.

Putting It All Together

CRUCIGRAMA (CROSSWORD PUZZLE)

Por cada oración, pon el gerund *o el infinitivo según el contexto.*

Across

1. Don't forget _____ (to feed) the cat.
2. They refuse _____ (to go) away.
6. We enjoy _____ (to volunteer) at the shelter.
7. Be careful! You risk _____ (to hurt) yourself.
9. It's time _____ (to have) dinner.
11. We must agree _____ (to disagree) about this.
12. _____ (to surf) is great exercise.
13. Who managed _____ (to fix) the copier?
14. I appreciate your _____ (to make) the effort.
15. It stopped _____ (to rain) a while ago.

Down

1. Do you want _____ (to celebrate) your birthday at the zoo?
2. Keep _____ (to try). You'll get it!
3. Grace knows how _____ (to play) the organ.
4. We tried _____ (to finish) early.
5. My friends considered _____ (to move) to a larger house.
8. Dave considered _____ (to shave) his head.
10. The committee postponed _____ (to vote) on the issue.

11

Los sustantivos (Nouns)

¿Cuánto sabes? *(How much do you know?)*

¿Cuál es el plural de cada sustantivo?

1. father-in-law _____
2. tomato _____
3. cherry _____
4. oven _____
5. office _____
6. tooth _____
7. child _____

¿Cuál es la forma femenina de cada sustantivo?

8. actor _____
9. congressman _____
10. stallion _____

Hay muchas maneras de categorizar los sustantivos. Pueden ser Common Nouns (nombres comunes) o Proper Nouns (nombres propios); singular o plural; contable o no-contable; masculino, femenino o neutro. En inglés, la mayoría de los nombres comunes son neutros. En otras palabras, se reemplazan con el pronombre it. (Ver el capítulo 18.)

Los nombres comunes *(Common Nouns)*

Empecemos por los nombres comunes. Al igual que en español, un nombre común sirve para indicar una persona, un animal, un lugar, una cosa o un concepto abstracto. Cada lista incluye algunas palabras útiles en el singular y el plural, con el pronombre de sujeto o de complemento que corresponda.

El nombre común se emplea como sujeto:

Our television is broken.
Nuestro televisor está roto.

. . . de complemento directo:

Linus is watching television.
Linus está mirando televisión.

. . . o de complemento indirecto:

Archie threw his shoe at the television.
Archie tiró su zapato contra el televisor.

El género *(Gender)*

En inglés, como ya sabes, no hay acuerdo entre los sustantivos y los adjetivos. Sin embargo, tienes que saber el género para elegir el pronombre que corresponde al sustantivo. (Ver el capítulo 18, los pronombres.) La mayoría de los sustantivos son neutros. Los sustantivos que se refieren a personas o a animales son los que tienen un género específico que corresponde al sexo de cada uno.

El sustantivo neutro *(Neuter Nouns)*

El pronombre que reemplaza a un sustantivo neutro es it.

Our house is red. → It is red.

El sustantivo masculino *(Masculine Nouns)*

El pronombre que reemplaza a un sustantivo masculino es he (como sujeto) o him (como complemento).

That man is very tall. → He is very tall.
Give the file to Mr. Lefebvre. → Give the file to him.

El sustantivo femenino *(Feminine Nouns)*

My sister is a doctor. → She is a doctor.
Are you talking to your daughter? → Are you talking to her?

Además, muchas personas dicen she para referirse a un barco (ship) o a un automóvil (automobile, car).

The S.S. United States was launched in 1951 and she still holds the round-trip transatlantic record for a passenger ship.

El S.S. United States fue botado en 1951 y mantiene todavía el récord transatlántico para la travesía de ida y vuelta de un barco de pasajeros.

Algunos sustantivos que se refieren a personas no cambian según el sexo:

doctor *un médico, una médica*
lawyer *un abogado, una abogada*
nurse *un enfermero, una enfermera*

Mrs. Palmer is a nurse.
La señora Palmer es enfermera.

Mr. McMaster is a (male) nurse.
El señor McMaster es enfermero.

Otros sustantivos han cambiado a través de los años para ser políticamente cor-
rectos. Por ejemplo: **a male nurse** (*un enfermero*), **a woman doctor** (*una médica*). Sin
embargo, no es necesario añadir **-man** o **-woman** a una profesión porque no nos sor-
prende ver a una mujer abogada o a un hombre enfermero. Algunos de estos sustantivos se componen de una palabra bastante neutral: **police officer** (*un policía*), **mail
carrier** (*un cartero*). Ve más adelante (Compound Nouns) para leer otros ejemplos.

Las personas *(People)*

Las personas pueden ser masculinas o femeninas en inglés. Por supuesto, no
hacemos ningún acuerdo entre los sustantivos y los adjetivos. Sin embargo, una
persona masculina se reemplaza por el pronombre **he** o **him**, y una persona femenina toma el pronombre **she** o **her**.

General

Singular	Plural
boy (*el muchacho*)	boys (*los muchachos*)
child (*el niño, la niña*)	children (*los niños, las niñas*)
girl (*la chica*)	girls (*las chicas*)
hero (*el héroe*)	heroes (*los héroes*) (El plural **heros** se utiliza cuando se trata de un gran sándwich.)
heroine (*la heroína*)	heroines (*las heroínas*)
man (*el hombre*)	men (*los hombres*)
woman (*la mujer*)	women (*las mujeres*)

Los miembros de la familia *(Family Members)*

aunt (*la tía*)	aunts (*las tías*)
brother (*el hermano*)	brothers (*los hermanos*)
brother-in-law (*el cuñado*)	brothers-in-law (*los cuñados*)
cousin (*el primo, la prima*)	cousins (*los primos, las primas*)
daughter (*la hija*)	daughters (*las hijas*)
father (*el padre*)	fathers (*los padres*)
father-in-law (*el suegro*)	fathers-in-law (*los suegros*)
fiancé (*el novio*)	fiancés (*los novios*)
fiancée (*la novia*)	fiancées (*las novias*)
grandfather (*el abuelo*)	grandfathers (*los abuelos*)
grandmother (*la abuela*)	grandmothers (*las abuelas*)
husband (*el marido*)	husbands (*los maridos*)
mother (*la madre*)	mothers (*las madres*)
mother-in-law (*la suegra*)	mothers-in-law (*las suegras*)
nephew (*el sobrino*)	nephews (*los sobrinos*)
niece (*la sobrina*)	nieces (*las sobrinas*)
sister (*la hermana*)	sisters (*las hermanas*)
sister-in-law (*la cuñada*)	sisters-in-law (*las cuñadas*)
uncle (*el tío*)	uncles (*los tíos*)
wife (*la mujer, la esposa*)	wives (*las mujeres, las esposas*)

La profesión / el trabajo / el título *(Profession / Job / Title)*

actor *(el actor)* .... actors *(los actores)*
actress *(la actriz)* .... actresses *(las actrices)*

Nota que hoy en día la gente dice a menudo **actor**, ya se trate de un hombre o una mujer.

cashier *(el cajero, la cajera)* .... cashiers *(los cajeros, las cajeras)*
chair *(el presidente, la presidenta)* .... chairs *(los presidentes, las presidentas; sentido masculino o femenino)*

chairman *(el presidente)* .... chairmen *(los presidentes)*
chairperson *(el presidente, la presidenta)* .... chairpersons, chairpeople *(los presidentes, las presidentas)*
chairwoman *(la presidenta)* .... chairwomen *(las presidentas)*
coach *(el entrenador, la entrenadora)* .... coaches *(los entrenadores, las entrenadoras)*
congressman *(el congresista, el miembro del Congreso)* .... congressmen *(los congresistas, los miembros del Congreso)*
congressperson *(el congresista, la congresista, el miembro del Congreso)* .... congresspeople *(los congresistas, las congresistas, los miembros del Congreso)*
congresswoman *(la congresista, el miembro del Congreso)* .... congresswomen *(las congresistas, los miembros del Congreso)*
doctor *(el médico, la médica)* .... doctors *(los médicos, las médicas)*
duchess *(la duquesa)* .... duchesses *(las duquesas)*
duke *(el duque)* .... dukes *(los duques)*
farmer *(el granjero, la granjera)* .... farmers *(los granjeros, las granjeras)*
firefighter *(el bombero)* .... firefighters *(los bomberos; sentido masculino o femenino)*

fireman *(el bombero)* .... firemen *(los bomberos)*
host *(el anfitrión, el presentador, la presentadora)* .... hosts *(los anfitriones, los presentadores, las presentadoras; sentido masculino o femenino)*

hostess *(la anfitriona, la presentadora)* .... hostesses *(las anfitrionas, las presentadoras)*
lawyer *(el abogado, la abogada)* .... lawyers *(los abogados, las abogadas)*
librarian *(el bibliotecario, la bibliotecaria)* .... librarians *(los bibliotecarios, las bibliotecarias)*
mail carrier *(el cartero)* .... mail carriers *(los carteros)*

Nota que **mail carrier** se emplea para hombres y mujeres.

mailman *(el cartero)* .... mailmen *(los carteros)*
mayor ['meɪ ər] *(el alcalde)* .... mayors *(los alcaldes)*
mayoress ['meɪ ər ɪs] *(la alcaldesa)* .... mayoresses *(las alcaldesas)*

Nota que, la mayoría del tiempo, la gente emplea **mayor**, incluso para las mujeres.

mechanic *(el mecánico, la mecánica)* .... mechanics *(los mecánicos, las mecánicas)*
pharmacist *(el farmacéutico, la farmacéutica)* .... pharmacists *(los farmacéuticos, las farmacéuticas)*

plumber (*el plomero, la plomera*)   plumbers (*los plomeros, las plomeras*)

police officer (*el agente, la agente*)   police officers (*los agentes, las agentes; sentido masculino o femenino*)

policeman (*el policía*)   policemen (*los policías*)

president (*el presidente, la presidenta*)   presidents (*los presidentes, las presidentas*)

prince [prɪns] (*el príncipe*)   princes [prɪnsəz] (*los príncipes*)

princess [prɪnses] (*la princesa*)   princesses [prɪnsesəz] (*las princesas*)

salesman (*el vendedor, el dependiente*)   salesmen (*los vendedores, los dependientes*)

salesperson (*el vendedor, la vendedora, el dependiente, la dependienta*)   salespeople (*los vendedores, las vendedoras, los dependientes, las dependientas; sentido masculino o femenino*)

saleswoman (*la vendedora, la dependienta*)   saleswomen (*las vendedoras, las dependientas*)

senator (*el senador, la senadora*)   senators (*los senadores, las senadoras*)

server (*el camarero, la camarera*)   servers (*los camareros, las camareras*)

student (*el alumno, la alumna, el estudiante, la estudiante*)   students (*los alumnos, las alumnas, los estudiantes, las estudiantes*)

teacher (*el maestro, la maestra, el profesor, la profesora*)   teachers (*los maestros, las maestras, los profesores, las profesoras*)

waiter (*el camarero*)   waiters (*los camareros*)

waitress (*la camarera*)   waitresses (*las camareras*)

Nota que la gente dice a menudo **server** en vez de **waiter** o **waitress**.

¡PRACTIQUEMOS! 11A

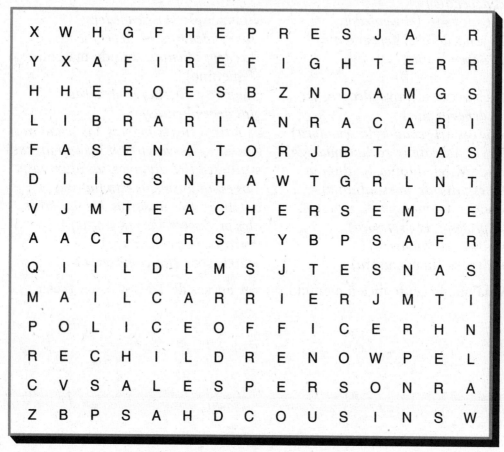

BUSCAPALABRAS (WORD SEARCH)

Traduce el sustantivo al inglés y búscalo. Nota que algunos sustantivos son plurales.

```
X  W  H  G  F  H  E  P  R  E  S  J  A  L  R
Y  X  A  F  I  R  E  F  I  G  H  T  E  R  R
H  H  E  R  O  E  S  B  Z  N  D  A  M  G  S
L  I  B  R  A  R  I  A  N  R  A  C  A  R  I
F  A  S  E  N  A  T  O  R  J  B  T  I  A  S
D  I  I  S  S  N  H  A  W  T  G  R  L  N  T
V  J  M  T  E  A  C  H  E  R  S  E  M  D  E
A  A  C  T  O  R  S  T  Y  B  P  S  A  F  R
Q  I  I  L  D  L  M  S  J  T  E  S  N  A  S
M  A  I  L  C  A  R  R  I  E  R  J  M  T  I
P  O  L  I  C  E  O  F  F  I  C  E  R  H  N
R  E  C  H  I  L  D  R  E  N  O  W  P  E  L
C  V  S  A  L  E  S  P  E  R  S  O  N  R  A
Z  B  P  S  A  H  D  C  O  U  S  I  N  S  W
```

1. actores (masculino o femenino)
2. actriz
3. niños
4. prima
5. bombero (masculino o femenino)
6. abuelos
7. héroes
8. bibliotecaria
9. cartero (2 palabras, masculino o femenino)
10. cartero
11. agente (masculino o femenino)
12. vendedor (masculino o femenino)
13. senador o senadora
14. cuñadas (3 palabras)
15. profesores, profesoras

Las cosas *(Things)*

En inglés, casi todos los sustantivos que no se refieren a personas o ciertos animales se reemplazan por el pronombre it.

bread *(el pan)*
calculator *(la calculadora)*
computer *(la computadora, el ordenador)*
exam *(el examen)*
lesson *(la lección)*
notebook *(el cuaderno)*
plane *(el avión)*
television *(la televisión, el televisor)*
train *(el tren)*

"My computer doesn't work!"

"It isn't plugged in!"

—¡Mi computadora no funciona!

—¡No está enchufada!

Los lugares *(Places)*

church *(la iglesia)*
city *(la ciudad)*
college *(la universidad)*
countryside *(el campo)*
county *(el condado)*
high school *(la escuela secundaria)*
hospital *(el hospital)*
hotel *(el hotel)*
library *(la biblioteca)*
mosque *(la mezquita)*
neighborhood *(el barrio)*
synagogue *(la sinagoga)*
theater *(el teatro)*
town *(la ciudad)*
university *(la universidad)*
village *(el pueblo)*

It takes a village to raise a child.
Se necesita un pueblo para criar a un niño.

Los conceptos abstractos *(Abstract Concepts)*

Por lo general, los conceptos abstractos se emplean en el singular.

absurdity	*(el disparate)*
adversity	*(la adversidad)*
charisma [kərızmə]	*(el carisma)*
clarification	*(la aclaración)*
diversity	*(la diversidad)*
encouragement	*(el ánimo, el aliento)*
equality	*(la igualdad)*

freedom   (*la libertad*)
justice   (*la justicia*)

Nota que un juez se reconoce como justice: **Supreme Court Justice** (*un / una juez del tribunal supremo*); **justice of the peace** (*un / una juez de paz*).

liberty   (*la libertad*)

Note the plural in the following expression:

civil liberties   (*las libertades civiles*)
moderation   (*la moderación*)
racism   (*el racismo*)
reliability   (*la fiabilidad*)
security   (*la seguridad*)
superiority   (*la superioridad*)
theory   (*la teoría*)

Vocabulary Helper
appointed [ə 'pɔint] participio pasado de **to appoint** *nombrar*

Alex offered Dan some words of encouragement.
Alex le ofreció a Dan algunas palabras de aliento.

Ideally, our legal system guarantees equality before the law.
Idealmente, nuestro sistema júridico asegura la igualdad bajo la ley.

There are several theories that may explain his behavior.
Hay varias teorías que podrían explicar su comportamiento.

Los animales *(Animals)*

Puedes referirte a un animal con los pronombres personales **he** o **she**, según su sexo, o puedes sólo decir **it**.

Male	Female
boar (*un verraco*)	sow (*una cerda*)
bull (*un toro*)	cow (*una vaca*)

Hay varios animales que se conocen como **bull** (*el macho*) y **cow** (*la hembra*) en inglés: **bull elephant** (*el elefante*), **cow elephant** (*la elefanta*); **walrus** (*la morsa*); **whale** (*la ballena*)

gander (*el ganso*)	goose [gus] (*la oca*)
lion (*el león*)	lioness (*la leona*)
rooster (*el gallo*)	hen (*la gallina*)
stag (*el ciervo*)	doe (*la gama*)
stallion (*el semental*)	mare (*la yegua*)

Proverbio: **What's good for the goose is good for the gander.** Literalmente: *Lo que vale para la oca lo vale para el ganso.*

¡PRACTIQUEMOS! 11B

HE / SHE / IT

Traza un círculo alrededor de **he**, **she** *o* **it** *según el género del sustantivo. En algunos casos, hay más de una respuesta posible.*

1. father   he she it
2. cow   he she it
3. imagination   he she it
4. ship   he she it
5. librarian   he she it
6. doctor   he she it
7. mail carrier   he she it
8. attorney   he she it
9. princess   he she it
10. cousin   he she it
11. lioness   he she it
12. charisma   he she it
13. salesman   he she it
14. sow   he she it
15. actor   he she it
16. firefighter   he she it
17. salesperson   he she it
18. mechanic   he she it
19. coach   he she it
20. heroine   he she it

Los nombres propios *(Proper Nouns)*

Los nombres propios se refieren específicamente a una persona, a un animal, a un lugar o a una cosa. En inglés, como en español, un nombre propio comienza con letra mayúscula. Damos algunos ejemplos más abajo.

El pronombre personal puede servir de sujeto:

Governor Smith visited our school.
El gobernador Smith visitó nuestra escuela.

. . . de complemento directo:

We found our cat Fluffy under our porch.
Hallamos a nuestro gato Fluffy debajo de nuestro porche.

. . . o de complemento indirecto:

They spent their honeymoon in the Poconos.
Pasaron su luna de miel en los Poconos.

LAS PERSONAS (PERSONS)

Mr. Karras
President Truman
Sally

Mr. Smith went to Washington.
El señor Smith fue a Washington.

LOS LUGARES (PLACES)

Washington, D.C.
New York City
China
the Catskills *los Catskill*
the Brooklyn Bridge *el puente de Brooklyn*
the Empire State Building
the Grand Canyon *el Gran Cañón*
the Midwest *el mediooeste*

New York City is known as the Big Apple.
La ciudad de Nueva York se conoce como la Gran Manzana.

LOS ANIMALES (ANIMALS)

Fido	*nombre de perro*
Spot	*nombre de perro*
Fluffy	*nombre de gato*
Kitty	*nombre de gato*

LAS COSAS (THINGS)

Las cosas, las organizaciones y, a veces, los conceptos, pueden tener nombres propios, especialmente por personificación.

The Internet	*la Internet, la red*
Lady Luck	*la señora Suerte*
the Senate	*el Senado*
the Humane Society	*la Sociedad humana*

Los sustantivos compuestos *(Compound Nouns)*

Un sustantivo puede combinarse con otro sustantivo o con un adjetivo para crear un sustantivo compuesto.

LOS SUSTANTIVOS DE PALABRAS SEPARADAS (OPEN COMPOUND NOUNS)

attorney general *el procurador / la procuradora general*
cell phone *un teléfono móvil*
convenience store *una tienda de barrio*
copy editor *el corrector o la correctora de manuscritos*
gas station *una gasolinera*
poet laureate *poeta laureado o poeta laureada*

A new U.S. poet laureate is chosen every year.
Un nuevo poeta laureado (laureada) de los EEUU es nombrado (nombrada) cada año.

LOS SUSTANTIVOS VINCULADOS POR UN GUIÓN (HYPHENATED COMPOUND NOUNS)

mother-in-law	*la suegra*
self-pity	*la lástima de sí mismo*

LOS SUSTANTIVOS COMPUESTOS EN UNA PALABRA (CLOSED COMPOUND NOUNS)

makeup	*el maquillaje*
newscaster	*el locutor, la locutora*
stepsister	*la hermanastra*

El plural de los sustantivos compuestos
(The Plural of Compound Nouns)

Para hacer el plural de un sustantivo compuesto, tienes que poner la palabra principal en el plural: **attorneys general** *(los procuradores / las procuradoras generales)*, **mothers-in-law** *(las suegras)*, **poets laureate** *(los poetas laureados, las poetas laureadas)*, **vice presidents** *(los vicepresidentes)*. En estos casos, **in-law** modifica al sustantivo **mother**, y **vice** modifica a la palabra **president**.

Cómo poner un nombre común en el plural
(Formation of Plural Nouns)

Por lo general, en inglés agregamos una **s** al singular de un nombre común para formar el plural. **car** [kar] → **cars** [karz] *(coche, coches)*

lesson ['les ən] → **lessons** ['les ənz] *(lección, lecciones)*

neighborhood ['neɪ bər hʊ d] → **neighborhoods** ['neɪ bər hʊ dz] *(barrio, barrios)*

Sin embargo, hay varias excepciones a esta regla.

Si el sustantivo termina en una consonante seguida por una **y**, hay que cambiar la **y** a **i** antes de añadir **es**:

city → cities (*la ciudad, las ciudades*)
country → countries (*el país, los países*)
county → counties (*el condado, los condados*)
daisy → daisies (*la margarita, las margaritas*)
fly → flies (*la mosca, las moscas*)
library → libraries (*la biblioteca, las bibliotecas*)
puppy → puppies (*el cachorro, los cachorros*)

You can catch more flies with honey than with vinegar.
Puede agarrar más moscas con miel que con vinagre.

Si el sustantivo termina en una vocal seguida por la letra **y**, tienes sólo que añadir una **s**:

bay → bays (*la bahía, las bahías*)
buoy → buoys [bɔɪ, bɔɪz] (*la boya, las boyas*)
key → keys (*la llave, las llaves*)
toy → toys (*el juguete, los juguetes*)

Si el sustantivo termina en **ch, s, sh, x** o **z**, debes agregar **es** al singular:

box → boxes (*la caja, las cajas*)
buzz → buzzes (el zumbido, los zumbidos)
church → churches (*la iglesia, las iglesias*)
fez → fezzes o fezes (*el fez, los fezes*)
lunch → lunches (*el almuerzo, los almuerzos*)
pass → passes (*el pase, los pases*)
watch → watches (*el reloj, los relojes*)

Nota que, cuando el sustantivo termina en una vocal y una **s**, puedes añadir **es** o doblar la **s** antes de agregar **es**:

bus → buses o busses (*el autobús, los autobuses*)
gas → gases o gasses (*el gas, los gases*)

Si el sustantivo termina en una vocal y doble s, añade es:

boss → bosses (*el jefe, los jefes; la jefa, las jefas*)
class → classes (*la clase, las clases*)
kiss → kisses (*el beso, los besos*)

Si el sustantivo termina en una f o fe en el singular, tienes que añadir una s:

chief → chiefs (*el jefe, los jefes; la jefa, las jefas*)
roof → roofs (*el techo, los techos*)
safe → safes (*la caja fuerte, las cajas fuertes*)
serf → serfs (*el siervo, los siervos*)

Sin embargo, hay otros sustantivos que terminan en una f o fe que toman una modificación ortográfica. Hay que cambiar la f en una v o ve antes de agregar la s:

calf → calves (*el ternero, los terneros*)
half → halves (*la mitad, las mitades*)
hoof → hooves or hoofs (*el casco, los cascos*)
knife → knives (*el cuchillo, los cuchillos*)
leaf → leaves (*la hoja, las hojas*)
life → lives [laɪf, laɪvz] (*la vida, las vidas*)
loaf → loaves (*el pan, los panes*)
shelf → shelves (*el estante, los estantes*)
wife → wives (*la mujer, las mujeres*)

Es una buena idea buscar un sustantivo que termine en f o fe en un buen diccionario si no estás seguro de la forma plural.

Cuando un sustantivo termina en una consonante seguida por una o, agrega es:

potato → potatoes (*la papa, las papas*)
tomato → tomatoes (*el tomate, los tomates*)

Nota que varios sustantivos que terminan en una consonante seguida por la letra o toman sólo una s en el plural. Algunos de estos sustantivos vienen del italiano y se refieren a términos musicales:

albino → albinos (*el albino, los albinos*)
photo → photos (*la foto, las fotos*)
piano → pianos (*el piano, los pianos*)
silo → silos (*el silo, los silos*)
solo → solos (*el solo, los solos*)

Pero:

halo → halos or haloes (*el halo, los halos*)
hero → heroes o heros (*el héroe, los héroes*) (El plural heros se utiliza cuando se trata de un gran sándwich.)
tornado → tornadoes o tornados (*el tornado, los tornados*)
zero → zeros or zeroes (*el cero, los ceros*)

Hay también sustantivos que no siguen estas reglas. Tienes que memorizarlos:

child → children (*el niño, los niños; la niña, las niñas*)
foot → feet (*el pie, los pies*)
man → men (*el hombre, los hombres*)

mouse → mice (*el ratón, los ratones*)
ox → oxen (*el buey, los bueyes*)
tooth → teeth (*el diente, los dientes*)
woman → women (*la mujer, las mujeres*)

Si un sustantivo viene de otro idioma, especialmente del latín, ten cuidado:

alumnus → alumni (*un antiguo alumno, varios antiguos alumnos*)
alumna → alumnae (*una antigua alumna, varias antiguas alumnas*)
analysis → analyses (*el análisis, los análisis*)
ignoramus → ignoramuses or ignorami (Es más correcto decir ignoramuses, porque la palabra no viene de un nombre, pero del verbo *ignorare* (en latín) y quiere decir "nos ignoramos," todo como en español.)
criterion → criteria o criterions (*el criterio, los criterios*)
syllabus → syllabi o syllabuses (*el programa, los programas*)

Algunos sustantivos tienen la misma forma en el singular y el plural:

deer → deer (*el ciervo, los ciervos*)
fish → fish (*el pez, los peces*)
sheep → sheep (*la oveja, las ovejas*)

Si un sustantivo termina en una vocal seguida por una o, agrega s:

cameo → cameos (*el camafeo, los camafeos; el cameo, los cameos*)
ego → egos (*el ego, los egos; el yo, los yos*)
patio → patios (*el patio, los patios*)
radio → radios (*la radio, las radios*)
rodeo → rodeos (*el rodeo, los rodeos*)
stereo → stereos (*el equipo estereofónico, los equipos estereofónicos*)

¡PRACTIQUEMOS! 11C

Escribe el plural de cada sustantivo en el blanco.

1. card _____
2. woman _____
3. child _____
4. waiter _____
5. sky _____
6. attorney (*un abogado*) _____
7. potato _____
8. hatch (*una escotilla*) _____
9. deer _____
10. foot _____
11. knife _____
12. brother-in-law _____
13. loss (*una pérdida*) _____
14. bunny (*un conejito*) _____
15. sign _____

16. house _____
17. mouse _____
18. criterion _____
19. leaf _____
20. service station (*una estación de servicio*) _____

Los sustantivos colectivos *(Collective Nouns)*

Un sustantivo puede plantear un problema cuando parece ser singular, pero representa más de una persona o cosa. Por lo general, en inglés un sustantivo colectivo toma un verbo en el singular.

army *el ejército*
audience *el público*
band *el grupo, la banda*
choir *el coro*
class *la clase*
club *el club*
coalition *la coalición*
committee *el comité*
couple *la pareja*
crew *la tripulación, el grupo*
crowd *la multitud, el público*
faculty *la facultad*
family *la familia*
fleet *la flota*
flock *el rebaño*
herd *el rebaño*
jury *el jurado*
orchestra *la orquesta*
swarm *el enjambre*
team *el equipo*
troop *la banda, el grupo*
union *el sindicato, el club*

Our team is playing in the tournament.
Nuestro equipo juega en el torneo.

En este caso, el sustantivo colectivo se refiere al equipo como grupo, y se reemplaza con el pronombre it.

The orchestra plays beautifully.
La orquesta toca maravillosamente.

Si haces hincapié sobre los individuos, el sustantivo colectivo toma la forma plural del verbo:

The orchestra are tuning their instruments.
Los miembros de la orquesta están afinando sus instrumentos.

Putting It All Together

¿SINGULAR O PLURAL?

Pon el verbo entre paréntesis en el presente, teniendo en cuenta el contexto y la significación del sustantivo.

1. Several children _____ (to be playing) in the yard.
2. The choir _____ (to sing) beautifully.
3. His group _____ (to raise) money for orphans.
4. The audience _____ (to love) to hear Frank's old songs.
5. My class _____ (to have) a test next Wednesday.
6. Our team _____ (to love) winning games.
7. The jury _____ (to be deciding) if the defendant is guilty.
8. The couple _____ (to have) three children.
9. The couple _____ (to argue) with each other constantly.
10. My school's faculty _____ (to be) debating whether to go on strike.
11. Our union _____ (to be) on strike.
12. An army _____ (to march) on its stomach.

SINGULAR → PLURAL

Pon el sustantivo subrayado en el plural. No te olvides de cambiar el verbo o los adjetivos posesivos si es necesario.

Vocabulary Helper
constantly ['kan stənt li] *constantemente*
defendant [dɪ 'fen dənt] *el acusado, la acusada*
guilty ['gɪl ti] *culpable*
orphans ['ɔr fənz] *los huérfanos*
strike [straɪk] *una huelga*

1. My brother-in-law is sick.
   _____

2. This key fits the lock.
   _____

3. Our congressman was reelected.
   _____

4. The firefighter sped to the burning warehouse.
   _____

Vocabulary Helper
to set free [set fri] *liberar*
warehouse ['wer haʊ s] *el almacén*

5. She is my favorite actress.
   _____

6. The sheep wandered away. _____
7. The serf was set free. _____
8. Would you like a potato with your steak, Dan?
   _____
9. The farmer's silo is full. _____
10. Our teacher gave me her syllabus. _____
11. The president invited the poet laureate to the White House. _____
12. The author was very grateful to the copy editor. _____
13. The fireman was collecting donations for a new truck. _____
14. The justice submitted her decision on the case. _____
15. My daughter's horse injured its hoof. _____

12

El caso posesivo
(The Possessive Case)

Hay varias maneras de mostrar posesión en inglés. Comencemos por los adjetivos posesivos. Nota que los adjetivos posesivos cambian según el poseedor o la poseedora, pero no según el nombre de las cosas poseídas.

Vocabulary Helper
boss [bas]   *el jefe*
teacher ['ti tʃər]   *la maestra*

Los adjetivos posesivos *(Possessive Adjectives)*

my	mi, mis	our	nuestro, nuestros nuestra, nuestras
my car my cars	mi coche mis coches	our family our families	nuestra familia nuestras familias
your (sing.)	tu, tus, su, sus	your (pl.)	vuestro, vuestros vuestra, vuestras su, sus (de ustedes)

your brother	*tu hermano* *el hermano de usted*	your university	*vuestra universidad* *la universidad de ustedes*
your brothers	*tus hermanos* *los hermanos de usted*	your books	*vuestros libros* *los libros de ustedes*
his, her, its	*su/sus*	their	*su, sus (de ellos, de ellas)*
his house his keys	*la casa de él* *las llaves de él*	their phone number their phone numbers	*su número de teléfono* *sus números de teléfono*
her house her keys	*la casa de ella* *las llaves de ella*		
its color	*su color*		
its colors	*sus colores*		

No confundas **its**, el adjetivo posesivo, con **it's**, la contracción de **it is** o **it has**.

It is dark outside. → **It's dark outside.** *Se hace de noche.*

It has gotten cold outside. → **It's gotten cold outside.** *Se puso frío.*

I can't start my car. Its battery is dead.
No puedo arrancar mi coche. Tiene la batería agotada. (Su batería está agotada.)

Además, hay personas que confunden **your** con **you're**, la contracción de **you are**.

You're very funny. I like your sense of humor.
Eres muy gracioso. Me gusta tu sentido del humor.

¡PRACTIQUEMOS! 12A

Traduce las oraciones siguientes

1. Nuestro cachorro es lindo. _____
2. Me gusta tu hermana. _____
3. ¿Puede usted prestarme su libro? _____
4. Amamos nuestra universidad. _____
5. ¿Dónde están tus deberes? _____
6. Mi madre es hermosa. _____
7. Nuestra familia habita en Chicago. _____
8. la computadora de él _____
9. las computadoras de él _____
10. Un leopardo no puede cambiar sus manchas. _____
11. ¿Dónde comprasteis vuestros muebles? _____

12. Mi hijo perdió sus zapatos. _____

13. Por favor, abran sus libros en la página 23. _____

14. Por favor, abra su libro en la página 23. _____

15. el novio de ella _____

16. los primos de ella _____

17. los primos de él _____

Cómo mostrar la posesión por medio de los apóstrofos *(How to Use Apostrophes to Show Possession)*

Es también posible agregar 's o sólo el apóstrofo (') a un sustantivo o a un nombre propio para indicar la posesión.

SINGULAR

Añade 's a un sustantivo o a un nombre propio singular.

the president's adviser	*el asesor del presidente*
Mike's pen	*el bolígrafo de Mike*

A veces, hay dos formas de posesión en una misma oración:

my father's briefcase	*el maletín de mi padre*

El maletín pertenece a mi padre, y el adjetivo posesivo **my** muestra el vínculo entre yo y mi padre.

Otras veces, hay una serie de poseedores en la que algunos son también poseídos:

My sister's friend's boyfriend's cousin is a model.
El primo del novio de la amiga de mi hermana es modelo.

Esta oración no es clara, tampoco hermosa, pero es posible.

No importa si el poseedor o la poseedora posee una cosa o más de una cosa.

the president's advisers	*los asesores del presidente*
Mike's pens	*los bolígrafos de Mike*
my father's hat and gloves	*el sombrero y los guantes de mi padre*

Si el sustantivo o el nombre propio termina en **s** o **ss**, añade **'s**.

the boss's office	*la oficina del jefe / de la jefa*
Thomas's office	*la oficina de Tomás*
Mr. Davis's money	*el dinero del señor Davis*

Note: Hay expresiones que toman el pronombre posesivo para indicar la posesión: **a friend of mine** (un amigo mío), **friends of ours** (unos amigos nuestros). Ver la página 213.

LAS SIBILANTES (SIBILANTS)

Si hay dos (o más) eses (s) en un sustantivo o nombre propio, y el sustantivo termina en s, añade sólo el apóstrofo (').

Moses' tablets	*las lápidas de Moisés*
Jesus' teachings	*las enseñanzas de Jesús*
the census' results	*los resultados del censo*

PLURAL

Primero, tienes que formar corectamente el plural del sustantivo que es poseído. (Ver el capítulo 11.) Después, agrega el apóstrofo (') al fin del sustantivo plural o del nombre propio en su forma plural.

the doctors' golf clubs	*los palos de golf de los médicos*
my parents' trip	*el viaje de mis padres*
the Smiths' new car	*el nuevo coche de los Smith*

Si el sustantivo plural no termina en s, añade 's para indicar la posesión.

the children's ball	*la pelota de los niños*
the children's cookies	*las galletas de los niños*
the men's room	*el lavabo de hombres*
the mice's cheese	*el queso de los ratones*

Hay gramáticos que dicen que el uso del apóstrofo se reserva para las personas y que, cuando se trata de cosas inanimadas, debemos utilizar of (*de*). Esta regla se parece a la del español.

the cost of the project	*el costo del proyecto*
the colors of the flag	*los colores de la bandera*
the city of Chicago	*la ciudad de Chicago*

Sin embargo, la gente observa esta regla cada vez más raramente, y leerás y oirás las dos maneras de indicar posesión.

The project's cost reached ten million dollars.
El costo del proyecto alcanzó diez millones de dólares.

The U.S. flag's colors are red, white and blue.
Los colores de la bandera de los Estados Unidos son el rojo, el blanco y el azul.

LA NATURALEZA, LOS ANIMALES, LAS PLANTAS (NATURE, ANIMALS, PLANTS)

De hecho, cuando el poseedor es un animal, una planta o una cosa que forma parte de la naturaleza, puedes utilizar of the o un apóstrofo (').

the Earth's axis / the axis of the Earth	*el eje de la Tierra*
the ocean's floor / the floor of the ocean	*el fondo del océano*
the rose's petals / the petals of the rose	*los pétalos de la rosa*
the Moon's gravitational pull / the gravitational pull of the Moon	*la atracción de gravitación de la Luna*
the wind's roar / the roar of the wind	*el bramido del viento*

Hay muchas expresiones en las cuales el uso del apóstrofo es más común.

a rabbit's foot	*una pata de conejo*
in a pig's eye	*no lo creo (Lit.: en el ojo de un puerco)*
a bird's eye view	*una vista panorámica (Lit.: una vista del ojo de un pájaro)*
a dog's life	*una vida de perros*

I'll be a monkey's uncle. *¡Qué sorpresa! (Lit.: Yo seré el tío de un mono.)*
Hay otras expresiones que toman **of the**:

in the heat of the moment	*en el calor del momento*
at the bottom of the barrel	*en el fondo del barril (el último recurso)*
the cream of the crop	*la flor y nata*

Vocabulary Helper

mayor ['meɪ ər]	*el alcalde*
climate ['klaɪ mɪt]	*el clima*
building ['bɪl dɪŋ]	*el edificio*
party ['par ti]	*la fiesta*
farmer ['far mər]	*el granjero*
birth [bɜrθ]	*el nacimiento*

¡PRACTIQUEMOS! 12B

Utilizando el apóstrofo, traduce las frases siguientes al inglés.

1. el tractor del granjero _____
2. el equipo de las mujeres _____
3. el teléfono celular de la mujer _____
4. la entrada del edificio _____
5. el alcalde de Nueva York _____
6. la autora del libro _____
7. el clima del planeta _____
8. la bicicleta de Susan _____
9. el nacimiento de Jesús _____
10. la fiesta de los amigos / de las amigas _____

LOS SUSTANTIVOS COMPUESTOS (COMPOUND NOUNS)

Las mismas reglas se aplican cuando se trata de sustantivos compuestos. No importa que el sustantivo compuesto sea singular o plural. El **'s** se agrega al final de la última palabra del sustantivo compuesto.

my mother-in-law's piano	*el piano de mi suegra*
the mothers-in-law's luncheon	*el almuerzo de las suegras*
the Secretary of State's limousine	*la limosina del secretario / de la secretaria de Estado*

EMPRESAS, ORGANIZACIONES Y AGENCIAS GUBERNAMENTALES (GOVERNMENT AGENCIES, ORGANIZATIONS, AND ENTERPRISES)

the Federal Bureau of Investigation's database *el banco de datos de la Agencia de Investigación Criminal*
the White House's announcement *el comunicado de la Casa Blanca*

ABREVIATURAS Y SIGLAS (ABBREVIATIONS AND ACRONYMS)

the AAA's service	el servicio de la AAA
the TSA's officers	los agentes de la TSA
the FBI's database	el banco de datos del FBI

La posesión colectiva (Group Possession)

Si hay una serie de poseedores que comparten la misma cosa, añade el apóstrofo ('), **'s** o **s'** al último sustantivo o nombre propio de la serie.

Bill and Laura's business　　　　*la empresa de Bill y Laura*

Quiere decir que Bill y Laura poseen la misma empresa.

Pero, si Bill y Laura poseen dos empresas distintas, hay que agregar **'s** a los dos.

Bill's and Laura's businesses　　　　*las empresas de Bill y Laura*

Si dices **Bill and Laura's businesses,** haces creer que aquellos poseen juntos varias empresas.

Si un sustantivo singular representa más de una persona, y si aquello no termina en s, agrega 's.

the choir's concert	el concierto del coro
the team's record	el récord del equipo
the society's mission	la misión de la sociedad

Si un sustantivo singular que representa a un grupo termina en s, tienes también que agregar 's.

the caucus's decision	la decisión del comité

A veces, puedes elegir entre of the o el apóstrofo (').

the organization's bylaws / the bylaws of the organization	los reglamentos de la organización
the choir's director / the director of the choir	el director del coro

Enfoque sobre *para* (Focus on para)

Hay muchas expresiones en inglés que utilizan el apóstrofe a fin de indicar el uso.

the women's center	el centro para mujeres
the children's museum	el museo para niños
officers' club	el club de oficiales o para oficiales
visitors' parking	el estacionamiento de visitantes o para visitantes
employees' entrance	la entrada de empleados

Algunas expresiones vinculadas al tiempo toman of (de), for (para) o el apóstrofo. No vamos a insistir en una sola regla porque hay tantas excepciones. Es decir, tienes que aprender estas expresiones de memoria.

today's menu	el menú de hoy
a day's pay for a day's work	la paga de un día por el trabajo de un día
tomorrow's meeting / the meeting scheduled for tomorrow	la reunión de mañana

yesterday's news	*las noticias de ayer*
New Year's Eve	*la Nochevieja*
those thrilling days of yesteryear	*los días emocionantes de antaño*
the car of tomorrow	*el coche de mañana, del futuro*
the end of the week / the weekend	*el fin de semana*

Pero puedes decir **I'll finish it by week's end.**
Yo lo haré antes del fin de semana.

ten years' experience	*diez años de experiencia*

I have ten years' experience in computing.
Tengo diez años de experiencia en informática.

two days' journey	*un viaje de dos días*
three hours' work	*un trabajo de tres horas*
three months' work	*un trabajo de tres meses*

Putting It All Together

Busca los errores en los anuncios siguientes.

1.

Smith's Lumber Supply Company

Quality at it's best!

Bloomsburg's Finest Service

_____

2.

Help Wanted The Sheriffs Office is looking for new deputy's. Good pay. Need at least five years' experience. 555-2323

_____

3.

The 2025 Futuro

It's not your fathers car.

The Futuro's handling is superb!

One of this years best new car's!

Awarded the IIHS' highest rating!

Visit your dealers showroom today.

_____

_____

_____

_____

_____

Grammar in Context

Completa los blancos del párrafo siguiente. Elige una de las opciones en cada lista.

The (1) _____ was settled in the early 1800s and officially became a city in 1837. Its name may come from a Native American word describing the Chicago River. (2) _____ was still less than 5,000 in 1840. (3) _____ was changed forever by the fire of 1871. The downtown was completely rebuilt. Today, Chicago is one of the (4) _____ most prominent business and cultural centers. The Willis Tower and the John Hancock Center are two of (5) _____. The population of Chicago is now almost three million. According to the U.S. (6) _____ most recent statistics, the (7) _____ largest ethnic groups are African Americans (32.9%), Hispanic or Latino (28.9%), and Asian (5.5%). Other (8) _____ include Poland, Germany, Italy, Russia, Greece, and Korea. You can sample foods from these (9) _____ homelands while enjoying beautiful Grant Park at the Taste of Chicago, the (10) _____ premier culinary event.

1. a. city of Chicago b. Chicago's city c. city of Chicago's
2. a. Chicagoes population b. Chicagos population c. Chicago's population
3. a. Chicagos' architecture b. Chicago's architecture c. Chicagoes architecture
4. a. worlds's b. worlds' c. world's
5. a. Chicago's tallest buildings b. Chicago's tallest buildings' c. Chicagos tallest buildings
6. a. censuses b. census' c. census's
7. a. region's b. regions c. regions'
8. a. residents origins' b. residents' origins' c. residents' origins
9. a. groups' b. group's c. groups
10. a. summers' b. summer's c. summers

The Chicago Skyline, featuring the John Hancock Center.

13

Los artículos definidos e indefinidos (Definite and Indefinite Articles)

¿Cuánto sabes? *(How much do you know?)*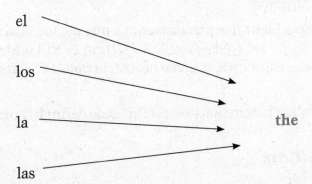

Llena el blanco según el contexto.

1. Next summer we're going to _____ *(el lago Tahoe)*.
2. _____ *(la Era espacial)* began in the 1950s.

*Pon el artículo apropiado (**the, a, an,** ningún artículo) en el blanco.*

3. I like ___ country music.
4. Jordan missed class because he'd caught ___ cold.
5. ___ Moon is made of green cheese.

Si quieres indicar que te refieres explícitamente o no a un sustantivo, tienes tres posibilidades: el artículo definido (**the**), el artículo indefinido (**a, an**) o ningún artículo.

El artículo definido *the* *(The Definite Article* the*)*

En inglés, hay sólo un artículo definido, **the**.

el

los

la   the

las

123

Cualquiera que sea el número, el artículo definido es the. Por lo general, en inglés el uso del artículo definido se parece al del español. Por supuesto, hay muchas excepciones de las que hablaremos más abajo. En lo que respecta a la pronunciación, antes de una palabra que comienza por una consonante, the se pronuncia [ðə].

the door [ðə dɔr] *la puerta*

Si la h se pronuncia al principio de una palabra, the se pronuncia como si estuviera antes de una consonante.

the heavens [ðə hevnz] *el cielo*
the House of Representatives [ðə haʊs əv reprizentətivz] *la Cámara de Representantes*
the head [ðə hed] *la cabeza*

Nota que the se pronuncia de otra manera antes de una vocal. Tienes que decir [ði]:

the edge [ði edʒ] *el borde*

. . . y también antes de una h muda:

the honor roll [ði anər rəʊl] *la lista de honor académica*

Vocabulary Helper
allotted [ə 'lat ɪd] *participio pasado de* to allot *asignar*
every two years ['ev ri tu jɪrz] *cada dos años*

Cuándo utilizar el artículo definido
(When to Use the Definite Article)

En inglés, utilizamos el artículo definido si hablamos de una cosa específica.

Which house is yours?
¿Cuál es su casa?

I live in the house (that is) on the right.
Vivo en la casa que está a la derecha.

Estudia los ejemplos en las categorías siguientes para familiarizarte con el uso del artículo definido. ¡Nota que hay muchas excepciones por aprender!

LOS NOMBRES PROPIOS (PROPER NOUNS)

Por supuesto, un nombre propio identifica precisamente a una persona o a un lugar particular. Si digo Let George do it! (*¡Que Jorge lo haga!*) no es Bill o Mary quién lo hará. George es una persona específica, y no es necesario poner the antes del nombre.

Sin embargo, los lugares de la naturaleza toman unas veces el artículo definido y otras veces nada:

the Earth	*la Tierra*
the Sun	*el Sol*
the Moon	*la Luna*
the planets	*los planetas*

the Milky Way	la Vía Láctea
the Universe	el Universo
the Solar System	el sistema solar

Pero los planetas no toman ningún artículo:

Mercury, Venus, Earth, Mars, Jupiter, Saturn, Uranus, Neptune y **Pluto** (si aún crees que este último es un planeta).

Neil Armstrong was the first man to walk on the Moon.
Neil Armstrong fue el primer hombre que caminó sobre la Luna.

NASA is planning a trip to Mars.
La NASA está planeando un viaje hacia Marte.

Por lo general, **los ríos** y **las masas de agua** toman el artículo definido.

the Antarctic Ocean	el océano Antártico
the Atlantic Ocean	el océano Atlántico
the Arctic Ocean	el océano Ártico
the Black Sea	el mar Negro
the Caribbean Sea	el mar Caribe
the Colorado (River)	el río Colorado
the Connecticut (River)	el río Connecticut
the Dead Sea	el mar Muerto
the English Channel	el canal de la Mancha
the Great Lakes	los Grandes lagos
the Gulf of Mexico	el golfo de México
the Hudson (River)	el río Hudson
the Indian Ocean	el océano Índico
the Mediterranean Sea	el mar Mediterráneo
the Mississippi (River)	el río Mississippi
the Missouri (River)	el río Missouri
Niagara Falls	las cataratas del Niágara
the Nile	el Nilo
the Ohio River	el río Ohio
the Pacific Ocean	el océano Pacífico
the Persian Gulf	el golfo Pérsico
the Red Sea	el mar Rojo
the Seine	el Sena
the Susquehanna (River)	el río Susquehanna
the Suez Canal	el canal de Suez

The Panama Canal was built between 1880 and 1913.
El Canal de Panamá fue construido entre los años 1880 y 1913.

Sin embargo, no ponemos el artículo antes de Lake (ni tampoco antes del nombre del lago, si la palabra Lake se pone después):

Crystal Lake	el lago Crystal
Lake Erie	el lago Erie
Lake George	el lago George
Lake Geneva	el lago Ginebra
Lake Huron	el lago Hurón

Lake Mead	*el lago Mead*	
Lake Michigan	*el lago Michigan*	
Lake Okeechobee	*el lago Okeechobee*	
Lake Ontario	*el lago Ontario*	
Seneca Lake	*el lago Seneca*	
Lake Superior	*el lago Superior*	
Lake Tahoe	*el lago Tahoe*	

Last week, we went to Lake George.
La semana pasada, nos fuimos a Lake George.

Si alguien te dice **Go jump in a lake** (*Tírate a un lago*), no importa qué lago. Por eso, se utiliza el artículo indefinido **a**. A veces, alguien puede ser más específico: **Go swim in the Hudson.** *Ve a nadar en el Hudson.*

Christopher Columbus crossed the Atlantic in 1492.
Cristóbal Colón cruzó el Atlántico en 1492.

Las sierras toman el artículo definido:

the Adirondacks, the Adirondack Mountains	*las Adirondack*
the Alps	*los Alpes*
the Appalachians	*los Apalaches*
the Blue Ridge Mountains	*las Montañas Blue Ridge*
the Catskills, the Catskill Mountains	*los Catskill*
the Poconos	*los Poconos*
the Pyrenees	*los Pirineos*
the Rockies, the Rocky Mountains	*las Rocosas*
the Sierra Nevadas	*Sierra Nevada*

Sin embargo, las montañas individuales no toman el artículo definido:

Bear Mountain	*una montaña en el estado de Nueva York*
Mount Everest	*el Everest*
Mount Kilimanjaro	*el Kilimanjaro*
Mount Marcy	*el monte Marcy*
Mount Whitney	*el monte Whitney*
Pike's Peak	*el Pikes Peak*

pero

the Matterhorn	*el Matterhorn*

LAS NACIONES (NATIONS)

Por lo general, las naciones no toman artículos, incluso las que toman artículos en español.

Afghanistan	*Afganistán*
Argentina	*la Argentina*
Belgium	*Bélgica*
Bolivia	*Bolivia*
Brazil .	*el Brasil*
Canada	*el Canadá*

Chad	el Chad
Chile	Chile
China	China
Colombia	Colombia
Cuba	Cuba
Denmark	Dinamarca
Ecuador	el Ecuador
Egypt	Egipto
El Salvador	El Salvador
England	Inglaterra
France	Francia
Gabon	el Gabón
Germany	Alemania
Great Britain	Gran Bretaña
Greece	Grecia
Guatemala	Guatemala
Guinea	la Guinea
Holland	Holanda, los Países Bajos
Honduras	Honduras
India	la India
Iran	Irán
Iraq	Irak
Ireland	Irlanda
Israel	Israel
Italy	Italia
Japan	el Japón
Lebanon	el Líbano
Luxembourg	Luxemburgo
Mexico	México
Nepal	el Nepal
Nicaragua	Nicaragua
Niger	Níger
Nigeria	Nigeria
North Korea	Corea del Norte
Norway	Noruega
Panama	Panamá
Paraguay	el Paraguay
Peru	el Perú
Portugal	Portugal
Russia	Rusia
Saudi Arabia	Arabia Saudí
Scotland	Escocia
Senegal	el Senegal
South Korea	Corea del Sur
Spain	España
Sudan	el Sudán
Sweden	Suecia
Switzerland	Suiza
Thailand	Tailandia
Taiwan	Taiwán

Togo	*el Togo*
Turkey	*Turquía*
Uruguay	*el Uruguay*
Venezuela	*Venezuela*
Vietnam	*Vietnam*
Yemen	*el Yemen*
Wales	*el País de Gales*

No obstante, varias naciones toman el artículo definido en inglés. Nota que muchas son naciones cuyo nombre está en plural.

the Bahamas	*las Bahamas*
the Dominican Republic	*la República Dominicana*
the Netherlands	*los Países Bajos, Holanda*
the Philippines	*las Filipinas*
the Ukraine	*Ucrania*
the United States of America	*los Estados Unidos de América*
the United Arab Emirates	*los Emiratos Árabes Unidos*
the United Kingdom	*el Reino Unido*

Emmanuel Macron was elected president of France.
Emmanuel Macron fue elegido presidente de Francia.

Let's go on a cruise in the Bahamas!
¡Hagamos un crucero a las Bahamas!

LOS CONTINENTES (CONTINENTS)

Los continentes no toman ningún artículo.

Africa	*África*
Central America	*América Central*
North America	*América del Norte*
South America	*América del Sur*
Antarctica	*la Antártida*
Asia	*Asia*
Australia	*Australia*
Eurasia	*Eurasia*
Europe	*Europa*

Admiral Peary went on an expedition to the Arctic in 1909.
El almirante Peary fue de expedición al Ártico en 1909.

> **¡Excepciones!**
> Es posible utilizar el artículo definido si hablas de una región, pero en un contexto específico.
>
> **North America today is nothing like the North America of our Founding Fathers.**
> *La América del norte de hoy no se parece en nada a la de los fundadores de la nación.*
>
> Si hablas de las regiones polares, utiliza el artículo definido.
>
> **the Antarctic** *el Antártico*
> **the Arctic** *el Ártico*

LAS CALLES (STREETS)

Las calles no necesitan el artículo definido.

Fifth Avenue
Pennsylvania Avenue
Main Street
Route 66

My school is near Route 40.

Mi escuela está situada cerca de la Route 40.

The president lives at 1600 Pennsylvania Avenue.

El presidente habita en avenida Pennsylvania número 1600.

. . . pero hay que emplear el artículo definido antes de varias calles:

the Beltway (una autopista que rodea a Washington, D.C.)
the New York State Thruway
the 405
the New Jersey Turnpike

Desgraciadamente, el uso depende de las costumbres regionales, y tienes que escuchar lo que dicen los nativos.

¡PRACTIQUEMOS! 13A

Fill in the blanks.

1. Chicago is on the banks of _____ *(el lago Michigan)*.
2. _____ *(el canal de la Mancha)* separates _____ *(Inglaterra)* and _____ *(Francia)*.
3. _____ *(los Alpes)* are beautiful in the winter.
4. My brother climbed _____ *(el Everest)*.
5. To get from Philadelphia to Washington, you need to take _____ *(la Route 95)*.
6. Is Dimitri from _____ *(el Canadá)* or _____ *(la República Dominicana)*?
7. We would go to _____ *(el mar Mediterráneo)* if we had enough money.

REGIONES Y CARACTERÍSTICAS GEOGRÁFICAS (REGIONS AND GEOGRAPHICAL FEATURES)

the East	el Este
the Far East	el Lejano Oriente
the Grand Canyon	el Gran Cañón
the Great Plains	las grandes llanuras
the Mideast / the Middle East	el Oriente Medio
the Midwest	el mediooeste norteamericano
the North	el Norte
the Northeast	el Nordeste
the Northwest	el Noroeste
the South	el Sur
the Southeast	el Sudeste / el Sureste
the Southwest	el Suroeste
the West	el Oeste / el mundo occidental

Atlanta is a city in the South.
Atlanta es una ciudad en el Sur.

Vocabulary Helper
located ['loʊ keit ed] *situado*
picturesque [pɪk tʃə 'resk] *pintoresco*
width [wɪdθ] *el ancho*

Nota que los rumbos no requieren el artículo definido.

To get to the Mason Dixon Line, you have to head south from Harrisburg, Pennsylvania.
Para llegar a la línea Mason Dixon, Ud. tiene que ir al sur de Harrisburg, Pensilvania.

"Go west, young man." (Horace Greeley, escritor del siglo XIX)
Vete al oeste, joven.

LAS CIUDADES (CITIES)

Las ciudades no necesitan el artículo definido.

Let's go to New Orleans for Mardi Gras.
Vamos a Nueva Orleans el martes de carnaval.

Sin embargo, puedes decir the city of... (*la ciudad de...*)

the City of Los Angeles
the City of New York

Excepción: Kansas City, Missouri

LOS CONDADOS (COUNTIES)

Los condados no toman ningún artículo.

Albany County
Columbia County
Cook County
Dade County
Orange County

I live in Nassau County, but I work in New York City.
Vivo en el condado Nassau, pero trabajo en Nueva York.

LOS ESTADOS (STATES)

Los estados no toman ningún artículo.

Alabama	
Alaska	
Arizona	
Arkansas	
California	
Colorado	
Connecticut	
Delaware	
Florida	
Georgia	
Hawaii	*Hawái*
Idaho	
Illinois	
Indiana	
Iowa	
Kansas	
Kentucky	
Louisiana	*Luisiana*
Maine	
Maryland	
Massachusetts	
Michigan	
Minnesota	
Mississippi	*Misisipí*
Missouri	*Misuri*
Montana	
Nebraska	
Nevada	
New Hampshire	*Nueva Hampshire*
New Jersey	*Nueva Jersey*
New Mexico	*Nuevo México*
New York	*Nueva York*
North Carolina	*Carolina del Norte*
North Dakota	*Dakota del Norte*
Ohio	
Oklahoma	
Oregon	*Oregón*
Pennsylvania	*Pensilvania*
Rhode Island	
South Carolina	*Carolina del Sur*
South Dakota	*Dakota del Sur*
Tennessee	
Texas	*Tejas*

Utah
Vermont
Virginia
Washington
West Virginia   *Virginia Occidental*
Wisconsin
Wyoming

Abraham Lincoln was born in Kentucky.
Abraham Lincoln nació en Kentucky.

LOS TERRITORIOS (TERRITORIES)

American Samoa	*Samoa Americana*
Guam	*Guam*
The Northern Mariana Islands	*las Islas Marianas del Norte*
Puerto Rico	*Puerto Rico*
The United States Virgin Islands	*las Islas Vírgenes de los Estados Unidos*

PUERTO RICO

San Juan

LOS IDIOMAS (LANGUAGES)

Por lo general, los idiomas no necesitan ningún artículo.

Arabic	*el árabe*
Chinese	*el chino*
English	*el inglés*
French	*el francés*
German	*el alemán*
Greek	*el griego*
Hebrew	*el hebreo*
Italian	*el italiano*
Japanese	*el japonés*
Latin	*el latín*
Norwegian	*el noruego*
Polish	*el polaco*
Portuguese	*el portugués*
Russian	*el ruso*
Spanish	*el español*
Swedish	*el sueco*

Greek is a useful language for doctors.
El griego es un idioma útil para los médicos.

My uncle speaks English, Spanish, Hebrew and Japanese.
Mi tío habla inglés, español, hebreo y japonés.

LOS DÍAS DE LA SEMANA (DAYS OF THE WEEK)

Por lo general, no usamos el artículo definido con los días de la semana.

Sunday	*el domingo*
Monday	*el lunes*
Tuesday	*el martes*
Wednesday	*el miércoles*
Thursday	*el jueves*
Friday	*el viernes*
Saturday	*el sábado*

They're getting married on Saturday.
Van a casarse el sábado.

Every Wednesday, Terri goes to the language lab.
Los miércoles, Terri va al laboratorio de idiomas.

Elections are held on the Tuesday after the first Monday of November.
Las elecciones se convocan el martes después del primer lunes de noviembre.

LOS MESES (MONTHS)

Normalmente, el artículo definido no se usa antes de los meses.

January	*enero*
February	*febrero*
March	*marzo*
April	*abril*
May	*mayo*
June	*junio*
July	*julio*
August	*agosto*
September	*septiembre*
October	*octubre*
November	*noviembre*
December	*diciembre*

We're going to Las Vegas in July.
Vamos a Las Vegas en julio.

ÉPOCAS HISTÓRICAS (HISTORICAL ERAS)

Por lo general, ponemos **the** antes de las épocas históricas.

the Bronze Age	*la Edad de bronce*
the Computer Age	*la era informática*
the Eighteenth Century	*el siglo dieciocho*

the Golden Age	*la Edad de oro*
the Great Depression	*la Gran depresión*
the Industrial Revolution	*la Revolución industrial*
the Information Age	*la era de la información*
the Middle Ages	*la Edad media*
the Modern Age	*la Edad moderna*
the Renaissance	*el Renacimiento*
the Space Age	*la Era espacial*
the Stone Age	*la Edad de piedra*

Mr. Katz opened a restaurant during the Great Depression.
El señor Katz abrió un restaurante durante la Gran depresión.

EL CUERPO (THE BODY)

Aunque usamos el artículo definido con las partes del cuerpo humano en español, necesitamos un pronombre posesivo en inglés.

My foot hurts.
Me duele el pie.

He closed his eyes.
Cerró los ojos.

LOS TÍTULOS (TITLES)

Cuando hablas de una persona que tiene un título debido a su posición en la sociedad, utiliza el artículo definido si no hace mención de su nombre.

the mayor	*el alcalde*
the general	*el general*
the governor	*el gobernador, la gobernadora*
the president	*el presidente, la presidenta*
the chief of police	*el jefe de policía, la jefa de policía*

I spoke with the mayor yesterday.
Ayer hablé con el alcalde.

Sin embargo, si incluyes el nombre de la persona, no uses el artículo definido pero el título se escribe con letra mayúscula.

President Obama	*el presidente Obama*
General Washington	*el general Washington*
Doctor Zhivago / Dr. Zhivago	*el doctor Zhivago*
Professor Donadey	*la profesora Donadey*

President Nixon resigned after the Watergate scandal.
El presidente Nixon renunció después del escándalo de Watergate.

Los adjetivos *(Adjectives)*

Los adjetivos se ponen después del artículo definido y antes del sustantivo:

artículo definido + adjetivo + sustantivo

the brick house	*la casa de ladrillos*

The president lives in the White House.
El presidente vive en la Casa Blanca.

Los adjetivos posesivos *(Possessive Adjectives)*

Si utilizas un adjetivo posesivo, no necesitas el artículo.

The car is blue.
El coche es azul.

My car is blue.
Mi coche es azul.

Ningún artículo *(No Article)*

Hay situaciones que requieren utilizar el artículo definido en español, pero no en inglés. Es lo que ocurre con las oraciones generales y las cosas que son siempre verdades.

Las cualidades y las cosas generales
(Qualities and General Things)

Si hablas de cualidades y cosas generales, no necesitas poner el artículo. Sin embargo, si hablas de una situación específica, tienes que añadirlo.

beauty	*la belleza*
happiness	*la felicidad*
honor	*el honor*
misery	*la miseria*
ugliness	*la fealdad*

Beauty is in the eye of the beholder.
La belleza no es objetiva. (Lit.: La belleza está en el ojo del espectador.)

pero . . .

There is nothing like the beauty of a sunset at the beach.
No hay nada como la belleza de una puesta de sol en la playa.

air	*el aire*
chocolate	*el chocolate*
death	*la muerte*
fire	*el fuego*
food	*la comida*
health	*la salud*
life	*la vida*
water	*el agua*
wood	*la madera*

I like chocolate.
Me gusta el chocolate.

Chocolate is fattening.
El chocolate hace engordar.

pero . . .

The chocolate you gave me is delicious!
¡El chocolate que me diste es delicioso!

¡PRACTIQUEMOS! 13B

Vocabulary Helper
the stairs [ðə sterz] *la escalera*
to stub [stʌb] *tropezar*

Fill in the blanks.

1. Let's go to the movies _____ *(el viernes)*.
2. _____ *(el doctor McCallum)* is an excellent pediatrician.
3. Frederick and Meredith moved to _____ *(Carolina del Norte)* last year.
4. _____ *(Saint Louis)* is a city in the _____ *(el mediooeste norteamericano)*.
5. If you want to go to _____ *(el Japón)*, you should learn _____ *(el japonés)*.
6. _____ *(el dinero)* can't buy _____ *(la felicidad)*.
7. I stubbed _____ *(el dedo del pie)* on _____ *(la escalera)*.

Los artículos indefinidos *(Indefinite Articles)*

Utilizamos los artículos indefinidos **a** y **an** cuando usamos un sustantivo de manera no específica. Como indica la palabra "indefinido," el sustantivo no es definido. (De hecho, la raíz de *definite* es *definitus,* que quiere decir *limitado* en latín.) Los artículos indefinidos se emplean con cosas contables. Para las cosas no contables, lee la sección sobre los partitivos (Partitive) más adelante.

Ten cuidado. Aunque puedes dejar el artículo indefinido singular en español, no puedes hacerlo en inglés.

My nephew is a sailor.
Mi sobrino es marinero (es un marinero).

Sin embargo, como verás más adelante, en el plural puedes omitir **some**.

Johnny has some apples. / Johnny has apples.
Johnny tiene manzanas.

Ningún artículo (No Article)
Plants turn carbon dioxide into oxygen.
Las plantas convierten el dióxido de carbono en oxígeno.

Artículo indefinido (Indefinite Article)
I bought my mother a plant.
Yo compré una planta para mi madre.

Artículo definido (Definite Article)
The plant died because I had forgotten to water it.
La planta murió porque yo me olvidé de regarla.

Pronunciación *(Pronunciation)*

Utiliza el artículo indefinido **a** [ə] antes de una consonante o una vocal que se pronuncia:

a fly [ə flaɪ] *una mosca*
a unicorn [ə 'ju nɪ kɔrn] *un unicornio*
a hotel [ə hæʊ'tel] *un hotel*

Pero antes de una vocal, tienes que poner **an** [æn]:

an airplane [æn 'eər pleɪn] *un avión*

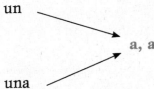

un
una
→ **a, an** (según sea la primera letra del sustantivo)

Si pones un adjetivo antes del sustantivo, tienes que modificar el artículo indefinido según la primera letra del adjetivo.

a shoe	*un zapato*
an old shoe	*un viejo zapato*
an idea	*una idea*
a good idea	*una buena idea*

Abreviaturas *(Abbreviations)*

Si una sigla o una abreviatura comienza con una vocal o con **F, H, L, M, N, R, S** o **X**, usa el artículo indefinido **an**. Es necesario porque estas letras se pronuncian como si comenzaran por una vocal.

an H.M.O. [æn eɪtʃ em oʊ] *una organización de seguro médico*

Andy has an M.B.A.
Andy tiene un máster en administración de empresas.

Si una sigla comienza por otra letra del alfabeto, usa el artículo **a**.

Marisa has a B.S. in Biology.
Marisa tiene una licenciatura en biología.

a DUI conviction [ə di ju aɪ] *condena por conducir bajo los efectos del alcohol*

Don't forget that you need an ID (card) to go through security.
No te olvides que necesitas una tarjeta de identidad para pasar por el control de seguridad.

El partitivo *(Partitive)*

Si hablas de una parte de un todo, o de una cosa que no es contable, usa **some** o nada.

advice	*el consejo*
energy	*la energía*
furniture	*los muebles*
luggage	*el equipaje*

news	*las noticias*
land	*la tierra*
meat	*la carne*
peace	*la paz*
quiet	*la tranquilidad*

I'd like some pie.
Quisiera pastel, por favor.

Puedes también omitir some.

I'd like pie, please.
Quisiera pastel, por favor.

Si dices

I'd like a pie.
Quisiera un pastel.

Vas a recibir un pastel entero.

We moved to the country to find peace and quiet. / We moved to the country to find some peace and quiet.
Nos mudamos al campo para hallar paz y tranquilidad.

Let me give you some advice.
Permíteme darte un consejo.

Algún, cada, cada uno, todo *(Any, Either, Each, Every)*

Al igual que hacemos con los pronombres posesivos, si usamos any, each, either o every, dejamos el artículo.

Arnold goes to the gym every day.
Arnold va al gimnasio todos los días.

Each apple has been hand picked.
Cada manzana ha sido recogida a mano.

You can exit by either door.
Ud. puede salir por cualesquiera de las puertas.

I don't want any advice.
No quiero consejos.

¡PRACTIQUEMOS! 13C

Put a or an into the space.

___ helicopter
___ podium
___ address
___ ship
___ turban

___ elephant
___ ballpoint pen
___ Easter egg
___ guitar
___ old camera
___ wonderful article
___ X-ray

Putting It All Together

*Fill in the blanks with **a, an, the** or nothing, according to the context.*

1. My favorite instrument is ____ violin.
2. Harry missed _____ bus this morning.
3. "How did you break your leg?"
   "I tripped over ___ toy in ___ hallway."
4. We like _____ classical music.
5. It's about to rain. I see _____ clouds in ____ west.
6. Otto is learning _____ Japanese.
7. I'd like to know more about ____ Japanese way of life.
8. "Where are your pants?"
   "They're in ___ dryer."
9. Mike lives in ____ Canada.
10. My friend Medi is from ____ United Arab Emirates.
11. At what time does ____ store close?
12. "Is the Earth round?"
    "No, it's ____ sphere."
13. "You should complain to ___ mayor."
    "___ Mayor Smith? Will he help me?"
14. I like ____ cake, but not in ___ morning.
15. "Would you like ____ rice?"
    "No, thank you."
16. We need to go to the store to buy ____ flour.
17. Eric wants to be ____ agent in ___ FBI.
18. Ouch! I just hurt ____ hand!
19. Would you like ____ tea?
20. Frank and Maryrose live in ___ yellow house at ___ corner of ___ Elm Street and ___ Delaware Avenue.

> **Vocabulary Helper**
> **flour** ['flaʊ ər] *la harina*
> **dryer** ['draɪ ər] *la secadora*

*Now fill in the blanks with **a, an, the** or nothing, to complete the following titles.*

21. ____ *Canterbury Tales* (collection of stories by the fourteenth-century English poet and author Geoffrey Chaucer)
22. *Gone with* ____ *Wind* (book by Margaret Mitchell; also a classic movie.)
23. ___ *American in Paris* (musical film starring Gene Kelly and Leslie Caron)
24. ___ *War and* ___ *Peace* (book by the Russian author Leo Tolstoy)
25. ____ *Raisin in* ____ *Sun* (play by Lorraine Hansberry)

26. ___ *Day* ___ *Earth Stood Still* (science fiction movie from 1951)
27. ____ *Tale of Two Cities* (book by Charles Dickens, who also wrote *Oliver Twist* and *A Christmas Carol*)
28. *To Kill* ___ *Mockingbird* (book by Harper Lee; also a classic movie; mockingbird = *el sinsonte*)

Bonus: Después de haber verificado los títulos, ve a la biblioteca y toma prestado el libro o la película que te interesa. ¡Es una buena manera de practicar la gramática!

14

Los adjetivos (Adjectives)

¿Cuánto sabes? *(How much do you know?)* ⓘ

Traduce el adjetivo entre paréntesis y escríbelo en el blanco.

1. He gave us some _____ (*práctico*) advice.
2. We are very _____ (*agradecidos*) for your gift.
3. Mary finished the task with _____ (*relativo*) ease.
4. That chocolate cake is quite _____ (*tentador*).
5. I'd like _____ (*otro*) slice.
6. Steve became a _____ (*presbiteriano*) minister.

Introducción *(Introduction)*

Un adjetivo es una palabra que describe. Pero las cosas se complican porque los adjetivos pueden pertenecer a varias categorías. Podemos simplificar la situación haciendo unas preguntas.

¿Que hace un adjetivo? *(What Does an Adjective Do?)*

Un adjetivo describe

Un adjetivo calificativo describe las calidades del sustantivo o del pronombre. Normalmente, cuando oímos la palabra *adjetivo* pensamos en el adjetivo calificativo.

Un adjetivo limita

Un adjetivo determinativo es una palabra que sirve para determinar o limitar.

Hay muchas clases de adjetivos:

descriptive adjective *el adjetivo calificativo*
demonstrative adjective *el adjetivo demostrativo*
descriptive adjective *el adjetivo descriptivo*
limiting adjective *el adjetivo determinativo*
interrogative adjective *el adjetivo interrogativo*
possessive adjective *el adjetivo posesivo*
proper adjective *el adjetivo propio*
relative adjective *el adjetivo relativo*

En inglés, el concepto fundamental del adjetivo se parece mucho al concepto español. No obstante, hay importantes diferencias en lo que concierne al uso. Lee esta cita del discurso que dio Martin Luther King, hijo, en 1963. El líder del movimiento de derechos civiles cita la Declaración de Independencia. Hemos subrayado los adjetivos de varias clases.

I have a dream that <u>one</u> day <u>this</u> nation will rise up and live out the <u>true</u> meaning of <u>its</u> creed: "We hold <u>these</u> truths to be <u>self-evident</u>, that <u>all</u> men are created <u>equal</u>."

Primero, vemos unos adjetivos descriptivos: **true, self-evident,** y **equal.** Después hay unos adjetivos determinativos: los adjetivos demostrativos **this** and **these,** el número cardinal **one** y el determinativo **all.** Finalmente, hay un adjetivo posesivo: **its.** Hemos visto los adjetivos posesivos en el capítulo 12. En este capítulo, examinaremos los adjetivos descriptivos, determinativos y propios. Luego hablaremos de los adjetivos demostrativos (página 154). Trataremos los adjetivos interrogativos en el capítulo 18.

> **Vocabulary Helper**
> **I have a dream.** [aɪ hæv ə drim]
> *Tengo un sueño.*
> **rise up** [raɪz ʌp] *levantarse, alzarse*
> **live out** [lɪv aʊt] *vivir*
> **creed** [krid] *el credo*
> **truths** [truθs] *verdades*
> **self-evident** [self 'ev ɪ dənt] *evidente*
> **created** [kri 'eit əd] *creado(s)*
> **equal** ['i kwəl] *igual(es)*

adjetivos posesivos   adjetivos descriptivos

adjetivos demostrativos   adjetivos relativos

¡Hay muchas clases de adjetivos! A veces es difícil reconocer las partes de la oración. Por ejemplo, **sound** significa *sonar* (verbo), *sano* (adjetivo) o *un ruido* (sustantivo), según el contexto. Si una palabra describe a una persona, un lugar o una cosa...¡es un adjetivo!

> **Tip**
> Tratamos los adjetivos comparativos y superlativos en el capítulo 16.

Los adjetivos descriptivos *(Descriptive Adjectives)*

¿CÓMO SE PUEDE RECONOCER UN ADJETIVO? (HOW DO YOU RECOGNIZE AN ADJECTIVE?)

En la cita de abajo, los adjetivos small y giant son adjetivos descriptivos que describen las palabras step y leap:

That's one small step for a man, one giant leap for mankind.
Neil A. Armstrong, July 20, 1969, as he set foot on the moon

En inglés, los adjetivos descriptivos toman muchas formas. Por suerte, no hay que concordar el adjetivo descriptivo con el género o el número, como en español. (Pero no olvides lo que aprendiste en el capítulo 11 sobre el género en inglés.) En inglés, la idea del género subsiste y hay palabras que concuerdan según su significación. Por ejemplo, decimos John is handsome *(Juan es guapo)* y no John is pretty. El adjetivo pretty se utiliza para describir a las mujeres. (¡Por supuesto, cómo veremos más adelante, las cosas se complican cuando hay más de un adjetivo en una oración!)

> **Vocabulary Helper**
> **giant** ['dʒaɪ ənt] *gigante*
> **leap** [lip] *un salto*
> **mankind** [mæn 'kaɪnd] *la humanidad*
> **to set foot on** [set fut ɔn] *pisar*
> **small** [smɔl] *pequeño*

Estudia estos adjetivos y frases antes de contestar las preguntas. Nota que hemos agrupado los adjetivos según sus terminaciones y nota también que estas terminaciones se parecen a los grupos que encontramos en español. ¡Presta atención a las terminaciones!

-ABLE

A veces, esta terminación cambia un verbo en adjetivo.
Por ejemplo: to accept → acceptable

acceptable	*aceptable*	improbable	*improbable*
agreeable	*agradable*	inevitable	*inevitable*
bearable	*soportable*	intolerable	*intolerable*
debatable	*discutible*	noticeable	*notable*
dependable	*fiable*	predictable	*previsible*
desirable	*deseable*	presumable	*presumible*
favorable	*favorable*	suitable	*apropiado, apropiada*
formidable	*formidable*	washable	*lavable*

¡Hay adjetivos que tienen la misma forma en inglés y en español! Son palabras cognadas (cognates).

"When you have eliminated the impossible, whatever remains, however *improbable*, must be the truth."

Sherlock Holmes in Sir Arthur Conan Doyle's *The Sign of Four*

Vocabulary Helper
to eliminate [ɪ 'lɪm ɪ neɪt] *eliminar, descartar*
to remain [ri 'meɪn] *quedar*
truth [truθ] *la verdad*

ADJETIVOS QUE TERMINAN EN IC O ICAL
(ADJECTIVES THAT END IN IC OR ICAL)

La terminación **al** significa *relativo a* o *referente a* / pertaining to. A veces, como es el caso con los adjetivos **comic** e **historic**, la agregación de **al** refleja un matiz diferente. Otras veces la diferencia no es evidente, incluso para los anglohablantes.

acoustic, acoustical	*acústico*	metric, metrical	*métrico*
comic, comical	*cómico*	poetic, poetical	*poético*
fanatic, fanatical	*fanático*	prophetic, prophetical	*profético*
historic, historical	*histórico*	rhythmic, rhythmical	*rítmico*
ironic, ironical	*irónico*	scenic, scenical	*escénico, pintoresco*
lyric, lyrical	*lírico*	theoretic, theoretical	*teórico*

Peanuts was a very famous comic strip.
Snoopy fue una tira cómica muy famosa.

The signing of the Treaty of Versailles in 1919 was an historic event.
La firma del Tratado de Versalles, en 1919, fue un acontecimiento histórico.

Umberto Eco aimed for historical accuracy in his novels.
En sus novelas, Umberto Eco buscaba la precisión histórica.

Tip
No te olvides de estudiar la pronunciación de **cial** en el capítulo 1 (página 5).

ADJETIVOS QUE TERMINAN EN AL (ADJECTIVES THAT END IN AL)

actual	real, verdadero	maternal	maternal, materno
annual	anual	mechanical	mecánico
beneficial	beneficioso	national	nacional
constitutional	constitucional	nocturnal	nocturno
critical	crítico	occasional	de vez en cuando
diurnal	diurno	paternal	paternal, paterno
emotional	emocional, emotivo	perpetual	continuo, perpetuo
final	final, último	phenomenal	fenomenal
financial	financiero	political	político
individual	individual, personal	practical	práctico
infernal	infernal	rural	rural
intentional	deliberado, intencional	superficial	superficial
marginal	marginal	supernatural	sobrenatural

We have a final exam next Wednesday.
Tendremos un examen final el miércoles que viene.

ADJETIVOS QUE TERMINAN SÓLO EN IC (ADJECTIVES THAT ONLY END IN IC)

archaic	arcaico	energetic	enérgico, energético
artistic	artístico	frantic	frenético
athletic	atlético	gigantic	gigantesco
caustic	cáustico, mordaz	heroic	heroico
chaotic	caótico	public	público
characteristic	característico	rustic	rústico, campestre
cosmetic	cosmético	sporadic	esporádico
domestic	doméstico	toxic	tóxico

Toxic waste is a serious environmental problem.
Los residuos tóxicos son un serio problema ecológico.

-ANT

dominant	dominante	valiant	valiente, valeroso
pleasant	agradable	vibrant	enérgico, vibrante

Despite his valiant efforts, Rocky lost the bout.
A pesar de sus esfuerzos valerosos, Rocky perdió el combate.

-AR

circular	circular	lunar	lunar
insular	insular	perpendicular	perpendicular

You must avoid circular reasoning because circular reasoning must be avoided.
Debes evitar el razonamiento circular porque hay que evitar el razonamiento circular.

-ARY

contrary	contrario	necessary	necesario
elementary	elemental, fundamental	primary	primario, fundamental
honorary	honorario	secondary	secundario
military	militar	tertiary	terciario

The president had to choose between military action and diplomacy.
El presidente tuvo que elegir entre medidas militares y diplomáticas.

-EN

ashen	pálido	olden	antiguo
forbidden	prohibido	rotten	podrido
golden	dorado, de oro	wooden	de madera

Madeleine has golden hair.
Madeleine tiene el pelo dorado.

A veces, se omite la terminación en de golden: You deserve a *gold* star. *Mereces una estrella de oro.*

Something is rotten in the state of Denmark.
Algo huele a podrido en Dinamarca.

William Shakespeare, *Hamlet*, Act I

-ENT

ancient	*antiguo*	evident	*evidente*
cogent	*convincente*	independent	*independiente*
confident	*convencido, seguro*	intelligent	*inteligente*
convenient	*conveniente, oportuno*	persistent	*persistente*
decent	*decente*	pertinent	*pertinente*
diligent	*diligente*	prevalent	*predominante*
eloquent	*elocuente*	urgent	*urgente*

He's an eloquent speaker!
¡Es un orador elocuente!

-FUL

beautiful	*bello, hermoso, precioso*	powerful	*fuerte, poderoso*
careful	*cuidadoso, prudente*	sorrowful	*triste*
graceful	*elegante, gracioso*	thankful	*agradecido*
grateful	*agradecido*	wonderful	*maravilloso*

I am very grateful for your help.
Estoy muy agradecido por su ayuda.

¡PRACTIQUEMOS! 14A

Elige el adjetivo correcto y ponlo en el blanco.

intolerable   washable   pleasant
convenient   superficial
secondary   independent

> **Vocabulary Helper**
> **flash drive** ['flæʃ draɪv] *una llave portátil*
> **fortunately** ['fɔr tʃə nɪt li] *por suerte*
> **heat** [hit] *el calor*
> **road** [roʊd] *un camino*
> **way** [weɪ] *una manera*
> **wound** [wund] *una herida*

1. Fortunately, his wounds were _____.
2. "This heat is _____!" said Sean.
3. A flash drive is a(n) _____ way to store information.

4. Thank you for a(n) _____ evening.
5. The weather was nice so we took a(n) _____ road.

-IBLE

discernible	discernible, perceptible	negligible	insignificante
feasible	hacedero, posible	reversible	reversible
flexible	adaptable, flexible	tangible	tangible

There is no tangible evidence of the existence of UFOs.
No hay prueba tangible de la existencia de los OVNIs.

-ISH

Esta terminación cambia un sustantivo en adjetivo.

boorish	palurdo, tosco	churlish	grosero, tosco
childish	infantil	selfish	egoísta

La terminación ish *significa* un tipo de *o* una especie de (**sort of**) *y* acerca de (**about**), especialmente en lo que concierne a los colores, los números y las horas aproximadas:

bluish	azulado	yellowish	amarillento
reddish	rojizo	sevenish	a eso de las siete

The Martian sky has a reddish hue.
El cielo marciano tiene un color rojizo.

Let's eat at sevenish.
Còmamos a eso de las siete.

-IVE

active	activo	elusive	evasivo
assertive	asertivo, positivo	explosive	explosivo
attractive	atractivo	native	nativo
constructive	constructivo	relative	relativo
destructive	destructivo	selective	selectivo

Kristin won the bike race with relative ease.
Kristin ganó la carrera ciclista con relativa facilidad.

-LESS

Esta terminación significa *sin* (**without**).

ageless	*eterno*	senseless	*insensato, sin sentido*
baseless	*infundado*	timeless	*eterno*
countless	*sin número*	tireless	*incansable*

The Grand Canyon is a natural wonder of timeless beauty.
El Gran Cañón es una maravilla natural de belleza eterna.

-OUS

ambiguous	*ambiguo*	hazardous	*peligroso*
curious	*curioso*	hideous	*horroroso*
dangerous	*peligroso*	jealous	*celoso*
delicious	*delicioso*	marvelous	*maravilloso*
enormous	*enorme*	tenacious	*firme, tenaz*

Tobacco is hazardous to your health.
El tabaco es peligroso para su salud.

-SOME

handsome	*hermoso*	lonesome	*solitario, solo*
loathsome	*repugnante*	tiresome	*cansado, pesado*

I'm so lonesome I could cry.
Estoy tan solo que podría llorar.

El cantante de country Hank Williams (1923–1954)

-Y

angry	*enojado*	messy	*desordenado*
early	*temprano*	ready	*listo*
easy	*fácil*	shabby	*andrajoso*
funny	*divertido*	wealthy	*rico*
healthy	*sano*	witty	*agudo, ingenioso*

Early to bed and early to rise, makes a man healthy, wealthy and wise.
Temprano a la cama, temprano a levantarse, hace que un hombre sea sano, rico y sabio.

Hombre de estado, científico e inventor Benjamin Franklin (1706–1790)

¿Sabías tú? (Did you know?)
In addition to his influence as a statesman, Benjamin Franklin was a printer, inventor, and scientist. He started the first public library and fire department in the U.S.

Franklin is also known for his scientific experiments with electricity. In one experiment, he attached a key to a kite during a thunderstorm to show that lightning was made of electricity. With this knowledge, he invented the lightning rod, which protects buildings from lightning strikes.

Source: The Library of Congress (www.loc.gov y memory.loc.gov)

Vocabulary Helper
influence [ˈɪn flu əns] *la influencia*
experiment [ɪks ˈper ɪ mənt] *el experimento*
kite [kaɪt] *la cometa*
thunderstorm [ˈθʌn dər stɔrm] *la tormenta*
lightning bolt [ˈlaɪt nɪŋ boʊlt] *el rayo, el relámpago*
lightning rod [ˈlaɪt nɪŋ rad] *el pararrayos*

El participio pasado (ver el capítulo 3, página 32) y el participio presente (ver el capítulo 2, página 13) pueden funcionar como adjetivos.

-ED

Por lo general, esta terminación cambia un verbo en adjetivo. Viene del participio pasado. ¡Ten cuidado! Puedes esperar un tren (expect a train), pero no puedes hacer lo contrario (to "unexpect").

Tip
A veces se utiliza un adjetivo en inglés cuando se suele utilizar un sustantivo en español. Es el caso, por ejemplo, con los sentimientos, el hambre, la sed y el tiempo.

I'm hungry.	**It's hot today.**
Tengo hambre.	*Hoy hace calor.*
I'm thirsty.	**I'm hot / cold.**
Tengo sed.	*Tengo calor / frío.*

I'm envious of Bill Gates.
Yo tengo envidia a Bill Gates.

advanced	avanzado	expected	previsible
delighted	encantado	inspired	inspirado
determined	decidido	organized	organizado
disappointed	decepcionado	renowned	renombrado
distinguished	distinguido	rested	descansado
exaggerated	exagerado	tired	cansado
excited	entusiasmado, emocionado	unexpected	inesperado

The reports of my death are greatly exaggerated.
(Las noticias sobre mi muerte han sido muy exageradas.)

Mark Twain (seudónimo del autor Samuel Clemens, 1835–1910)

-ING

Esta terminación viene del participio presente.

amazing	*asombroso*	**forgiving**	*clemente*
astounding	*asombroso*	**gratifying**	*agradable*
baffling	*desconcertante*	**interesting**	*interesante*
challenging	*desafiante, estimulante*	**ongoing**	*actual, en curso*
daring	*audaz, arriesgado*	**tempting**	*tentador*

¿CÓMO SABES SI ES UN ADJETIVO O UN PARTICIPIO? (HOW DO YOU KNOW IF IT'S AN ADJECTIVE OR A PARTICIPLE?)

Añade el adverbio **very** a la palabra. Si la oración tiene todavía sentido...¡es un adjetivo!

The detectives were surprised. → **The detectives were <u>very</u> surprised.**
La oración tiene sentido. Por consiguiente, **surprised** es un adjetivo.

✖ ¡Incorrecto!

The dog was walked. → **The dog was <u>very</u> walked.**
Esta oración no tiene sentido. Por consiguiente, **walked** es un participio pasado. (Ver el capítulo 9, la voz pasiva.)

-LY

Muchos adjetivos que terminan en **ly** funcionan también como adverbios. En esta lista, todas las palabras, con excepción de **earthly**, son a la vez adjetivos y adverbios.

daily	*cotidiano, diario*	**likely, unlikely**	*probable, improbable*
early	*temprano*	**lovely**	*encantador, lindo*
earthly	*terreno, mundanal*	**slovenly**	*desaliñado*
kindly	*amable*	**yearly**	*anual*

I took the early train.
Tomé el tren temprano.

(Pero en la oración **I took the train early**, **early** es un adverbio que modifica el verbo **took**. Hablaremos de los adverbios en el capítulo 15.)

Algunos adjetivos constituyen otro grupo aparte.

abrupt	abrupto, brusco	new	nuevo
agile	ágil	large	grande
bad	malo	picturesque, quaint	pintoresco
complex	complejo	profound	profundo
everyday	cotidiano, diario, de todos los días	round	redondo
frail	delicado, frágil	routine	rutinario
giant	gigante	small	pequeño
good	bueno	superior	superior
immense	enorme, inmenso	tiny	minúsculo
inferior	inferior	unique	único, raro
nice	agradable, bueno	vast	extenso, vasto
old	viejo	widespread	extendido, general

Mr. MacGyver performs miracles with everyday objects.
El señor MacGyver hace milagros con las cosas cotidianas.

¡Cuidado!
El adjetivo **everyday** significa "ordinary": an *everyday* **occurrence** (*un suceso cotidiano*). Pero **every day** significa "each day": **I do my homework every day.** (*Hago los deberes todos los días.*) Lamentablemente, muchas personas no siguen esta regla.

LOS COLORES (COLORS)

black	negro	red	rojo
blue	azul	violet	violeta
brown	marrón	white	blanco
green	verde	yellow	amarillo
orange	naranja		

After seeing Paul's red Porsche, I was green with envy.
Después de ver el Porsche rojo de Pablo, me puse verde de envidia.

¡PRACTIQUEMOS! 14B

Write the correct version of the adjective on the line to complete each sentence.

1. George's convertible is _____ *(negro)*.
   _____ *(peligroso)*.
   _____ *(viejo)*.
2. What a _____ *(lindo)* bird that is!
3. The movie wasn't _____ *(interesante)* so Charles took a nap.
4. The plane had to land because of a _____ *(mecánico)* problem.

> **Vocabulary Helper**
> **convertible** [kən 'vər tə bl]
> *el descapotable*
> **movie** ['mu vi] *una película*
> **nap** [næp] *una siesta*

¡PRACTIQUEMOS! 14C

What would you say about yourself in your curriculum vitae? Choose 10 positive words that you could use to describe yourself or your background (educación y formación) to an employer.

_____   _____

_____   _____

_____   _____

_____   _____

_____   _____

Grammar in Context

Help your friend Dave with his **cover letter**. Change the underlined words and fill in the blanks so that he sounds more desirable to an employer. A sample response is given in the answer key in the back of the book.

Dear Sir / **Madam**,

I am very <u>interesting</u> in the position that you advertised in last week's *Daily Tribune*. I am <u>inteligente</u> and very _____ (organizado). In fact, at my last job, I was so _____ (maravilloso) that the other employees were <u>boorish</u>. We increased sales by one hundred percent! Fortunately, I'm <u>intolerable</u> and if you hire me I can begin next week. The position at your company sounds very <u>challenged</u>. I am _____ (seguro) that you will find my background to be <u>apropiate</u> for the position.

Sincerely,

Dave Jones

> **Vocabulary Helper**
> **cover letter** ['kʌv ər 'let ər]
> *una carta de presentación*
> **Madam** ['mæd əm] *señora*

Los adjetivos determinativos *(Limiting Adjectives)*

Esta categoría contiene varios grupos de adjetivos:

LOS NÚMEROS CARDINALES (CARDINAL NUMBERS):

ONE, TWO, THREE, FIFTY

Nota que hablaremos de los números cardinales en el capítulo 19.

LOS NÚMEROS ORDINALES (ORDINAL NUMBERS):

FIRST, SECOND, THIRD, TWENTY-SECOND

Hablaremos de los números ordinales en el capítulo 19.

LOS ADJETIVOS POSESIVOS (POSSESSIVE ADJECTIVES):

HIS, HER, MY, ETC.

Estudia los adjetivos posesivos (en el capítulo 12), antes de continuar.

LOS ADJETIVOS DEMOSTRATIVOS (DEMONSTRATIVE ADJECTIVES)

Los adjetivos demostrativos son **this, that, these** y **those**.

		Location	
		Here (aquí)	**There (allá, allí)**
Number	**Singular**	**This** (este, esta)	**That** (ese, esa, aquel, aquella)
	Plural	**These** (estos, estas)	**Those** (esos, esas, aquellos, aquellas)

En primer lugar, tienes que distinguir entre **here** (aquí) y **there** (allá, allí). En este diálogo, Mary y Arthur se comprenden mal.

Mary: Bring me that big book.
Arthur: This book?
Mary: No. That book. The red book. It's over there.
Arthur: This big book?
Mary: No, Arthur. The big red book. It's over there by those flowers.
Arthur: Do you mean this big red book? It's gigantic!
Mary: Oh, never mind! I'll use something else to prop up this table leg!

> **Vocabulary Helper**
> **to prop up** [prap ʌp] *apuntalar*
> **Never mind!** [ˈnev ər maɪnd]
> *¡No importa!*

LOS DETERMINATIVOS (DETERMINERS)

Los otros adjetivos de esta categoría son los determinativos. Aquí tienes algunos ejemplos útiles.

all	todo	enough	bastante, suficiente
another	otro, más	every	todo
each	cada	some	alguno

Every summer we go to Chicago.
Todos los veranos vamos a Chicago.

Do you have enough money?
¿Tienes bastante dinero?

Tip
Hablaremos de los pronombres demostrativos en el capítulo 18.

LOS ADJETIVOS PROPIOS (PROPER ADJECTIVES)

Un adjetivo propio se relaciona con un nombre propio.

Don't forget!
No te olvides que los artículos (**a, an, the**) son también determinativos. (Ver el capítulo 13.)

PERSONAS (PEOPLE)

Por lo general, cuando el adjetivo proviene del nombre de una persona, se trata de un científico o una científica, un político o una política, un artista o una artista, u otra persona que ha marcado la sociedad.

Darwinian	darwiniano	Marian	mariano
Dickensian	dickensiano	Marxist	marxista
Elizabethan	isabelino	Newtonian	neutoniano
Freudian	freudiano	Shakespearean	shakesperiano
Maoist	maoísta	Victorian	victoriano

Tip

No te olvides de escribir las nacionalidades en inglés con mayúsculas.

LOS LUGARES (PLACES)

African	*africano*	Haitian	*haitiano*
American	*americano, estadounidense, norteamericano*	Honduran	*hondureño*
Arab, Arabian	*árabe*	Israeli	*israelí*
Argentine, Argentinean	*argentino*	Italian	*italiano*
Asian	*asiático*	Korean	*coreano*
Australian	*australiano*	Martian	*marciano*
Belgian	*belga*	Mexican	*mejicano*
Brazilian	*brasileño*	Moroccan	*marroquí*
Bolivian	*boliviano*	Nicaraguan	*nicaragüense*
Bostonian	*bostoniano*	Norwegian	*noruego*
Californian	*californiano*	Palestinian	*palestino*
Canadian	*canadiense*	Panamanian	*panameño*
Chilean	*chileno*	Paraguayan	*paraguayo*
Colombian	*colombiano*	Parisian	*parisiense*
Costa Rican	*costarricense, costarriqueño*	Peruvian	*peruano*
Cuban	*cubano*	Puerto Rican	*puertorriqueño*
Dominican	*dominicano*	Quechuan	*quechua*
Ecuadoran, Ecuadorean	*ecuatoriano*	Russian	*ruso*
European	*europeo*	Salvadoran	*salvadoreño*
German	*alemán*	Uruguayan	*uruguayo*
Guatemalan	*guatemalteco*	Venezuelan	*venezolano*

What do you think of the European Union?
¿Qué piensas de la Unión Europea?

The *Canadian* Rockies are beautiful in the fall.
Las Montañas Rocosas canadienses son magníficas en el otoño.

> **Tip**
> En Estados Unidos el adjetivo
> **American** significa normalmente
> "de Estados Unidos."
>
> **The American dream** (*el sueño
> americano*)
>
> Sin embargo, **United States**
> puede funcionar como adjetivo:
>
> **I'm a *United States* citizen.** (*Soy
> ciudadano de Estados Unidos.*)

> **Vocabulary Helper**
> **accurate** ['æk jur ɪt] *exacto*
> **ballpark** ['bɔl park] *un estadio de
> béisbol*; **ballpark figure** *una cifra
> aproximada*
> **descent** [dɪ 'sent] *descendencia*

CULTURE CAPSULE

BASEBALL

Baseball is often called America's pastime. Invented in the early 1800s by Abner Doubleday, it has grown into a billion-dollar industry. Of course, there are some who say that it existed even before Doubleday. The British game of cricket has similarities. In any case, the idea of hitting a ball and running around bases has been around for a long time. Modern baseball has spread throughout the world, but it is most popular in the Americas and in Asia. In fact, many famous players of the past and present have come from Spanish-speaking countries: Mariano Rivera and Rod Carew are Panamanian, Pedro Martinez and Sammy Sosa are Dominican, and Roberto Clemente was Puerto Rican. These are only a few of the many players of hispanic descent. In fact, over twenty-five percent of all baseball players in the Major Leagues are Hispanic (according to the Pew Research Center: www.pewresearch .org). Baseball is so popular in the United States that many of its expressions have found their way into everyday speech. If you do poorly, you "strike out" but if you do well you "hit a home run." If something comes "out of left field" it's unexpected. And if you need to give an estimate you can give a "ballpark figure." Have a ball with the following exercise.

¿VERDADERO O FALSO? (TRUE OR FALSE?)

1. Baseball is only played in the United States. ___
2. There are many famous ball players from Spain. ___
3. To "strike out" is to do well. ___
4. Cricket is similar to baseball. ___
5. A "ballpark figure" is very accurate. ___

-CH

Dutch	*holandés*	French	*francés*

-ESE

Chinese	chino	Portuguese	portugués
Japanese	japonés	Senegalese	senegalés
Lebanese	libanés	Vietnamese	vietnamita

There's a wonderful Japanese restaurant near Wrigley Field.
Hay un maravilloso restaurante japonés cerca de Wrigley Field.

-ISH

British	británico	Polish	polaco
Danish	danés	Scotch, Scottish	escocés
English	inglés	Spanish	español
Flemish	flamenco	Swedish	sueco
Irish	irlandés	Turkish	turco

-IC

Hispanic	hispánico	Icelandic	islandés

-ERN

eastern	este, oriental, del este	southeastern	del sudeste
northeastern	del nordeste	southern	meridional, del sur
northern	del norte	southwestern	del sudoeste
northwestern	del noroeste	western	del oeste, occidental

LAS RELIGIONES Y LAS CREENCIAS (RELIGIONS AND BELIEFS)

agnostic	*agnóstico*	Methodist	*metodista*
Anglican	*anglicano*	Muslim	*musulmán*
Buddhist	*budista*	orthodox	*ortodoxo*
Catholic	*católico*	pagan	*pagano*
Christian	*cristiano*	Presbyterian	*presbiteriano*
Coptic	*copto*	Protestant	*protestante*
Hindu	*hindú*	Shinto, Shintoist	*sintoísta*
Jewish	*judío*	Zoroastrian	*zoroástrico*

Tip
Los idiomas y los adjetivos que describen las nacionalidades pueden tener la misma forma:

You speak English very well.
Hablas muy bien el inglés.

We're learning German.
Aprendemos alemán.

I met a group of Germans at the museum.
Conocí a un grupo de alemanes en el museo.

CRUCIGRAMA DE LOS ADJETIVOS (ADJECTIVE CROSSWORD)

Fill in the following crossword from the clues listed below. The answers are in the back of the book.

Across

3. Francesca is from Rome, Italy. She is _____.

5. The headquarters of the _____ (*europea*) Union is in Brussels, Belgium.

8. The pope is considered the head of the _____ (*católica*) Church.

11. Every year, _____ (*musulmánes*) pilgrims travel to Mecca in Saudi Arabia.

12. Mitsugi is from Tokyo, Japan. He is _____.

14. María is from Madrid, Spain. She is _____.

15. Andrew lives in London, England. He is _____.

16. Meditation is an important _____ (*budista*) practice.

Down

1. Sun is from Peking, China. She is _____.

2. My favorite _____ (*californiano*) wine is from the Napa Valley.

4. Pierre was born in Versailles, France. He is _____.

6. The _____ (*judío*) holiday of Channukkah is celebrated in the winter.

7. Ivan moved here from Moscow, Russia. He is _____.

9. Maureen grew up in Dublin, Ireland. She is _____.

10. My favorite _____ (*mejicano*) poet, Octavio Paz, won the Nobel Prize in 1990.

13. Brett is proud to be from Albany, New York. He is _____.

Vocabulary Helper

to be born [bi bɔrn] *nacer*
to grow up [groʊ ʌp] *crecer*
to live in [lɪv ɪn] *vivir (en)*
to move [muv] *mudarse*
pilgrim ['pɪl grɪm] *el peregrino*
proud [praʊd] *orgulloso*
works [wɜrks] *trabaja*

El orden de los adjetivos en una oración *(Placement of Adjectives in a Sentence)*

¿DÓNDE COLOCAR EL ADJETIVO? *(WHERE DOES AN ADJECTIVE GO?)*

EL ADJETIVO PREDICATIVO *(PREDICATE ADJECTIVE)*

El adjetivo predicativo se utiliza con ciertos verbos como **to appear, to be, to become, to seem, to turn.** En ese caso el adjetivo se coloca después del verbo.

noun or pronoun   +   form of   +   adjective

to be

to appear

to become

to seem

to turn, etc.

> **Vocabulary Helper**
> **to appear** [ʌ ˈpiər] *parecer*
> **to become** [bi ˈkʌm] *hacerse, volverse*
> **to seem** [sim] *parecer*
> **to turn** [tərn] *hacerse, volverse*

My daughter is intelligent.
Mi hija es inteligente.

He seemed happy.
Parecía feliz.

EL ADJETIVO ATRIBUTIVO *(ATTRIBUTIVE ADJECTIVE)*

Por lo general, el adjetivo se coloca antes del sustantivo. Pero cuándo hay más de un adjetivo, tienes que seguir un orden particular:

Determiner   +   Adjective   +   Noun

Quality → Size → Age → Shape → Participle → Color → Origin → Noun used as an adjective

Yoda is an <u>**intelligent little old round endearing green alien Jedi**</u> **Knight.**

Quality (intelligent) → Size (little) → Age (old) → Shape (round) → Participle (endearing) → Color (green) → Origin (alien) → Noun used as an adjective (Jedi)

The ship sank to the bottom of the <u>deep blue sea</u>.

Size → Color → Noun

I'd like to buy a pair of <u>blue suede shoes.</u>

Color → Noun used as an adjective → Noun

EXCEPCIONES

Por supuesto, hay excepciones a esta regla.

La poesía

En la poesía, y en el estilo poético, puedes cambiar el orden del adjetivo y del sustantivo lo que enfatiza el adjetivo.

The night is tender. → Tender is the night. (*Suave es la noche.*)

The meek are blessed. → Blessed are the meek. (*Benditos/Bienaventurados son los mansos.*)

(En este caso, "meek" es también un adjetivo.)

DESPUÉS DE LOS PRONOMBRES INDEFINIDOS (AFTER INDEFINITE PRONOUNS)

El adjetivo sigue al pronombre indefinido. (Hablaremos de los pronombres indefinidos en el capítulo 18.)

somewhere quiet *un lugar tranquilo (sereno)*
something else *algo más*
someone special *alguien especial*

Diane wants to meet <u>someone special.</u>
Diane quiere conocer a alguien especial.

THE ONLY

Después de the only, el adjetivo sigue al sustantivo:

the only + noun + adjetivo

When Steve got to the airport, he rented <u>the only</u> car available.
Al llegar al aeropuerto, Steve alquiló el único coche disponible.

Si hay otro adjetivo, este se pone antes del sustantivo: the only *green* car available

All things considered (*considerándolo bien, todo*)
Knight-errant o knights-errant (*caballero andante, caballeros andantes*)

Don Quixote was a famous <u>knight-errant</u>.
Don Quijote fue un famoso caballero andante.

AL INICIO DE UNA ORACIÓN (HEAD OF SENTENCE)

A veces un adjetivo se coloca al inicio de una oración, al principio de una frase:

Curious, Pandora opened the box.
Curiosa, Pandora abrió la caja.

Los adjetivos compuestos
(*Hyphenated Adjectives / Compound Adjectives*)

Los adjetivos compuestos siguen el mismo orden que los adjetivos regulares.

clear-cut	claro	self-evident	evidente
fast-moving	rápido	Spanish-speaking	hispanohablante, hispanoparlante
full-grown	adulto	two-pound	de dos libras
ham-fisted	torpe		

The cake recipe calls for a two-pound bag of flour.
La receta requiere una bolsa de harina de dos libras.

Hay otros adjetivos compuestos que incluyen números:

five-pound, *ten-pound*, a *ten-gallon* hat (un enorme sombrero vaquero), a *ten-foot* pole

Adjetivos como sustantivos y sustantivos como adjetivos
(*Adjectives Used as Nouns and Nouns Used as Adjectives*)

Un adjetivo puede servir como sustantivo.

The meek shall inherit the Earth.
Los mansos heredarán la tierra.

(El Libro de los Salmos 37:11)

...y un sustantivo, en singular, puede servir como adjetivo.

Where are my car keys?
¿Dónde están las llaves de mi coche?

Putting It All Together

A. SENTENCE SCRAMBLE

Mr. Drawkab wrote the following sentences after staying up all night. Help us put them in the right order.

1. suitable we our place tent looked for a to pitch

   _____

2. very political interesting your views are

   _____

3. chose vain the cosmetic he surgery so actor young again could look

   _____

4. the the scenic overlook stopped travelers at

   _____

5. your constructive criticism limit comments to please

   _____

6. were rewarded Fran's efforts tireless

   _____

7. old you new teach tricks an dog can't

   _____

8. a sat chair wooden down in Aaron

   _____

B. ADJECTIVE AND NOUN PLACEMENT

Place the adjective and noun correctly in each of the sentences of the following paragraph.

Route 66 was a _____ American _____ that connected Chicago and Los Angeles.

(highway, famous)

The _____ _____ was planned in the 1920s and completed during the 1930s.

(route, picturesque)

Route 66 provided a _____ _____ for the _____

_____

(areas, much-needed, link, rural)

and _____ _____ in the _____ _____ between Chicago and Los Angeles.

(countryside, towns, small, vast)

_____ gas _____ and _____ _____ were built along the route,

(motels, stations, quaint, numerous)

offering _____ and _____ services to _____ _____.

(weary, safe, travelers, comfortable)

Although Route 66 has been replaced by our _____ highway _____,

(system, interstate)

every summer _____ _____ still follow what remains of it.

(vacationers, nostalgic)

Vocabulary Helper
link [lɪŋk] *conexión*
nostalgic [nɔ 'stæl dʒɪk] *nostálgico*
quaint [kweɪnt] *pintoresco*
to remain [rɪ 'meɪn] *quedar, permanecer*
travelers ['træv ə lərz] *viajeros*

15

Los adverbios (Adverbs)

¿Cuánto sabes? *(How much do you know?)*

Traduce cada adverbio.

    1. ahora _____

    2. cuidadosamente _____

    3. anteayer _____

Traduce las oraciones siguientes.

    4. Yo canto mal. _____

    5. Mi madre se levantó temprano. _____

¿Qué hace un adverbio? *(What Does an Adverb Do?)*

Un adverbio contesta las preguntas When? (¿Cuándo?) Where? (¿Dónde?) How? (¿Cómo?) How much? (¿Cuánto?) Why? (¿Por qué?) y How many? (¿Cuántos?).

Usos de los adverbios *(Uses of Adverbs)*

Un adverbio puede modificar...

...un verbo:

Becky runs quickly. (*Becky corre rápidamente.*)

    verbo

El adverbio se pone normalmente después del verbo:

The car turned <u>quickly</u>.
El coche giró rápidamente.

Pero si quieres enfatizar el adverbio, es posible ponerlo antes del verbo:

He <u>quickly</u> turned and ran away.
Rápidamente se volvió y se fugó.

To <u>boldly</u> go where no man has gone before.
Gene Roddenberry, creador de *Star Trek*

...un adjetivo:

This traffic is <u>very</u> slow. (*Esta circulación es muy lenta.*)

adjetivo

...u otro adverbio:

George talks <u>too</u> quickly. (*George habla demasiado rápido.*)

adverbio

Formación de los adverbios *(Formation of adverbs)*

Muchos adverbios terminan en **ly**. Por lo general, estes verbos provienen de adjetivos. Por ejemplo, **bad** (*malo*) → **badly** (*mal*)

abruptly	*bruscamente*
amazingly	*extraordinariamente*
ambiguously	*ambiguamente*
astoundingly	*asombrosamente*
boorishly	*groseramente*
childishly	*como un niño, una niña*
confidently	*con confianza*
conveniently	*convenientemente*
curiously	*curiosamente*
dangerously	*peligrosamente*

decently	decentemente
deliciously	deliciosamente
determinedly	con determinación
diligently	diligentemente
eloquently	con elocuencia
enormously	enormemente
evidently	evidentemente
freely	libremente
greatly	enormemente, muy
handsomely	espléndidamente
hazardously	peligrosamente
hideously	horriblemente
independently	independientemente
intelligently	inteligentemente
interestingly	de manera interesante
jealously	con envidia
largely	en gran parte
marvelously	maravillosamente
newly	recién
perpendicularly	perpendicularmente
persistently	con persistencia
pleasantly	amablemente
profoundly	profundamente
reluctantly	de mala gana
selfishly	de modo egoísta
senselessly	sin sentido
tenaciously	con tenacidad
timelessly	eternamente
tirelessly	incansablemente
unexpectedly	sin avisar, inesperadamente
valiantly	valientemente

Sabrina responded <u>intelligently</u> to the reporters' questions.
Sabrina respondió inteligentemente a las preguntas de los reporteros.

Si la forma adjetival termina en **ble,** omite el **e** antes de agregar **ly:**

comfortable (*confortable*) → **comfortably** (*confortablemente*).

acceptably	*de manera aceptable*
agreeably	*agradablemente*
debatably	*discutiblemente*
dependably	*fiablemente*
desirably	*deseablemente*
discernibly	*visiblemente*
favorably	*favorablemente*
feasibly	*de manera viable*
flexibly	*flexiblemente*
inevitably	*inevitablemente*
intolerably	*insoportablemente*
irresponsibly	*irresponsablemente*
noticeably	*perceptiblemente*
predictably	*de manera previsible*
suitably	*adecuadamente*
tangibly	*de modo tangible*
unbearably	*insoportablemente*

The patient was <u>noticeably</u> better after the operation.
El enfermo estuvo perceptiblemente mejor después de la operación.

Sin embargo, otros adjetivos que terminan en **e** conservan **e** antes de agregar **ly.**

accurately	*exactamente*
actively	*activamente, enérgicamente*
assertively	*con convicción*
attractively	*de manera atractiva*
constructively	*constructivamente*
densely	*densamente*
destructively	*destructivamente*
immensely	*enormemente, muy*
lately	*recientemente*
nicely	*amablemente, bien*

relatively	*relativamente*
selectively	*selectivamente*
surely	*sin duda, seguramente*
uniquely	*únicamente*
Excepción: true → truly	*verdaderamente*

New York State is more <u>densely</u> populated than Montana.
El estado de Nueva York es más densamente poblado que Montana.

Si el adjetivo termina en **ic,** la forma adverbial termina en **ly** o **ally.**

artistically	*artísticamente*
athletically	*de manera atlética*
characteristically	*de manera característica*
comically	*cómicamente*
energetically	*enérgicamente*
fanatically	*fanáticamente*
heroically	*heroicamente*
historically	*históricamente*
ironically	*irónicamente*
lyrically	*líricamente*
poetically	*poéticamente*
prophetically	*proféticamente*
publicly, publically	*públicamente, en público*
rhythmically	*rítmicamente*
sporadically	*esporádicamente*
theoretically	*teóricamente*

Bill apologized <u>publicly</u> for his actions.
Bill se disculpó en público por sus acciones.

Cuando el adjetivo termina en **l,** tienes sólo que agregar **ly.**

actually	*en realidad*
annually	*anualmente*
beautifully	*bellamente*
beneficially	*provechosamente*

carefully	*cuidadosamente, con cuidado*
constitutionally	*constitucionalmente*
critically	*críticamente*
emotionally	*con emoción*
experimentally	*experimentalmente*
finally	*finalmente*
financially	*económicamente*
gracefully	*con gracia*
gratefully	*con agradecimiento*
individually	*individualmente*
intentionally	*intencionalmente*
liberally	*liberalmente*
maternally	*maternalmente*
mechanically	*mecánicamente*
nationally	*nacionalmente, al nivel nacional*
occasionally	*ocasionalmente, a veces*
paternally	*paternalmente*
perpetually	*perpetuamente*
phenomenally	*fenomenalmente*
politically	*políticamente, del punto de vista político*
practically	*prácticamente (de manera práctica)*
superficially	*superficialmente*
thankfully	*con agradecimiento*
wonderfully	*maravillosamente*

Be careful that what you say is <u>politically</u> correct!
¡Ten cuidado de hablar de manera que sea políticamente correcta!

Si el adjetivo termina en y, cambia la y en i antes de agregar ly.

angry → angrily

angrily	*con enojo*
contrarily	*contrariamente*
easily	*fácilmente*
happily	*felizmente, afortunadamente, feliz / felices* *(adj. en lugar del adverbio)*

militarily	*militarmente*
necessarily	*necesariamente*
ordinarily	*en general*
primarily	*principalmente, en primer lugar*
readily	*fácilmente, pronto, de buena gana*
secondarily	*secundariamente*
Excepción: slyly	*furtivamente*

The prince and princess lived <u>happily</u> ever after.
El príncipe y la princesa vivieron muchos años felizmente.

Palabras que pueden usarse como adverbios o adjetivos
(Words That May Be Used as Adverbs or Adjectives)

Algunas palabras se utilizan ya como adverbios, ya como adjetivos. Si confundes todavía los adjetivos y los adverbios, ve más adelante (Focus on Adverbs).

cowardly	*cobarde, cobardemente*
daily	*diario, diariamente*
deadly	*mortal, terriblemente*
deathly	*mortal, mortalmente*
deep	*profundo, profundamente*
early	*temprano*
far	*lejos, lejano*
fast	*rápido, rápidamente*
hard	*duro, fuerte;* ¡Cuidado! *hardly* quiere decir *apenas*
high	*alto*
ill	*enfermo, mal*
kindly	*amable, amablemente*
late	*tardío, tarde*
leisurely	*sin prisa*
likely	*probable, probablemente*
little	*pequeño, poco*
long	*largo, mucho tiempo*
loose	*holgado, libre, holgadamente*
loud	*fuerte, en voz alta*

near	*cerca, casi*
nearby	*cerca, cercano*
only	*solo, sólo*
pretty	*lindo, bastante*
quick	*rápido, rápidamente*
slow	*lento, lentamente*
straight	*recto, derecho*
very	*mismo, muy*
well	*bien*
yearly	*anual, anualmente*

I took the <u>early</u> train.
Yo tomé el tren temprano. (adjetivo)

The train arrived <u>early</u> at the station.
El tren llegó temprano a la estación. (adverbio)

Mike takes a <u>daily</u> walk in the park.
Mike da un paseo diario en el parque. (adjetivo)

Don't forget to brush your teeth <u>daily</u>.
No te olvides de cepillarte los dientes cada día. (adverbio)

The <u>only</u> thing that we have to fear is fear itself.
A lo único que debemos temer es al temor en sí. (adjetivo) (Franklin Delano Roosevelt, presidente de los Estados Unidos 1933–1945).

I didn't mean to offend you. I was <u>only</u> joking.
No quería ofenderle. Yo sólo estaba bromeando. (adverbio)

Go <u>slow</u>. There's a train nearby.
Ve lentamente. Hay un tren pasando cerca. (adverbio)

(Te recomendamos todavía que digas *slowly*.)

Are you ready for your <u>yearly</u> review?
¿Estás lista para tu evaluación anual? (adjetivo)

Good news travels <u>fast</u>.
Las buenas noticias llegan rápidamente. (adverbio)

> El adverbio se pone normalmente después del verbo, incluso cuando el verbo se conjuga en el pasado o en el tiempo progresivo.
>
> **Becky was running quickly.**
> *Becky corría rápidamente.*
>
> **You have finished quickly.**
> *Has terminado rápidamente.*

Varios adverbios tienen dos formas: **clear, clearly** (*claro, claramente*); **deep, deeply** (*profundo, profundamente*); **late, lately** (*tardío, recientemente*); **loud, loudly** (*fuerte, en voz alta*); **near, nearly** (*cerca, casi*); **quick, quickly** (*rápido, rápidamente*); **slow, slowly** (*lento, lentamente*); **tight, tightly** (*cerrado, bien cerrado*). Por lo general, la forma sin **ly** puede ser un adjetivo o un adverbio, y la forma que termina en **ly** es siempre un adverbio. Sin embargo, **clean, cleanly** (*limpiamente*) es una excepción interesante. Ve la sección sobre los Adjetivos que se parecen a los adverbios (p. 187).

"Can you hear me?"

"You're transmitting <u>loud</u> and <u>clear</u>!"

"¿Me oyes?"

"¡Transmites claramente!"

Is your glass <u>half</u> empty or <u>half</u> full?
¿Está su vaso medio vacío o medio lleno?

Pero **half** es un adjetivo cuando modifica a un sustantivo:

Our house is a <u>half</u> mile from the lake.
Nuestra casa está a una media milla del lago.

It's <u>nearly</u> three in the morning!
¡Son casi las tres de la madrugada!

EXCEPCIÓN

En el poema de Dylan Thomas "**Do not go <u>gentle</u> into that good night**," el poeta utiliza el adjetivo **gentle** (*suave*) en vez del adverbio **gently** (*suavemente*). El efecto es que el lector no sabe si se trata de un adjetivo que describe a su padre, o un adverbio que modifica al verbo **go**, en otras palabras, la manera en que su padre se va, o muere.

Hay muchos adjetivos que no corresponden a una forma adverbial: **everyday** (*cotidiano*), **Russian** (*ruso*), **brown** (*marrón*), por ejemplo. En estos adjetivos, tienes que hacer hincapié sobre la manera (**manner, way**):

organized → in an organized way

Paul arranged his tools <u>in an organized way.</u>
Paul colocó sus herramientas de manera ordenada.

Si no estás seguro, busca la palabra en un buen diccionario.

> **Tip**
> En español, la terminación *mente* viene del latín *mens* (mente), y connota el modo del verbo, del adjetivo, o del adverbio. De la misma manera, en inglés la terminación **ly** viene del inglés antiguo **lich** (**like**, *como*), y habla también del modo del verbo, adjetivo o adverbio.

Adverbios que no terminan en *ly*
(*Adverbs That Do Not End in* ly)

Hay muchos adverbios que no provienen de adjetivos. Sus formas varían mucho y tienes que memorizarlas. Por supuesto, la lista a continuación es reducida. Hallarás otros adverbios más adelante, donde hablamos de las categorías de los adverbios.

again	*otra vez*
ahead	*delante*
away	*fuera*
now	*ahora*

quite	bastante
rather	bastante
seldom	raramente
somewhat	un poco
soon	pronto
then	entonces
too	también, demasiado

It was rather cold this morning.
Hacía bastante frío esta mañana.

BUSCAPALABRAS (WORD SEARCH)

Traduce cada adverbio y búscalo.

```
P  B  L  A  T  E  I  S  O  D  S  O  O  N  W
A  D  C  U  U  A  A  W  G  H  H  R  N  O  W
L  P  U  A  I  R  A  B  R  U  P  T  L  Y  S
V  G  L  C  R  L  I  T  T  L  E  D  Y  O  E
S  R  Z  C  O  Y  K  A  N  G  R  I  L  Y  L
I  B  Q  E  N  O  R  M  O  U  S  L  Y  H  F
J  N  M  P  I  T  T  E  D  A  I  L  Y  L  I
U  Q  D  T  C  H  I  L  D  I  S  H  L  Y  S
U  V  R  A  A  A  K  V  M  S  T  J  O  Z  H
Y  P  U  B  L  I  C  L  Y  V  E  R  Y  D  L
S  L  H  L  L  N  A  T  I  O  N  A  L  L  Y
D  T  S  Y  Y  M  C  B  L  S  T  P  U  S  I
W  I  I  L  I  B  E  R  A  L  L  Y  D  R  I
Q  O  S  A  Q  U  I  C  K  L  Y  I  I  Q  G
D  T  O  C  D  H  Q  Q  Q  F  I  L  X  N  Z
```

bruscamente	temprano	poco	en público
de manera aceptable	enormemente	nacionalmente	rápidamente
con enojo	irónicamente	ahora	de modo egoista
como un niño	tarde	sólo	pronto
diariamente	liberalmente	con persistencia	muy

Las categorías de los adverbios *(Categories of Adverbs)*

EL TIEMPO *(TIME)*

Utilizamos los adverbios de tiempo para contestar la pregunta **When?** *(¿Cuándo?)* y **How often?** *(¿Con qué frecuencia?)*.

I went to a concert <u>yesterday</u>.
Ayer, yo fui a un concierto.

James will take a trip <u>next week</u>.
James hará un viaje la próxima semana.

La lista siguiente contiene algunos adverbios y locuciones adverbiales (**verbal phrases**) que contestan la pregunta **When?**

after	*después*
afterwards	*más tarde*
again	*otra vez*
ago	*hace + lapso de tiempo*
already	*ya*
always	*siempre*
at dawn	*a la madrugada*
at dusk	*al anochecer*
at night	*de noche*
at sunset	*a la puesta del sol*
awhile	*un rato*
before	*antes*
early	*temprano*
every day	*todos los días*
finally	*finalmente, por fin*
last January	*el enero pasado*
last Monday	*el lunes pasado*
last month	*el mes pasado*
last night	*anoche*
last week	*la semana pasada*
last year	*el año pasado*
late	*tarde*
lately	*últimamente, recientemente*
later	*más tarde*
many times	*muchas veces*

many years ago	*hace muchos años*
momentarily	*momentáneamente*
never	*nunca*
next	*después*
next April	*el próximo abril*
next Wednesday	*el miércoles que viene*
next week	*la próxima semana*
next year	*el próximo año*
now	*ahora*
often	*a menudo*
once	*una vez*
recently	*recientemente*
right now	*ahora mismo*
seldom	*raramente*
sometimes	*a veces*
soon	*pronto*
still	*todavía*
the day after tomorrow	*pasado mañana*
the day before yesterday	*anteayer*
then	*entonces*
this afternoon	*esta tarde*
this evening	*esta noche*
this morning	*esta mañana*
this week	*esta semana*
today	*hoy*
tomorrow	*mañana*
tonight	*esta noche*
yesterday	*ayer*
yet	*todavía*

It's déjà vu all over again. (Yogi Berra, jugador de béisbol conocido por su manera curiosa de hablar)
Es ya visto otra vez.

Better late than never.
Mejor tarde que nunca.

Don't put off until tomorrow what you can do today.
No dejes para mañana lo que puedas hacer hoy.

What do you want to do next?
¿Qué quieres hacer luego?

Aquí tienes algunos adverbios y locuciones adverbiales que contestan las preguntas **How often?** o **How many times?**

again	*otra vez*
always	*siempre*
commonly	*generalmente*
a dozen times	*doce veces, una docena de veces*
dozens of times	*docenas de veces*
frequently	*frecuentemente*
hardly ever	*casi nunca*
infrequently	*raramente*
a lot	*mucho, frecuentemente*
never	*nunca*
occasionally	*de vez en cuando, ocasionalmente*
often	*frecuentemente, a menudo*
once	*una vez*
once in a while	*de vez en cuando*
rarely	*raramente*
regularly	*regularmente, normalmente*
seldom	*raramente*
three times	*tres veces*
thrice (three times)	*tres veces*
time after time	*una y otra vez*
twice	*dos veces*
usually	*normalmente*

SINTAXIS (SYNTAX)

Por lo general, los adverbios que describen la frecuencia se ponen antes del verbo.

We <u>usually</u> stay at home when it is raining.
Normalmente, nos quedamos en casa cuando está lloviendo.

She <u>rarely</u> goes out.
Ella no sale casi nunca.

Anne <u>often</u> loses her keys.
Anne pierde frecuentemente sus llaves.

Es posible poner algunos adverbios de frecuencia a la cabeza de la oración, particularmente cuando se trata de la palabra sometimes.

Sometimes we eat in the living room.
De vez en cuando, comemos en la sala de estar.

Sometimes you win, sometimes you lose.
Unas veces tú ganas, otras veces tú pierdes.

¡CUIDADO!

Las expresiones que comprenden once, twice, etcétera, se ponen a la cabeza de la oración o después del verbo.

Ted washes his car once a month.
Ted lava su coche una vez al mes.

Once a month, Madeleine gets a haircut.
Una vez al mes, Madeleine se corta el pelo.

Otras expresiones se ponen al final de la oración.

Anne loses her keys a lot.
Anne pierde frecuentemente sus llaves.

EL LUGAR (PLACE)

Por lo general, los adverbios y las locuciones adverbiales de lugar contestan las preguntas Where? (*¿Dónde?*) o Which way? (*¿Por dónde?*).

Nota que algunos adverbios se usan también como preposiciones. Si utilizas la palabra con complemento, es una preposición:

My grandfather came across the Atlantic by ship.
Mi abuelo atravesó el Atlántico en barco. (En este caso, the Atlantic es el objeto de across.)

Si no utilizas el complemento, la palabra funciona como adverbio.

Preposición: The coin rolled <u>under</u> the table. *La moneda rodó debajo de la mesa.*

Adverbio: The coin rolled <u>under</u>. *La moneda rodó debajo.*

above	*de arriba*
across	*a través*
all over	*por todas partes*
anywhere	*en cualquier parte*
around	*cerca*
away	*fuera*
behind	*detrás*
below	*abajo, por debajo*
beneath	*debajo*
by	*delante*
close	*cerca*
down	*abajo*
downstairs	*abajo, en la planta inferior*
elsewhere	*en otra parte*
everywhere	*por todas partes*
far	*lejos*
here	*aquí*
high	*alto*
high and low	*de arriba abajo*
in	*aquí*
in back	*detrás*
in front	*delante*
indoors	*dentro*
inside	*dentro, adentro*
low	*bajo*
near	*cerca*
nearby	*cerca*
nowhere	*por ninguna parte*
off	A menudo, este adverbio no se traduce en español. **He went off.** *Se fue.*
out	*fuera*
outdoors	*afuera*
outside	*afuera, fuera*
over	*por encima*

past	pasar delante
somewhere	en alguna parte
there	ahí
through	de parte a parte
under	debajo
underneath	debajo
up	arriba
up and down	de arriba a abajo
upstairs	arriba, en la planta superior

"Is this elevator going up?"
"No, it's going down."

"¿El ascensor está subiendo?"
"No, está bajando."

Sarah isn't around.
Sarah no está aquí.

"Where is Bob?"
"He's downstairs."

"¿Dónde está Bob?"
"Está abajo."

We're flying high!
¡Estamos volando alto!

LA MANERA (MANNER)

Si quieres describir o enfatizar la manera de un verbo, un adjetivo o un adverbio, necesitas un adverbio de manera que comunica How? (¿Cómo?).

Ya has visto muchos adverbios de manera en la sección sobre la formación de adverbios. Por lo general, son los adverbios que terminan en ly, así como algunos adverbios que se parecen a adjetivos.

The Patriots played phenomenally well last night.
Los Patriots jugaron muy bien anoche.

En esta oración, well es un adverbio que describe la manera en la que el equipo jugó. El adverbio phenomenally modifica well. How well? Phenomenally well. Hay también una locución adverbial, last night.

Herschel runs fast. o **Herschel runs quickly.** En estas oraciones, ambos adverbios (fast y quickly) describen como él corre.

Speak softly and carry a big stick. (Theodore Roosevelt, presidente de los Estados Unidos de 1901–1909.)
Habla suavemente y lleva un gran garrote.

Los phrasal verbs *(Phrasal verbs)*

A menudo, los adverbios, las preposiciones o ambos se combinan con verbos para formar lo que llamamos **phrasal verbs**. ¡Cuidado! Muchos verbos españoles toman una preposición en inglés. Por ejemplo:

to go in = *entrar*

She opened the door and went in.
Ella abrió la puerta y entró.

Algunos **phrasal verbs** no toman complemento. En este caso, se emplean como adverbios. Por ejemplo, si dices **Take off your coat** (*Quítate la chaqueta*) **off** es una preposición y **your coat** es el complemento directo. Si dices **The plane took off** (*El avión despegó*) no hay complemento y **off** es un adverbio.

No tenemos bastante espacio para todos los **phrasal verbs**. Esta lista contiene varias expresiones útiles. Si quieres otras expresiones, te recomendamos buscarlas en un buen diccionario. Ver también el capítulo 17, donde hablamos de los **phrasal verbs** que contienen preposiciones. Nota que dejamos **to** para hacer esta lista más simple.

break in   *escalar, entrar forzadamente*

If someone breaks in, call the police.
Si alguien escala, llama a la policía.

break up   *separarse*

Ricky and Lucy aren't married anymore; they broke up.
Ricky y Lucy ya no están casados; se separaron.

burn down   *incendiarse*

The entire hotel burned down.
Todo el hotel se incendió.

check in   *registrarse*

We can't check in until 3 P.M.
No podemos registrarnos antes de las tres de la tarde.

clean up   *limpiarse*

You must clean up before lunch.
Debes limpiarte antes del almuerzo.

eat out   *comer fuera de casa*

I don't want to cook; I'd rather eat out.
Yo no quiero cocinar; prefiero comer fuera de casa.

fall down, out   *caerse*

My cat fell out the window. Luckily, I live on the first floor.
Mi gato se cayó por la ventana. Por suerte, vivo en la planta baja.

get away   *escaparse*

Unfortunately, the thief got away.
Desgraciadamente, el ladrón se escapó.

give in   *ceder, darse por vencido*

The father finally gave in and bought his son a bike.
El padre cedió finalmente, y compró una bicicleta para su hijo.

give up   *abandonar*

The runner was so exhausted that he had to give up before the end of the race.
El corredor estaba tan agotado que tuvo que abandonar la carrera antes del final.

go back   *regresar*

It was snowing so hard that we decided to go back.
Estaba nevando tan fuertemente que decidimos regresar.

hang up   *colgar*

Hang up!
¡Cuelgue!

hurry up   *apresurarse, darse prisa*

Hurry up!
¡Date prisa!

move in   *instalarse*

I had a lot of furniture, so my friends helped me move in.
Tenía muchos muebles, y por eso mis amigos me ayudaron a instalarme.

pass away   *morir, pasar a mejor vida*

My uncle passed away last spring.
Mi tío se murió en la primavera pasada.

pass out   *desmayarse*

When Chuck heard the news, he passed out.
Cuando Chuck oyó las noticias, se desmayó.

plug in   *enchufar*

Make sure the computer's plugged in.
Asegúrate de que la computadora esté enchufada.

quiet down   *calmarse*

Quiet down!
¡Cálmese!

run away   *escaparse*

We left the door open and our dog ran away.
Dejamos la puerta abierta y nuestro perro se escapó.

show off   *darse pisto*

Don't pay attention to him; he likes to show off.
No le prestes atención; le gusta darse pisto.

sit down	sentarse

Sit down!
¡Siéntese Ud.!

take off	decolar, despegar

Prepare to take off!
¡Prepárate para despegar!

turn around	volverse

Don't turn around!
¡No te vuelvas!

wake up	despertarse

Wake up! It's time to go to school!
¡Despiértate! ¡Es hora de ir a la escuela!

watch out	estar atento

Watch out!
¡Cuidado!

work out	salir, hacer ejercicio

I'm glad everything worked out.
Estoy contento de que todo haya salido bien.

Charles works out every morning.
Charles hace ejercicio cada mañana.

Adverbios de grado *(Adverbs of Degree)*

Los adverbios de grado se utilizan para hablar de **How much?** *(¿Cuánto?)* o **At what level?** *(¿A qué nivel?)*, del punto de vista de la intensidad. La intensidad del adverbio puede ser débil o fuerte. Los adverbios siguientes son bastante fuertes.

absolutely	absolutamente
all	totalmente
almost	casi
awfully	tremendamente
completely	completamente
deeply	profundamente
enough	bastante
extremely	extremadamente, muy
fully	completamente
greatly	enormemente
highly	altamente
indeed	efectivamente
little	poco

mostly	principalmente
much	mucho
pretty	bastante
principally	principalmente
quite	bastante, totalmente
rather	bastante, más bien
really	realmente, muy
sort of	en cierto modo
terribly	terriblemente
too	demasiado
very	muy

The news was rather sad.
La noticia fue bastante triste.

I'm highly interested in the job offer.
Me intereso altamente en la oferta de empleo.

You speak English really well. (o **very well**, que es más correcto)
Hablas inglés muy bien.

Aquí tienes algunos adverbios de grado débil.

almost	casi
barely	apenas
fairly	bastante; *fairly* puede significar imparcialmente
hardly	apenas
lightly	ligeramente
marginally	apenas
never	nunca
pretty	bastante
scarcely	apenas
slightly	ligeramente
somewhat	un poco

Please speak up. I can barely hear you.
Por favor, hable más fuerte. Apenas lo oigo.

My computer is fairly new, but it's already obsolete.
Mi computadora es bastante nueva, pero ya es obsoleta.

Sentence scramble. Put the following sentences back in the correct order.

1. chess play extremely they well _____
2. intolerably is the hot weather _____
3. the the it deer abruptly car stopped when saw _____
4. door the angrily Pete slammed _____
5. enormously is popular book René's _____
6. the we quickly other pretty team defeated _____
7. behaving are you childishly! _____
8. be I like financially would independent to _____
9. upstairs office his is _____
10. texts me early Francine afternoon usually in the _____.

Adjetivos que se parecen a los adverbios
(Adjectives That Look Like Adverbs)

Hay varios adjetivos que parecen ser adverbios. ¡Ten cuidado! No puedes utilizar estos adjetivos como adverbios.

> **Tip**
> Si todavía no has leído el capítulo 14 (Adjetivos), hazlo antes de continuar.

cleanly	*limpio* (En este caso, **cleanly** se pronuncia *['klen li]*; el adverbio se pronuncia *['klin li]*.)
costly	*costoso*
dastardly	*cobarde*
earthly	*terreno, mundanal*
friendly	*amable, simpático* (Hay una rara excepción: **Drive friendly.** *Maneja de manera amable.*)
goodly	*agradable, importante*
heavenly	*celeste, celestial*
homely	*feo, feúcho*
lively	*vivo*
lonely	*solo*
lovely	*encantador, lindo*
manly	*viril*
sickly	*enfermo*
sisterly	*de hermana*
slovenly	*descuidado*
surly	*malhumorado*

timely	oportuno
ugly	feo
unlikely	improbable
womanly	femenino, femenina
worldly	mundano

We spent a goodly amount of money building our new house.
Gastamos mucho dinero para construir nuestra nueva casa.

Fran gave Laura some sisterly advice.
Fran le dio a Laura consejos de hermana.

¿Good or Well?

Hay un error que oirás frecuentemente. Se trata de la confusión entre good y well. En pocas palabras, good es un adjetivo que modifica a un sustantivo.

Michel is a good chef.
Michel es un buen chef de cocina.

Si quieres modificar un verbo, necesitas el adverbio well.

Michel cooks well.
Michel cocina bien.

Lo que oirás en la calle es good en lugar de well.

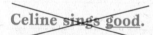 ~~Celine sings good.~~

Deberías decir: **Celine sings well.** *Celine canta bien.*

Como sabes, el inglés es un idioma lleno de excepciones. Es posible usar well como adjetivo.

I hope you are <u>well</u>.
Espero que estés bien.

¿Bad or Badly?

Como recordarás, bad es un adjetivo que modifica un sustantivo.

The weather is bad.
Hace mal tiempo.

Pero si quieres modificar un verbo, tienes que usar badly.

Mick plays badly, but he makes a lot of money.
Mick juega mal, pero gana mucho dinero.

> **Tip**
> Muchas personas dicen, "**I feel badly.**" Eso es aceptable, pero es mejor decir, "**I feel bad.**"

Putting It All Together

Give the adverb for each of the following adjectives.

ironic _____

astounding _____

intelligent _____

fast _____

free _____

favorable _____

beautiful _____

athletic _____

good _____

necessary _____

national _____

ordinary _____

true _____

loud _____

easy _____

immense _____

absolute _____

angry _____

careful _____

late _____

Place the English form of each adverb in the correct place in each sentence.

1. I'm _____ certain _____ that I locked the door. (*casi*)
2. Your _____ cooperation is _____ appreciated. (*enormemente*)
3. Dr. Smith is _____ this afternoon _____. (*fuera*)
4. What have you _____ done for me _____ ? (*recientemente*)
5. This dessert is _____ tasty _____ (*muy*).
6. Madeleine presented _____ her case _____. (*con mucha elocuencia*)
7. Tom _____ got up _____ to fly to Switzerland. (*temprano*)
8. Frederick _____ likes _____ to go sailing. (*realmente, le gusta mucho*)
9. When you're working on a computer you _____ should save your work _____. (*a menudo*)
10. When are you going _____ to Las Vegas _____? (*otra vez*)
11. We _____ feel _____ about what happened to you. (*mal*)
12. _____ Harper _____ backs up her files to the cloud. (*normalmente*)

16

Los comparativos y los superlativos (Comparatives and Superlatives)

¿Cuánto sabes? *(How much do you know?)* ⓘ

1. Da la forma comparativa de cada adjetivo:
   wide _____
   good _____
   bad _____
   exciting _____
2. Da la forma superlativa de cada adjetivo:
   cold _____
   good _____
   happy _____
   tired _____
3. Elige la forma que corresponde al contexto.
   Luciano sings _____.
   a. good   b. well   c. more well   d. bad
4. Traduce las oraciones siguientes:
   Bob es más alto que Marco. _____
   Marco es tan alto como Hervé. _____

En este capítulo, vamos a estudiar las formas comparativas y superlativas de los adjetivos y adverbios.

Los adjetivos *(Adjectives)*

Comencemos por los adjetivos, que son un poco más complicados que los adverbios, cuando se trata de comparativos y superlativos.

El comparativo de los adjetivos *(Comparative of Adjectives)*

Primero, puedes utilizar el adjetivo en su sentido positivo: **a shiny ring** (*un anillo brillante*). Si hay dos cosas, y si quieres comparar sus calidades, necesitas el comparativo.

My ring is <u>shinier</u> than your ring.
Mi anillo es más brillante que el suyo.

En este oración, hay dos anillos y comparamos la calidad de brillo.

Formación del comparativo en los adjetivos
(Formation of the Comparative in Adjectives)

Si el adjetivo tiene sólo una sílaba (y a veces dos sílabas) agrega er al final de la palabra.

small + er → smaller   (*pequeño, más pequeño o menor*)

Otros adjetivos cortos: clear, clearer (*claro/más claro*); dark, darker (*oscuro, más oscuro*); deep, deeper (*profundo, más profundo*); fast, faster (*rápido, más rápido*); green, greener (*verde, más verde*); hard, harder (*duro, más duro*); light, lighter (*ligero, más ligero*); loose, looser (*suelto, más suelto*); narrow, narrower (*estrecho, más estrecho*); new, newer (*nuevo, más nuevo*); old, older (*viejo, más viejo*); rough, rougher (*bruto, más bruto áspero, más áspero*); shallow, shallower (*bajo, más bajo*); soft, softer (*blando, más blando*); straight, straighter (*recto, más recto*); tall, taller (*alto, más alto*); thick, thicker (*grueso, más grueso*); warm, warmer (*caliente, más caliente*)

The grass is always <u>greener</u> on the other side of the fence.
El césped parece siempre más verde del otro lado de la cerca.

Cuando el adjetivo termina en y, tienes que cambiar la letra y a i.

tiny + er → tinier   (*minúsculo, más minúsculo*)

Otros adjetivos que terminan en y: angry, angrier (*enojado, más enojado*); dirty, dirtier (*sucio, más sucio*); dry, drier (*seco, más seco;* ¡Cuidado! a dryer es una secadora); early, earlier (*temprano, más temprano*); easy, easier (*fácil, más fácil*); friendly, friendlier (*agradable, más agradable*); handy, handier (*útil, más útil*); heavy, heavier (*pesado, más pesado*); hungry, hungrier (*hambriento, más hambriento*); pretty, prettier (*lindo, más lindo*); silly, sillier (*tonto, más tonto*)

My mother is <u>prettier</u> than yours.
Mi madre es más linda que la tuya.

Si el adjetivo termina en una vocal seguida de g, n, o t, hay que doblar la última letra de la palabra antes de agregar er.

hot + er → hotter   (*caliente, más caliente*)

Otros adjetivos que terminan en g, n, o t: big, bigger (*grande, más grande o mayor*); fat, fatter (*gordo, más gordo*); thin, thinner (*delgado, más delgado*); wet, wetter (*mojado, más mojado*)

The <u>bigger</u> they are, the <u>harder</u> they fall.
Lit.: *Mientras más grandes son, más grandes son sus caídas.*

Añade sólo r si el adjetivo termina en e.

large + er → larger   (*grande, más grande*)

Otros adjetivos que terminan en e: blue, bluer (*azul, más azul*); nice, nicer (*agradable, más agradable*); pale, paler (*pálido, más pálido*); wide, wider (*ancho, más ancho*)

Hay también adjetivos que son irregulares en el comparativo:

bad → worse   (*malo, peor*)

good → better   (*bueno, mejor*)

This coffee is <u>better</u> than that coffee. *Este café es mejor que ese café.*

More

Muchos adjetivos tienen dos sílabas o quizás más de dos sílabas. No es posible agregar er a estos adjetivos, y tienes que decir more (*más*), a la usanza del español. Estos adjetivos son frecuentemente participios presentes o participios pasados. (Ver los capítulos 2 y 3.) Por supuesto, los adjetivos compuestos tienen mucho más de una sílaba.

excited → more excited   (*entusiasmado, más entusiasmado*)

challenging → more challenging   (*estimulante, más estimulante*)

dangerous → more dangerous   (*peligroso, más peligroso*)

This highway is <u>more dangerous</u> than a racetrack.

Esta autopista es más peligrosa que un circuito automovilístico.

¡PRACTIQUEMOS! 16A

Cambia cada adjetivo a su forma comparativa.

1. acceptable _____
2. round _____
3. scenic _____
4. silly _____
5. thankful _____
6. rural _____
7. nice _____
8. refreshing _____
9. rough _____
10. fast _____

> **Tip**
> Muchos adjetivos en el capítulo 14 necesitan **more** en el comparativo.

Than

La mayoría del tiempo, necesitas decir than. Si no lo dices, la palabra than es probablemente implícita.

"Which tree is <u>taller</u>?"
"The tree on the left is <u>taller</u> (than the tree on the right)."

"¿Cuál es el árbol más alto?"
"El árbol a la izquierda es más alto (que el árbol a la derecha)."

His first play was <u>more interesting than</u> his second (play).
Su primera obra fue más interesante que su segunda (obra).

Adjetivos que no tienen forma comparativa
(Adjectives That Have No Comparative Form)

Lógicamente, algunos adjetivos no se prestan a una forma comparativa. Por ejemplo, perfect (*perfecto*) describe una condición ideal, sin errores. Sin embargo, la Declaration of Independence comienza así:

We the People of the United States, in order to form a more perfect union...
Nosotros, el pueblo de los Estados Unidos, a fin de formar una unión más perfecta...
(*En ese caso,* perfect *quiere decir* complete.)

Otros adjetivos que no podemos—normalmente—poner en una forma comparativa: ideal (*ideal*), identical (*idéntico*), infinite (*infinito*), ultimate (*último*), unique (*único*)

El superlativo de los adjetivos *(Superlative of Adjectives)*

Cuando hay más de dos cosas, necesitamos el superlativo para comparar sus calidades. El superlativo representa el extremo con respecto al grupo en cuestión.

| Tanner is happy. | Logan is happier (than Tanner). | Devin is the happiest (of all the boys). |

Formación del superlativo de los adjetivos
(Formation of the Superlative of Adjectives)

La formación del superlativo de los adjetivos se parece mucho a la del comparativo, solo que añadimos est a los adjetivos de una o dos sílabas.

small + est → smallest

(Ver la lista previa de adjetivos cortos, tales como small.)

Si el adjetivo termina en una vocal seguida de g, n, o t, hay que doblar la última letra de la palabra antes de agregar est.

hot + est → hottest (*caliente, el más caliente*)

(Ver la lista previa de adjetivos, tales como hot.)

Añade sólo st si el adjetivo termina en e.

large + est → largest (*grande, el más grande*)

(Ver la lista previa de adjetivos, tales como large.)

Los adjetivos que son irregulares en el comparativo lo son en el superlativo también:

bad → worst (*malo, el peor*)
good → best (*bueno, el mejor*)

The Old Man and the Sea is the <u>best</u> book I've ever read.
El viejo y el mar es el mejor libro que he leído.

El más... *(The Most...)*

Por supuesto, los mismos adjetivos que no aceptan la terminación **er** no aceptan **est**. Se trata de los adjetivos de dos sílabas y más de dos sílabas.

athletic → the most athletic   *el más atlético*
destructive → the most destructive   *el más destructivo*
interesting → the most interesting   *el más interesante*

This is <u>the most comfortable</u> chair in the house.
Esta es la silla más cómoda en la casa. (Hay más de dos sillas en la casa.)

Tan ... como *(As ... As)*

En inglés, indicamos la igualdad de calidades por **as ... as**.

An elephant is as heavy as a truck.
Un elefante es tan pesado como un camión.

¡PRACTIQUEMOS! 16B

Cambia cada adjetivo a su forma superlativa.

1. shiny _____
2. adorable _____
3. big _____
4. tasteless _____
5. wonderful _____
6. wet _____
7. good _____
8. new _____
9. early _____
10. athletic _____

RESUMEN (SUMMARY)

		adorable		
the least adorable	less adorable	as adorable as	more adorable	(the) most adorable
		cute		
the least cute	less cute	as cute as	cuter	(the) cutest

Los adverbios *(Adverbs)*

El uso de los adverbios es bastante sencillo en el comparativo y el superlativo. Ponemos el adverbio en el mismo lugar en la oración, añadiendo **more** *(más)* o **most** *(el, la más)*. En cuanto a la formación, hay sólo que poner **more** o **most** antes del adverbio.

GRADO POSITIVO *(POSITIVE DEGREE)*

John eats <u>quickly</u>.
Juan come rápido.

GRADO COMPARATIVO *(COMPARATIVE DEGREE)*

Mary eats <u>more quickly</u> (than John).
María come más rápido (que Juan).

Podemos también decir:

We must walk <u>more quickly</u>.
Debemos andar más rápido.

En este caso, la cláusula **than we are walking now** *(de lo que andamos en este momento)* se implica.

GRADO SUPERLATIVO *(SUPERLATIVE DEGREE)*

Dave eats the <u>most quickly</u> (of all).
Dave es el que come más rápido (de todos).

Adverbios irregulares *(Irregular Adverbs)*

Los adverbios comparativos y superlativos más útiles son **well**, **badly** y **little**.

well *(bien)*	→	better *(mejor)*	→	best *(el, la mejor)*	
badly *(mal)*	→	worse *(peor)*	→	worst *(el, la peor)*	
little *(poco)*	→	less *(menos)*	→	least *(el, la menos)*	

Far es otro adverbio que es irregular en el comparativo y el superlativo:

far *(lejos)* → farther *(más lejos)* → farthest *(lo, la más lejos)*

Las palabras **farther** y **farthest** se refieren sólo a distancias:

Los Angeles is farther from New York than from Chicago.
Los Ángeles está más lejos de Nueva York que de Chicago.

The Hubble Space Telescope helps astronomers to see the farthest reaches of the universe.
El Telescopio espacial Hubble ayuda a los astrónomos a ver los límites más lejos del universo.

Es también posible decir **further** o **furthest**. Estas palabras pueden referirse a distancias o a conceptos:

Nothing could be further from the truth.
Nada podría estar más lejos de la verdad.

I didn't say anything further.
No dije nada más.

Tan ... como *(As ... As)*

Puedes indicar la igualdad de adverbios por **as ... as.**

as badly as	*tan mal como*
as quickly as	*tan rápido como, tan rápidamente como*
as slowly as	*tan lentamente como*
as well as	*tan bien como*

Eileen's horse runs as quickly as my car.
El caballo de Eileen corre tan rápido como mi coche.

¡PRACTIQUEMOS! 16C

Cambia la oración al grado comparativo o superlativo indicado por la palabra entre paréntesis.

1. Otto walks quickly. (more) _____
2. George reads slowly. (the most) _____
3. Madeleine dresses elegantly. (the most) _____
4. Richard drives dangerously. (the least) _____
5. Anne and Marie travel far. (the most) _____
6. Dan answers correctly. (more) _____
7. We answer correctly. (less) _____
8. Sue talks clearly. (more) _____
9. I sing well. (the most) _____
10. You should work quickly (less) _____ and carefully (more) _____.

Adverbios sin comparativo ni superlativo
(Adverbs with No Comparative or Superlative)

Hay algunos adverbios que no se pueden utilizar en el comparativo o super-lativo porque, lógicamente, no tendrían sentido. Por lo general, esta limitación se parece a la del español.

again *(otra vez)*, **almost** *(casi)*, **never** *(nunca)*, **no** *(no)*, **not** *(no)*, **now** *(ahora)*, **once** *(una vez)*, **twice** *(dos veces)*, **very** *(mucho)*, **yes** *(sí)*

RESUMEN *(SUMMARY)*

		simply		
the least simply	less simply	as simply as	more simply	the most simply
		dangerously		
the least dangerously	less dangerously	as dangerously as	more dangerously	the most dangerously

A. MONTAÑAS DE LOS EE.UU. (U.S. MOUNTAINS)

Answer the following in complete sentences.

MOUNTAIN	HEIGHT
Denali (Formerly Mount McKinley, Alaska)	20,310 feet
Mount Whitney (California)	14,494 feet
Mount Rainier (Washington)	14,410 feet
Mount St. Helens (Washington)	8,363 feet
Mount Mitchell (North Carolina)	6,684 feet
Mount Rushmore (South Dakota)	5,725 feet
Mount Marcy (New York)	5,344 feet
Mount Kilauea (Hawaii)	4,091 feet
Mount Davis (Pennsylvania)	3,213 feet

Sources: U.S. Forest Service, U.S. Geological Survey, National Park Service, National Geophysical Data Center

Ejemplo: Is Mount Davis higher than Mount Kilauea? *No, Mount Davis is not as tall as Mount Kilauea.* o *No, Mount Kilauea is taller than Mount Davis.*

1. Is Denali the tallest mountain? _____

    _____

2. Is Mount Mitchell taller than Mount Rushmore? _____

    _____

3. Which mountain is the shortest (on the list)? _____

    _____

4. Is Mount Marcy as tall as Mount Rushmore? _____

    _____

5. Are Mount Kilauea and Mount Davis shorter than Mount St. Helens? _____

    _____

Mount Rushmore National Memorial, South Dakota

B. LA CARRERA (THE RACE)

Esta tabla contiene los resultados de una carrera pedestre en un liceo.

ESTUDIANTE (STUDENT)	POSICIÓN (PLACE)	TIEMPO (TIME)
John	1	1 minute 42 seconds
Peter	2	1 minute 44 seconds
Tony	3	1 minute 50 seconds
Bill	4	1 minute 55 seconds
Carl	5	2 minutes 2 seconds
Mark	6	2 minutes 5 seconds
Arnold	7	2 minutes 20 seconds

Ejemplo: Did Mark run more quickly than Carl? *No, Mark did not run more quickly than Carl.* o *No, Carl ran more quickly than Mark.*

1. Did Bill run more quickly than Peter? _____

_____

2. Which student ran the most quickly? _____

_____

3. Which student ran the least quickly? _____

_____

4. Did Peter run less quickly than John? _____

_____

5. Did Carl run more slowly than Mark? _____

_____

17

Las preposiciones
(Prepositions)

¿Cuánto sabes? *(How much do you know?)* (?)

Traduce la preposición o la expresión entre paréntesis.

1. We went to town _____ *(para)* see a movie.
2. They lost the contest _____ *(a pesar de)* their hard work.
3. I _____ *(encontrarme con)* Don at the mall.
4. Bill is _____ *(de)* Arkansas.
5. Fran swims a lot _____ *(durante)* the summer.

Utilizamos las preposiciones para indicar la dirección o la posición (lugar), el tiempo o el motivo.

Mary Ann went <u>to</u> the hardware store <u>for</u> paint. She will return <u>at</u> four o'clock.
Mary Ann se fue a la ferretería para comprar pintura. Estará de regreso a las cuatro.

Las raíces de la palabra *preposición* son *pre-* (antes) y *posición* (del verbo *poner*). De hecho, la preposición se pone antes de un sustantivo, un pronombre o un gerundio.

Dirección: **to the store**   *a la tienda, a la ferretería*
Motivo: **for paint**   *para (comprar) pintura*
Tiempo: **at four**   *a las cuatro*

Algunas preposiciones útiles:

aboard   *a bordo de*

All aboard!
¡Todos a bordo!

about	de, acerca de, sobre
above	sobre, encima de; **above all** sobre todo
across	a través de

We went across the Atlantic by plane. (**Across** se implica en el verbo cruzar.)
Tomamos el avión para cruzar el Atlántico.

after	después de
against	en contra de
along	a lo largo de, por

Alex and Tina took a walk along the river.
Alex y Tina dieron un paseo a lo largo del río.

among	entre

There is honor among thieves.
Hay honor entre ladrones.

around	alrededor de
at	a, en

I woke up at eight this morning.
Esta mañana, me levanté a las ocho.

before	antes de, delante de

Look before you leap.
Antes de casarte, mira lo que haces.

behind	detrás de
below	debajo de
beneath	debajo de

The Titanic sank beneath the waves.
El Titanic se hundió debajo de las olas.

beside	al lado de; **beside oneself** fuera de sí
between	entre

Between a rock and a hard place.
Entre la espada y la pared.

betwixt (raro)	entre
beyond	más allá de
but	excepto (Nota que **but** es también una conjunción.)

There was nothing left but ashes.
No quedaba nada, sólo cenizas.

by	por, al lado de, en
down	abajo; **to go down** bajar
during	durante

It snowed during the night.
Nevó durante la noche.

except	excepto
for	para, por
from	de, desde

in	*en*
inside	*dentro de*

Danny put the money inside the safe.
Danny puso el dinero dentro de la caja fuerte.

into	*en*
like	*como*

There's no place like home.
No hay nada como nuestra casa.

near	*cerca de*
notwithstanding	*a pesar de*
of	*de*
off	*de, desde*
on	*en, encima de*
opposite	*enfrente de*
out	*fuera de*
outside	*fuera de*
over	*encima de, sobre*
past	*después de*

I'm very tired. I worked past three in the morning.
Estoy muy cansado. Yo trabajé hasta después de las tres de la madrugada.

per	*por*
round	*alrededor de*
since	*desde*
through	*a través de*
throughout	*durante*
till, 'til	*hasta*

'Til death do us part.
Hasta que la muerte nos separe.

to	*a*

We're going to Los Angeles this summer.
Vamos a Los Angeles este verano.

toward, towards	*hasta*
unto	*a, hasta*
up	*más arriba de*
upon	*en*

Once upon a time...
Érase una vez...

via	*vía*
with	*con*
within	*dentro de, en*
without	*sin; without a doubt sin duda*

Let him who is without sin cast the first stone. (John 8:7)
El que de ustedes esté sin pecado sea el primero en tirar la primera piedra.

Las preposiciones complejas *(Complex Prepositions)*

Hay algunas expresiones de dos o más palabras que sirven de preposición:

according to	*según*
across from	*al otro lado de*

Our house is across from the park.
Nuestra casa está al otro lado del parque. o *enfrente del parque*

ahead of	*por delante de*
along with	*con*
alongside of	*al lado de*
as for	*en cuanto a*
as regards	*con respecto a*
because of	*a causa de, debido a*
by way of	*vía*

We crossed the Rockies by way of Denver.
Cruzamos las Rocosas vía Denver.

close to	*cerca de*
contrary to	*al contrario de*

Contrary to popular belief...
Contrariamente a lo que se piensa...

due to	*debido a*
in addition to	*además de*
in back of	*detrás de*
in case of	*en caso de*
in front of	*delante de*

There is a fire hydrant in front of our house.
Hay una boca de incendios delante de nuestra casa.

in order to	*para*
in spite of	*a pesar de*
in view of	*teniendo en cuenta*

In view of the new evidence, the judge dismissed the case.
Teniendo en cuenta las pruebas nuevas, el juez desestimó la causa.

instead of	*en vez de*
next to	*cerca de, al lado de*
on account of	*a causa de*
out of	*fuera de*
outside of	*fuera de*
owing to	*debido a*
up to	*hasta*

Otras veces, un **gerund** (ver el capítulo 10) puede funcionar como preposición.

barring	*excepto, salvo*

Barring any further interruptions, we will finish on time.
Salvo interrupciones adicionales, terminaremos a tiempo.

concerning	con respecto a
considering	teniendo en cuenta
excepting	excepto
excluding	excepto
pending	hasta; **pending further review** hasta nueva revisión
regarding	con respecto a, respecto a

We have a question regarding your account.
Tenemos una pregunta con respecto a su cuenta.

¡PRACTIQUEMOS! 17A

Traduce la preposición y ponla en el blanco.

1. Sunday afternoon we went ____ (*al*) the park.
2. My apartment is ____ (*cerca de*) Wrigley Field.
3. There is a lot of snow ___ (*en*) Maine ____ (*durante*) the winter.
4. _____ (*Según*) legend, George Washington threw a coin _____ (*a través*) the Delaware River.
5. The space shuttle is ____ (*en*) orbit 200 miles _____ (*encima de*) the Earth.
6. Many Europeans immigrated _____ (*a los*) the United States _____ (*entre*) 1900 and the 1930s.
7. I keep an extinguisher in the car _____ (*en caso de*) fire.
8. Darren worked until _____ (*después de*) 5 P.M.
9. The bakery is _____ (*al lado de*) the health club.
10. Our store has been in business _____ (*desde*) 1960.

Phrasal Verbs

A menudo, las preposiciones, los adverbios o ambos se combinan con verbos para formar lo que llamamos **phrasal verbs**. ¡Cuidado! Muchos verbos españoles toman una preposición en inglés. Por ejemplo:

to look at = *mirar*

I am <u>looking at</u> a painting.
Estoy mirando un cuadro.

Otras veces, no:

I see my friend.
Veo a mi amigo.

La palabra correspondiente en español puede ser otro verbo enteramente, según la preposición.

I am <u>looking for</u> my eyeglasses.
Busco mis anteojos.

Algunos **phrasal verbs** toman un complemento. En este caso, se emplean con preposiciones. Por ejemplo, si dices **Take off your coat** (*Quítate la chaqueta*), **off** es una preposición y **your coat** es el complemento directo. Si dices **The plane took off** (*El avión despegó*) no hay complemento y **off** es un adverbio.

No tenemos bastante espacio para todos los verbos de este tipo. Esta lista contiene varias expresiones útiles. Si quieres otras expresiones, te recomandamos buscarlas en un buen diccionario. Ver también el capítulo 15, donde hablamos de los **phrasal verbs** que contienen adverbios. Nota que dejamos **to** para hacer esta lista más simple.

act upon   *actuar sobre*

A body in motion will remain in motion unless an outside force acts upon it.
Un cuerpo en movimiento quedará en movimiento hasta que una fuerza externa actúe sobre éste.

break into   *escalar, forzar*

The thieves broke into our safe and stole all our money.
Los ladrones forzaron nuestra caja fuerte y robaron todo nuestro dinero.

burn down   *incendiar*

The cow knocked over a lamp and burned down the barn.
La vaca tiró una lámpara e incendió el granero.

care for   *gustarle a* o *cuidar*

I don't care for your attitude.
No me gusta tu actitud.

Chris is caring for his wife; she's ill.
Chris cuida a su esposa; ella está enferma.

clean up   *limpiar*

Tommy, clean up your room!
Tommy—¡Limpia tu cuarto!

close down   *cerrar definitivamente*

The shop was losing money, so the owners closed it down.
La tienda perdía dinero, y por eso los propietarios la cerraron.

close up   *cerrar*

The storekeeper closed up (the) shop and went home.
El tendero cerró la tienda y se fue a casa.

hang up   *colgar*

Sandra said goodbye and hung up the phone.
Sandra dijo adiós y colgó el teléfono.

hope for   *esperar*

We hope for peace in the new year.
Esperamos paz en el nuevo año.

keep on   *seguir*

You ought to keep on working.
Deberías seguir trabajando.

leave out   *omitir*

The cake tasted awful because my sister had left out the sugar.
El pastel tenía un sabor horrible porque mi hermana había omitido el azúcar.

listen to   *escuchar*

I'm listening to my favorite song.
Estoy escuchando mi canción favorita.

look forward to   *esperar con ansia*

Madeleine is looking forward to her trip.
Madeleine espera con ansia su viaje.

pass out   *distribuir*

Amy passed out business cards at the conference.
Amy distribuyó tarjetas comerciales al congreso.

pay for   *pagar*

Who's going to pay for the meal?
¿Quién va a pagar la comida?

pick out   *escoger*

Could you help me pick out a tie?
¿Puede usted ayudarme a escoger una corbata?

plug in   *enchufar*

"The television is broken." "Did you plug it in?" "Oops!"
"El televisor está roto." "¿Lo has enchufado?" "¡Huy!"

run into   *encontrarse con*

Did you run into your friend at the mall?
¿Te encontraste con tu amiga en el centro comercial?

run out of   *quedarse sin*

We ran out of gas and had to walk home.
Nos quedamos sin gasolina y tuvimos que regresar a casa a pie.

save up   *ahorrar*

It's wise to save up your money.
Es prudente ahorrar dinero.

take out   *sacar*

Otto took a ten-dollar bill out of his pocket and gave it to his nephew.
Otto sacó un billete de diez dólares y se lo dió a su sobrino.

turn off	*apagar, cerrar, quitar*

Turn off the light and go to bed.
Apaga la luz y acuéstate.

work off	*desahogar, quitarse, bajar*

We'll have to work off a few pounds after the party.
Tendremos que bajar unas libras después de la fiesta.

Las preposiciones antes de los pronombres
(Prepositions Before Pronouns)

Después de una preposición, tienes que emplear un pronombre preposicional. (Ver el capítulo 18.)

to me	*me, a mí*	to us	*nos, a nos*
to you	*te, a tí, a usted*	to you	*le, a ustedes, a vos*
to him	*le, a él*	to them	*le, a ellos, a ellas*
to her	*le, a ella*		
to it	*le, a él, a ella*		

Give the ball to me.
Dame la pelota.

Between you and me, this speech is boring.
Entre tú y yo, este discurso es aburrido.

Muchas personas dicen **between you and I** porque esta construcción gramatical parece más pulida. Sin embargo, si hay más de un pronombre, los dos necesitan concordar. Para probar si has elegido el pronombre corecto, pon la preposición con cada uno de los pronombres de la oración.

Mr. Smith would like to talk to you and I.
to you correcto
to I incorrecto (el pronombre correcto es **me**)

Mr. Smith would like to talk to you and me.
El señor Smith quisiera hablar contigo y conmigo.

o bien,

Mr. Smith would like to talk to us.
El señor Smith quisiera hablarnos.

Focus on Prepositions

Oración terminada con una preposición
(Ending a Sentence with a Preposition)

Muchos gramáticos recomiendan evitar de terminar una oración con una preposición.

En lugar de decir

A preposition is the wrong thing to end a sentence <u>with</u>.

. . . deberías decir

It is wrong to end a sentence with a preposition.
Es incorrecto terminar una oración con una preposición.

Sin embargo, en el lenguaje oral la gente pone a menudo la preposición al final de una oración.

What are you writing with? A pen.
¿Con qué estás escribiendo? Con una pluma.

De hecho, en el lenguaje oral, la oración **With what are you writing?** suena pesada, aunque es más correcta del punto de vista gramatical.

Putting It All Together

Traduce la palabra o la expresión entre paréntesis y ponla en el blanco.

1. Brad lost his job _____ (*a causa de*) his lateness.
2. If he calls again, _____ (*colgar*) the phone.
3. Our house is _____ (*cerca de*) the supermarket.
4. Do you _____ (*escuchar*) classical music?
5. The winner of the race had a thousand runners _____ (*después de ella*).
6. We baked an apple pie _____ (*para ellos*).
7. A criminal ought to _____ (*pagar*) his crime (*crimen*).
8. You have to _____ (*limpiar*) your room before you can play.
9. We should go to the store before we _____ (*quedarnos sin*) milk.
10. Tell me about your date, and don't _____ (*omitir*) any details.
11. We went to the market, but it had _____ (*cerrar*) early.
12. Dorothy sent the letter _____ (*a él*).
13. Don't play with matches; you could _____ (*incendiar*) your house.
14. I would like carrots _____ (*en vez de*) peas, please.
15. They're _____ (*esperar con ansia*) their vacation.

Grammar in Context

THE *STAR SPANGLED BANNER*

Underline the 15 prepositions in the following text and in the song lyrics.

The *Star Spangled Banner* was written in 1814 by Francis Scott Key. It describes the shelling of Fort McHenry during the War of 1812. During the shelling, Key could see the flag waving over the fort. He wrote the *Star Spangled Banner* as a poem and it was later put to music. The *Star Spangled Banner* is played before many public functions, especially sporting events.

Oh, say can you see by the dawn's early light
What so proudly we hailed at the twilight's last gleaming?
Whose broad stripes and bright stars thru the perilous fight,

O'er the ramparts we watched were so gallantly streaming?
And the rockets' red glare, the bombs bursting in air,
Gave proof through the night that our flag was still there.
Oh, say does that star-spangled banner yet wave
O'er the land of the free and the home of the brave?

1. When was the *Star Spangled Banner* written? _____
2. Who wrote the *Star Spangled Banner*? _____

Vocabulary Helper
banner ['bæn ər] *la bandera*
brave [breɪv] *valeroso*
broad [brɔd] *ancho*
bursting ['bərst ɪŋ] *explotando*
dawn [dɔn] *el amanecer*
gallantly ['gæl ənt li] *de manera valerosa*
gleaming ['glim ɪŋ] Es el **gerund** de **to gleam**
(*brillar*)
o'er = over ['oʊ ər / 'oʊ vər] *encima de*
perilous ['per ə ləs] *peligroso*
proof [pruf] *prueba*
ramparts ['ræm parts] *las murallas*
rocket ['rak ɪt] *un cohete*
shelling ['ʃel ɪŋ] *el bombardeo*
spangled ['spæŋ gəld] *reluciente*
streaming ['strim ɪŋ] *flotando*
thru = through [θru] *durante*
twilight ['twaɪ laɪt] *el crepúsculo*

Fort McHenry National Monument and Historic Shrine, Baltimore,
Maryland

18

Los pronombres (Pronouns)

¿Cuánto sabes? *(How much do you know?)*

?

Traduce el pronombre o la expresión entre paréntesis y ponlo en el blanco.

1. _____ *(Ellos)* just got married.
2. Whose book is this? It's _____ *(el mío)*.
3. I bought a gift _____ *(para ti)*.
4. He gave _____ *(le, a ella)* a ring.
5. _____ *(A quién)* did you speak?

Hay muchos tipos de pronombres. Las raíces de la palabra **pronoun** dan a conocer su uso: **pro** quiere decir **for** (*para*) y, como ya sabes, **noun** quiere decir *sustantivo*. O sea, el pronombre se sustituye por un sustantivo. En este capítulo, examinamos varias categorías de pronombres: **subject pronouns** (los pronombres de sujeto), **possessive pronouns** (los pronombres posesivos), **demonstrative pronouns** (los pronombres demostrativos), **prepositional pronouns** (los pronombres que siguen a las preposiciones), **direct object pronouns** (pronombres de complemento directo), **indirect object pronouns** (pronombres de complemento indirecto), **reflexive pronouns** (los pronombres reflexivos), **relative pronouns** (los pronombres relativos), **indefinite pronouns** (los pronombres indefinidos) e **interrogative pronouns** (los pronombres interrogativos).

Los pronombres de sujeto *(Subject Pronouns)*

Los pronombres de sujeto se conocen también como **Personal Pronouns** (los pronombres personales)

I	*yo*	we	*nosotros, nosotras*
you	*tú, Ud.*	you	*Uds., vosotros, vosotras*
he	*él*	they	*ellos, ellas*
she	*ella*		
it	*él, ella*		

El uso del pronombre de sujeto en inglés se parece mucho a su uso en español, excepto que, en inglés, debes siempre mencionarlo, mientras que en español puede quedar implícito.

Mike won first prize. → **He** won first prize.
Mike ganó el primer premio. → *Él ganó el primer premio* (o bien, *Ganó el primer premio*).

Anne and Marie went to Africa. → **They** went to Africa.
Anne y Marie se fueron al África. → *Ellas se fueron al África* (o bien, *Se fueron al África*).

You and I should sit down. → **We** should sit down.
Tú y yo deberíamos sentarnos. → *Nosotros deberíamos sentarnos* (o bien, *Deberíamos sentarnos*).

¡PRACTIQUEMOS! 18A

*Primero, escribe en español el pronombre personal que corresponde a los nombres subrayados (yo, tú, ella, etc.). Entonces, reemplaza el nombre o los nombres por el pronombre personal en inglés (**I, you, she,** etc.).*

1. <u>James and Morgan</u> live in Chicago. _____ _____ live in Chicago.
2. <u>Fran and I</u> live in Hazleton. _____ _____ live in Hazleton.
3. <u>Michelle and Nina</u> work in Washington. _____ _____ work in Washington.
4. <u>You and Adriana</u> live in Los Angeles. _____ _____ live in Los Angeles.
5. <u>She and Ian</u> work in Napa. _____ _____ work in Napa.
6. <u>Tom</u> lives in New York and works in Boston. _____ _____ lives in New York and works in Boston.
7. <u>Ellen</u> sings beautifully. _____ _____ sings beautifully.
8. <u>You and I</u> should see a movie. _____ _____ should see a movie.

Los niveles de lengua *(Register)*

Como ya sabes, en español debes tener cuidado de emplear *tú* o *usted* (o *vosotros*) según tu interlocutor. Tienes también que utilizar los otros pronombres (por ejemplo, los pronombres posesivos o reflexivos) que corresponden a estos niveles de lengua. En inglés, no es posible tratar de usted a alguien. El pronombre, como acabas de ver, depende sólo del número y de la persona.

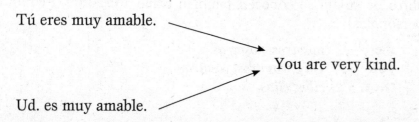

Tú eres muy amable.

You are very kind.

Ud. es muy amable.

No obstante, es preferible emplear expresiones que comuniquen respeto cuando hablas a los mayores, a tu patrón o patrona, a los funcionarios o a los médicos. Si no conoces a la persona, utiliza los títulos siguientes:

Sir *señor*
Mr. ['mis tər] *el señor;* **Mr. Livingston** *el señor Livingston*
Ma'am [mam] *señora*
Mrs. ['mi səz] *la señora;* **Mrs. Robinson** *la señora Robinson*
Miss *señorita*
Your Honor *Su Señoría*
Professor *profesor*
Dr. ['dok tər] *doctor*

Es también una buena idea utilizar el condicional (ver el capítulo 5) cuando haces una petición. No te olvides de decir **please** (*por favor*) y **thank you** (*gracias*).

Thank you, doctor.
Gracias, doctor.

I would like an appointment with Dr. Hernández.
Quisiera una cita con la doctora Hernández.

Los pronombres posesivos *(Possessive Pronouns)*

Los pronombres posesivos son:

mine	*mío, mía*	**ours**	*nuestro, nuestra*
yours	*tuyo, tuya, suyo, suya (de Ud.)*	**yours**	*vuestro, vuestra, suyo (de Uds.)*
his	*suyo, suya (de él)*	**theirs**	*suyo*
hers	*suyo, suya (de ella)*		

No confundas los pronombres posesivos con los adjetivos posesivos. (Ver el capítulo 12.)

Which car is yours?
¿Cuál es su coche?

The car on the left is mine.
El coche a la izquierda es el mío.

I have my hat and John has his.
Tengo mi sombrero y John tiene el suyo.

Fran needs to buy a new computer. Hers needs a new hard drive.
Fran necesita comprar una nueva computadora. La suya necesita un nuevo disco duro.

> **Tip**
> En inglés es posible utilizar el pronombre posesivo con **of** para crear una especie de posesivo doble:
>
> **A friend of mine met with Mayor Corning.**
> *Un amigo mío se reunió con el alcalde Corning.*
>
> **That child of yours is very bright.**
> *Tu niña es muy inteligente.*

Vocabulary Helper
accident ['æk sɪ dənt] *el accidente*
fault [fɔlt] *la culpa*
to borrow ['bar oʊ] *tomar prestado*

¡PRACTIQUEMOS! 18B

Pon el pronombre posesivo correcto en el blanco.

1. This notebook is _____ (*el mío*).
2. My house is bigger than _____ (*la tuya*).
3. The Rockefellers are friends of _____ (*los suyos, de ellos*).
4. Whose keys are these? They're _____ (*las suyas, de ella*).
5. The fault is _____ (*nuestra*).
6. Is this note _____ (*la suya, de él*) or _____ (*la suya, de ella*)?
7. Our parents bought a new car because _____ (*el suyo, de ellos*) had been in an accident.
8. I just found this smartphone. Is it _____ (*el tuyo*)?

Los pronombres demostrativos *(Demonstrative Pronouns)*

Los pronombres demostrativos son:

this (one)	*este, esta, esto*
these	*estos, estas, estos*
that (one)	*ese, esa, eso, aquel, aquella, aquello*
those	*esos, esas, aquellos, aquellas*

Al igual que en español, el pronombre demostrativo muestra si algo está cerca o lejos.

"Our televisions are on sale."
"How much is this one?"
"Nuestros televisores están en rebaja."
"¿Cuánto cuesta este?"

These are my favorite shoes.
Estos son mis zapatos preferidos.

This chair is uncomfortable, but that one is comfortable.
Esta silla es incómoda, pero esa es cómoda.

I like these flowers, but those are prettier.
Me gustan estas flores, pero esas son más lindas.

This y **that** pueden tener un sentido general y neutro:

That's great!
¡Estupendo!

This is what happens when you don't pay attention.
Es lo que ocurre cuando no prestas atención.

Si hablas de una cosa no contable, utiliza **this** o **that**.

This homework is difficult.
Esta tarea es difícil.

Los pronombres de complemento directo *(Direct Object Pronouns)*

En inglés utilizamos los pronombres de complemento directo después de los verbos transitivos. Nota que los verbos transitivos en español son unas veces transitivos y otras veces intransitivos cuando los traducimos al inglés. (Ver la página 205, Phrasal Verbs.) Un verbo es transitivo si la acción se hace sobre algo o alguien: What did you read? I read <u>the text.</u> (*¿Qué leíste? Leí el mensaje de texto.*) Además, debes tener cuidado con la *a* personal, que no existe en inglés: *Yo lo veo a él.* I see him.

me	*me*	us	*nos*
you	*te, la, lo*	you	*las, los*
him	*lo*	them	*las, los*
her	*la*		
it	*la, lo*		

us = you + me o them + me o him + me

them = her + him

I lost <u>my keys.</u> → I lost <u>them.</u>
Perdí mis llaves. → *Las perdí.*

She called me yesterday.
Ella me llamó ayer.

Please call me tomorrow.
Llámame mañana, por favor.

Pero:

I forgot to call him.
Yo me olvidé de llamarlo.

Are you watching the program? Yes, I'm watching it.
¿Estás mirando el programa? Sí, lo estoy mirando.

Los pronombres que siguen a las preposiciones
(Prepositional Pronouns)

En inglés, los pronombres que utilizamos después de las preposiciones son los mismos que empleamos como pronombres de complemento directo o indirecto. (Ver el capítulo 17 para revisar el uso de las preposiciones, especialmente las páginas 208–209.)

to me	*a mí*	to us	*a nosotros*
to you	*a ti, a usted*	to you	*a ustedes, a vosotros*
to him	*a él*	to them	*a ellos, a ellas*
to her	*a ella*		
to it	*a él, a ella*		

Jessica sent the e-mail <u>to Chris.</u>
Jessica le envió el correo electrónico a Chris.

Jessica sent the e-mail <u>to him</u>.
Jessica le envió el correo electrónico a él.

Fran bought a gift <u>for Ted</u>.
Fran compró un regalo para Ted.

Fran bought a gift <u>for him</u>.
Fran compró un regalo para él.

Would you like to go to the movies with <u>Pete and me</u>?
¿Quisieras ir al cine con Pete y conmigo?

Would you like to go to the movies with <u>us</u>?
¿Quisieras ir al cine con nosotros?

The bird flew over <u>Bryan and Debbie</u>.
El pájaro voló sobre Bryan y Debbie.

The bird flew over <u>them</u>.
El pájaro voló sobre ellos.

¡PRACTIQUEMOS! 18C

Traduce la expresión entre paréntesis y escríbela en el blanco.

1. We can't go on _____ (*sin ti*).
2. Matthew reached the finish line _____ (*antes de ellos*).
3. The president gave the medal _____ (*a ella*).
4. I received a nice gift _____ (*de ellos*).
5. Would you like to go to the movies _____ (*con nosotros*)?
6. This is the fifth book written _____ (*por él*).
7. Please send the package _____ (*a mí*).
8. I've reserved a table _____ (*para Ud.*).

Los pronombres de complemento indirecto
(Indirect Object Pronouns)

Utilizamos los pronombres de complemento indirecto para mostrar a quien la acción del verbo se hace. Nota que en inglés el pronombre de complemento indirecto se pone después del verbo, mientras que en español se pone antes del verbo.

The teacher asked <u>me</u> a question.
El profesor me hizo una pregunta.

Tom wrote <u>her</u> a poem.
Tom le escribió un poema. (para ella)

Read <u>us</u> a story, Mommy.
Léenos un cuento, Mamá.

Los pronombres de complemento indirecto son:			
me	*me*	**us**	*nos*
you	*te, le*	**you**	*vos, les*
him	*le*	**them**	*les*
her	*le*		
it	*le*		

I couldn't give Maddy a pony, so I gave <u>her</u> a dog.
No pude darle a Maddy un poni, así que le di un perro.

I gave the pen to Mark. → I gave it to Mark.
(It = the pen)
(*Le di la pluma a Mark.*)

I gave the pen to him. → I gave it to him.
(It = the pen y to him = to Mark)

I gave <u>him</u> the pen. → (him = to Mark)
Pero no digas **I gave it him** ni tampoco **I gave him it**.

Mike baked the cake for Claudia. → Mike baked it for Claudia.
(*Mike horneó el pastel para Claudia.*)

Mike baked her the cake.
Mike baked it for her.

Pero no digas **Mike baked it her** ni tampoco **Mike baked her it**.

Es posible decir **one** si empleas el artículo indefinido (**a, an**).

Did Mike bake a cake for Claudia? Yes, Mike baked her one.
Did you give a pen to Mark? Yes, I gave him one.

¡PRACTIQUEMOS! 18D

Traduce el pronombre entre paréntesis y escríbelo en el blanco.

1. You should send _____ (*les*) your resume.
2. May I offer _____ (*te*) a cookie?
3. When you see Mrs. Jones, ask ___ (*le, a ella*) if she finished the project.
4. We offered ___ (*le, a él*) a job.
5. We offered ___ (*lo*) to him.

Reemplaza el sustantivo subrayado con un pronombre de complemento directo o indirecto según el contexto.

6. Andrew plays <u>the drums</u> very well.
7. Jaden crumpled the letter and put <u>the letter</u> in the trash.
8. You'll have to finish without <u>Brad</u>. He's sick today.
9. I bumped into <u>Donna</u> at the mall. She was shopping.
10. Dr. Thomas assigned <u>the paper</u> last week.

Los pronombres reflexivos, recíprocos e intensivos
(Reflexive, Reciprocal, and Intensive Pronouns)

En inglés, empleamos los pronombres reflexivos para mostrar que la acción del verbo se hace sobre el sujeto de la oración, o que se hace recíprocamente entre sujetos. A menudo, como verás más abajo, estos pronombres nos ayudan a traducir un verbo reflexivo del español al inglés.

La gran diferencia entre el complemento directo y el pronombre reflexivo es que, en este caso, la acción se hace sobre el sujeto, y añadimos **self** o **selves**.

myself	me, yo mismo, a mí mismo	ourselves	nos, nosotros mismos, nosotras mismas, a nosotros mismos, a nosotras mismas
yourself	te, tú mismo, a ti mismo, se, Ud. mismo, a Ud. mismo	yourselves	se, Uds. mismos, a sí mismos, vos, vosotros mismos, vosotras mismas, a vosotros mismos, a vosotras mismas
himself	se, él mismo, a sí mismo	themselves	se, ellos mismos, a sí mismos
herself	se, ella misma, a sí misma		
itself	se, él mismo, ella misma, a sí mismo, a sí misma		

El pronombre intensivo hace hincapié sobre el sujeto. Es posible eliminarlo sin cambiar el sentido de la oración.

You ought to do your homework yourself.
Deberías hacer tus tareas tú mismo.

My mother downloaded the app herself.
Mi madre bajó la aplicación ella misma.

El pronombre reflexivo es necesario para mostrar que la acción se hace por el sujeto. Si no, la oración no es completa. En otras palabras, el pronombre refleja la acción sobre el sujeto.

myself	me, yo mismo	ourselves	nos, nosotros mismos, nosotras mismas
yourself	te, tú mismo, se, Ud. mismo / misma	yourselves	se, Uds. mismos / mismas, vos, vosotros mismos, vosotras mismas
himself	se, él mismo	themselves	se, ellos mismos, ellas mismas
herself	se, ella misma		
itself	se, él mismo, ella misma		

Jack fell down and hurt himself.
Jack se cayó y se lastimó.

You ought to calm yourself.
Deberías calmarte.

We prepared ourselves for a difficult struggle.
Nos preparamos para una lucha difícil.

Careful! You may burn yourselves.
¡Cuidado! Pueden quemarse.

They forced themselves to eat the fruitcake.
Se vieron obligados a comer el pastel de fruta.

Los verbos reflexivos españoles en inglés
(Spanish Reflexive Verbs in English)

Nota que en los ejemplos de más arriba, el pronombre reflexivo español no corresponde siempre al pronombre reflexivo inglés, y a veces no hay ningún pronombre reflexivo. (*Mis amigos se fueron.* → **My friends went away.**)

Los pronombres recíprocos *(Reciprocal Pronouns)*

Los pronombres recíprocos muestran relaciones entre dos o más personas.

each other	*el uno al otro*
one another	*el uno al otro*

We helped each other.
Nos ayudamos el uno al otro.

Friends shouldn't fight with one another.
o **with each other**
Los amigos no deben pelearse.

They call each other every day.
Ellos se llaman cada día.

Nota que **They cut themselves** → **They cut each other.**
(*Se cortaron* → *Se cortaron el uno al otro.*)

> **Tip**
> Hay un pronombre reflexivo e intensivo que se emplea en citaciones bíblicas en algunas expresiones idiomáticas.
> **thyself** *te, ti, ti mismo, tú mismo*
> **Know thyself.** *Conócete a ti mismo.*

Los pronombres relativos *(Relative Pronouns)*

Empleamos los pronombres relativos para vincular una frase que sirve de complemento con un sustantivo. La palabra **relative** muestra que hay una relación, o sea una conexión, entre las dos partes de la oración.

that	*que*
which	*que*
who	*que, a quien*
whom	*a quien*
whose	*cuyo, cuya*

These are the documents that I wanted.
Estos son los documentos que yo quería.

Abraham Lincoln is the President who wrote the Gettysburg Address.
Abraham Lincoln es el presidente que escribió la alocución de Gettysburg.

(Nota que puedes decir **that** en vez de **who: the president that wrote...** Hay gramáticos que dicen que es más correcto decir **who** cuando se trata de una persona y no de una cosa.)

She is the senator whom we voted for. (She is the senator for whom we voted.)
Ella es la senadora por quien votamos.

(Empleamos **whom** porque es el complemento de la preposición **for.** Hay personas que dicen **who** o **that** en vez de **whom,** pero **whom** es más correcto.)

He's the boy whose mother works in the library.
Es el muchacho cuya madre trabaja en la biblioteca.

The truck that burned was mine.

El camión que se quemó era el mío.

Es también posible decir: The truck which burned was mine.

Sin embargo, hay gramáticos que insisten en que which se emplee sólo cuando la cláusula es nonrestrictive. Es decir, que la cláusula no restringe ni limita el sentido de la otra parte de la oración. Por ejemplo:

The painting, which cost a million dollars, was signed by Whistler.

El cuadro, que costó un millón de dólares, fue firmado por Whistler.

Los pronombres relativos siguientes son bastante raros:

whatsoever	*lo que*
whichsoever	*cualquier, cualquiera*
whomever	*quienquiera, el que, la que*
whomsoever	*quienquiera, el que, la que*
whosoever	*quienquiera, el que, la que*

¡PRACTIQUEMOS! 18E

Vocabulary Helper
files [faɪlz] *los expedientes*
to rob [rɑb] *robar*

Traduce el pronombre entre paréntesis y ponlo en el blanco.

1. Here are the files _____ (*que*) you asked for.
2. The police are looking for the man ____ (*que*) robbed the bank.
3. The woman for _____ (*quién*) he wrote this poem is now his wife.
4. The boy _____ (*de quién*) bike had been stolen ran home crying.
5. Christa McAuliffe was one of the astronauts _____ (*que*) died in the Space Shuttle Challenger explosion in 1986.
6. Tony is the boy with _____ (*quién*) she is going out.
7. I bought a smartphone _____ (*que*) projects videos (*proyecta vídeos*) on the wall.
8. My car, _____ (*que*) is green, was made in 1952.

Los pronombres indefinidos *(Indefinite Pronouns)*

Como la palabra *indefinido* da a conocer, un pronombre indefinido reemplaza a una persona, una cosa o un lugar, pero sin ser específico.

all	*todo*
another	*otro, otra*
any	*alguno, alguna*

anything	algo
both	ambos, los dos
each	cada uno
either	cualquiera
everybody	todo el mundo
everyone	todo el mundo
everything	todo
few	pocos, pocas
many	muchos
neither (one)	ninguno, ninguna
nobody	nadie
none	ninguno
nothing	nada
one	uno, una
other	el otro
some	algunos, algunas, unos, unas
somebody	alguien
someone	alguien
something	algo
such	los que, las que

Someone left the door open.
Alguien dejó la puerta abierta.

Everyone enjoyed the play.
Todo el mundo disfrutó de la obra.

Nobody was home.
Nadie estaba en casa.

We saw something in the sky, but we didn't know what it was.
Vimos algo en el cielo, pero no sabíamos lo que era.

Neither one tastes good.
Ningún es de mi gusto. o Ningún sabe bien.

Each has its own merits.
Cada uno tiene su propio mérito.

Los pronombres interrogativos *(Interrogative Pronouns)*

Los pronombres interrogativos se emplean para hacer preguntas.

Who
   Who *¿Quién?*
   Whom *¿A quién?; ¿De quién?*
   Whose *¿De quién?*
Which *¿Cuál?*
What *¿Qué?*

Who was that masked man?
¿Quién era ese hombre enmascarado?

To whom am I speaking?
¿A quién le estoy yo hablando?

Whose cell phone is ringing?
¿De quién es el teléfono móvil que está sonando?

Which of these sweaters do you prefer?
¿Cuál de estos suéteres prefieres?

What were you doing?
¿Qué estabas haciendo?

¡PRACTIQUEMOS! 18F

¿CUÁL ES LA PREGUNTA? (WHAT'S THE QUESTION?)

Escribe la pregunta que corresponde a cada oración. Elige el pronombre interrogativo según el sustantivo que está subrayado. No te olvides de modificar las otras palabras si es necesario.

1. <u>Mike</u> is watching a movie. _____
2. Mike is watching <u>a movie</u>. _____
3. <u>They</u> are talking to Mrs. Applebee. _____
4. You are speaking with <u>Mrs. Applebee</u>. _____
5. <u>My watch</u> is broken. _____
6. You prefer either <u>blue or green</u>. _____
7. I ate <u>a burger and fries</u>. _____
8. This is <u>Adrian's backpack</u>. _____
9. You should address your letter <u>to the director</u>. _____
10. I want to see <u>*Star Wars*</u>, not the other movie. _____

CRUCIGRAMA (CROSSWORD PUZZLE)

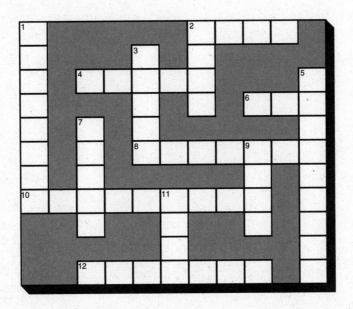

Across

2. ___ (Este) is quick!
4. ____ (De quién) work is this?
6. ___ (Quién) ate my sandwich?
8. alguien
10. el uno al otro (2 palabras)
12. ninguna

Down

1. todo el mundo
2. We found _____ (las, las llaves).
3. el tuyo
5. ____ (Algo) is rotten in the state of Denmark. (Shakespeare)
7. ___ (Cuál) movie do you want to see?
9. la nuestra
11. Bob turned in the wallet ____ (que) he'd found

19

Los números (Numbers)

¿Cuánto sabes? *(How much do you know?)*   (**?**)

1. Escribe cada número en inglés:

   17 _____

   34 _____

   22,585 _____

   12,543,221 _____

2. Escribe la fecha en inglés:

   el veinte de agosto de 1863 _____

   el seis de junio de 1944 _____

3. Escribe el número cardinal en inglés:

   3rd _____

   27th _____

   540th _____

   51st _____

En este capítulo vamos a aprender los números cardinales (**cardinal numbers**) y los números ordinales (**ordinal numbers**). Además, vamos a utilizar los números para decir la hora (**time**) y la fecha (**date**), y para dar direcciones (**addresses**) o hacer algunas operaciones matemáticas básicas.

Los números cardinales *(Cardinal Numbers)*

Comencemos por los números del 1 al 100. Después, vamos a practicarlos haciendo unas operaciones matemáticas. Más tarde, revisaremos cómo decir la hora.

1	one
2	two
3	three
4	four
5	five
6	six
7	seven
8	eight
9	nine
10	ten
11	eleven
12	twelve

En inglés, es común contar por docenas.

I'd like a <u>dozen</u> donuts, please.
Quisiera una docena de rosquillas, por favor.

Si se trata de más de una docena, dozen es invariable.

two <u>dozen</u> donuts   *dos docenas de rosquillas*

Sin embargo, si hablas de manera general, y no hay número antes de dozen, puedes poner dozen en el plural.

There are <u>dozens</u> of sweaters in this store.
Hay docenas de suéteres en esta tienda.

Cuando se trata de más de una cosa, no te olvides de poner el sustantivo en el plural:

one banana, two bananas, three bananas...
una banana, dos bananas, tres bananas...

Del 13 al 19, hablamos de los teens. La raíz de teen quiere decir ten, al igual que en español la raíz de dieciséis (o diez y seis) es diez.

13	thirteen
14	fourteen
15	fifteen
16	sixteen
17	seventeen
18	eighteen
19	nineteen

The U.S. flag has thirteen stripes, which represent the original thirteen colonies.
La bandera de los Estados Unidos tiene trece rayas que representan las trece colonias originales.

A teenager is an adolescent between thirteen and nineteen years old.
Un "teenager" es un adolescente que tiene entre trece a diecinueve años de edad.

In the future, everyone will be world-famous for fifteen minutes. (Andy Warhol, artista, 1927 o 1928–1987)
En el futuro, todo el mundo será famoso durante quince minutos.

¡PRACTIQUEMOS! 19A

Traduce cada frase al inglés. Escribe el número en letras.

3 libros _____

15 pisos _____

4 coches _____

1 casa _____

12 huevos _____

11 hombres _____

14 árboles _____

10 bolígrafos _____

9 gatos _____

18 sillas _____

Después del 19, contamos de diez en diez. Por cada diez, del 21 hasta el 99, hay sólo que añadir las unidades (1–9), con un guión.

20	twenty	51	fifty-one
21	twenty-one	52	fifty-two
22	twenty-two	53	fifty-three
23	twenty-three	60	sixty
24	twenty-four	61	sixty-one
25	twenty-five	70	seventy
26	twenty-six	71	seventy-one
27	twenty-seven	80	eighty
28	twenty-eight	81	eighty-one
29	twenty-nine	90	ninety
30	thirty	91	ninety-one
31	thirty-one	92	ninety-two
32	thirty-two	93	ninety-three
33	thirty-three	94	ninety-four
34	thirty-four	95	ninety-five
40	forty	96	ninety-six
41	forty-one	97	ninety-seven
42	forty-two	98	ninety-eight
50	fifty	99	ninety-nine

The U.S. flag has fifty stars, one for each state.
La bandera de los Estados Unidos tiene cincuenta estrellas, una por cada estado.

John F. Kennedy was forty-three years old when he was elected president.
John F. Kennedy tenía cuarenta y tres años cuando fue elegido presidente.

Las operaciones matemáticas básicas
(Basic Mathematical Operations)

ADDITION (+)

Cuando quieras sumar dos números, puedes decir **and** o **plus**.

2 + 5 = 7   Two plus five equals seven. o Two plus five is seven. o
Two and five are seven.

$30 + 8 = 38$ **Thirty plus eight equals thirty-eight.**

SUBTRACTION (−)

Si le quieres restar un número a otro, tienes que decir **minus**.

$50 - 2 = 48$ **Fifty minus two equals forty-eight.** o **Fifty minus two is forty-eight.**

MULTIPLICATION (×)

Para multiplicar un número por otro, di **times** o **multiplied by**.

$8 \times 3 = 24$ **Eight times three equals twenty-four.** o **Eight times three is twenty-four.** o **Eight multiplied by three equals twenty-four.** o **Eight multiplied by three is twenty-four.**

DIVISION (÷)

Si quieres dividir un número por otro, tienes que decir **divided by**.

$27 \div 3 = 9$ **Twenty-seven divided by three equals nine.** o **Twenty-seven divided by three is nine.**

¡PRACTIQUEMOS! 19B

Vamos a practicar los números del 1 hasta el 99. Escribe las operaciones siguientes en palabras.

Ejemplo:

$10 \times 8 = $ _____

Ten times eight equals eighty. o *Ten times eight is eighty.*

1. $42 \div 7 = $ _____   _____
2. $99 - 60 = $ _____   _____
3. $26 + 33 = $ _____   _____
4. $85 + 6 = $ _____   _____
5. $20 \times 4 = $ _____   _____
6. $60 \div 15 = $ _____   _____
7. $55 + 22 = $ _____   _____
8. $19 - 7 = $ _____   _____
9. $32 \times 2 = $ _____   _____
10. $99 - 77 = $ _____   _____

Los números de 100 hasta 999,999,999,999,999

Por supuesto, los grandes números son útiles para hablar de grandes distancias, dar direcciones y ¡negociar tu salario!

La formación de los números más grandes se hace de manera bastante sencilla. Tienes sólo que leer de izquierda a derecha. Utilizamos un guión para los números del 21 hasta el 99. Nota que los cientos y los miles son invariables.

100	one hundred (a hundred)
101	one hundred and one
102	one hundred two
103	one hundred three
110	one hundred ten
111	one hundred eleven
112	one hundred twelve
120	one hundred twenty
121	one hundred twenty-one
122	one hundred twenty-two
130	one hundred thirty
200	two hundred
201	two hundred and one
202	two hundred two
250	two hundred fifty
275	two hundred seventy-five
300	three hundred
400	four hundred
500	five hundred
600	six hundred
700	seven hundred
800	eight hundred
900	nine hundred
1,000	one thousand, a thousand
1,001	one thousand and one

1,002	one thousand two
1,020	one thousand twenty
1,100	one thousand one hundred (eleven hundred)
1,101	one thousand one hundred and one
1,102	one thousand one hundred two
1,199	one thousand one hundred ninety-nine
1,200	one thousand two hundred (twelve hundred)
1,300	one thousand three hundred (thirteen hundred)
1,400	one thousand four hundred (fourteen hundred)
2,000	two thousand
2,001	two thousand and one
2,002	two thousand two
2,010	two thousand ten (twenty ten)
2,100	two thousand one hundred (twenty-one hundred)
3,000	three thousand
4,000	four thousand
5,000	five thousand
6,000	six thousand
7,000	seven thousand
8,000	eight thousand
9,000	nine thousand
10,000	ten thousand
11,000	eleven thousand
100,000	one hundred thousand
102,005	one hundred two thousand five
110,000	one hundred ten thousand
200,000	two hundred thousand
250,000	two hundred fifty thousand (a quarter million)
300,000	three hundred thousand

500,000	five hundred thousand (a half million)
999,999	nine hundred ninety-nine thousand, nine hundred ninety-nine
1,000,000	one million
1,000,001	one million and one
1,000,100	one million, one hundred
1,100,000	one million, one hundred thousand
1,250,000	one million, two hundred fifty thousand
1,255,000	one million, two hundred fifty-five thousand
10,000,000	ten million
20,000,000	twenty million
100,000,000	one hundred million
500,000,000	five hundred million
1,000,000,000	one billion
1,000,500,000	one billion, five hundred thousand
10,000,000,000	ten billion
100,000,000,000	one hundred billion
400,000,000,000	four hundred billion
999,999,999,999	nine hundred ninety-nine billion, nine hundred ninety-nine million, nine hundred ninety-nine thousand, nine hundred ninety-nine
1,000,000,000,000	one trillion
10,000,000,000,000	ten trillion
100,000,000,000,000	one hundred trillion
999,999,999,999,999	nine hundred ninety-nine trillion, nine hundred ninety-nine billion, nine hundred ninety-nine million, nine hundred ninety-nine thousand, nine hundred ninety-nine

¿Has notado que es posible utilizar los números del 1 hasta el 99 antes de los cientos? Por ejemplo, en vez de decir one thousand three hundred puedes decir thirteen hundred. Es lo que hacemos cuando hablamos de los años y de los precios.

My computer cost fourteen hundred dollars.

Mi computadora costó mil cuatrocientos dólares.

The U.S. Constitution was written in seventeen eighty-seven.

La Constitución de los EE.UU. fue escrita en 1787.

The Moon is roughly two hundred forty thousand miles from the Earth.

La Luna está más o menos a 240,000 millas de la Tierra.

The Earth is ninety-three million miles from the Sun.

La Tierra está a 93,000,000 millas del Sol.

The Mississippi River is two thousand, three hundred forty miles long.

El río Mississippi tiene 2,340 millas de longitud. (Según el U.S. Geological Survey)

The population of Los Angeles is three million, eight hundred forty-four thousand, eight hundred twenty-nine.

La población de Los Angeles es de 3,792,621. (Según el cálculo del U.S. Census Bureau, 2010)

> **Tip**
>
> Cuando hablamos de fechas, podemos omitir **hundred** del año.
>
> **My brother was born in nineteen eighty-five.**
>
> *Mi hermano nació en el 1985.*
>
> Si escribes las cifras, en vez de emplear letras, puedes omitir la coma: 1528, 1985, 2008, etcétera.

¡PRACTIQUEMOS! 19C

Escribe los números siguientes.

1. 55 _____
2. 3,800 _____
3. 100,000 _____
4. 110,000 _____
5. 2,000,000 _____
6. 15,120,455 _____
7. 25,279 _____
8. 5,888,222,643 _____
9. 177,082 _____
10. 28,000,050 _____

Cómo decir la hora
(How to Tell Time)

En inglés, decimos siempre it's, incluso después de la una (a las dos, a las tres y a otras horas del día). La palabra o'clock se utiliza solo cuando cierta hora está en punto. Si das los minutos, omite o'clock.

It's five o'clock. *Son las cinco.* o It's five (o'clock) on the dot. *Son las cinco en punto.*

It's ten thirty. *Son las diez y media.*

Estudia esta tabla. Nota que hay grey areas (zonas en las que los límites no están claros). Por ejemplo, a las diez de la noche, puedes decir Good evening o Good night, si estás a punto de acostarte.

> **Tip**
>
> Cuando dices la cifra 0 (cero), puedes decir "oh" en vez de **zero**. Es muy útil cuando das tu número de teléfono, o cuando dices la hora.
>
> **My phone number is five-five-five-one-oh-one-oh.**
>
> *Mi número de teléfono es el 555-1010.*
>
> **The plane arrives at nine-oh-nine.**
>
> *El avión llega a las nueve y nueve.*

12:00	Midnight It's midnight.	Medianoche Es medianoche.	
12:01 A.M.	It's twelve-oh-one.	Son las doce y uno.	
12:15 A.M.	It's twelve fifteen. It's a quarter after twelve. It's twelve fifteen A.M. It's twelve fifteen in the morning.	Son las doce y quince de la madrugada.	
1:00 A.M.	It's one o'clock in the morning. It's one A.M.	Es la una de la madrugada.	
1:30 A.M.	It's one thirty in the morning. It's one thirty A.M. It's half past one.	Es la una y media.	
2:00 A.M.	It's two o'clock in the morning. It's two A.M.	Son las dos.	
2:45 A.M.	It's two forty-five in the morning. It's a quarter 'til three in the morning.	Son las dos y cuarenta y cinco. Son las tres menos cuarto.	
3:00 A.M.	It's three in the morning. It's three o'clock in the morning. It's three A.M.	Son las tres de la madrugada.	
6:00 A.M.	It's six in the morning. It's six A.M.	Son las seis de la mañana.	
7:00 A.M.	It's seven in the morning. It's seven o'clock in the morning.	Son las siete de la mañana.	
7:14 A.M.	It's seven fourteen in the morning.	Son las siete y catorce de la mañana.	
9:00 A.M.	It's nine A.M. It's nine in the morning. It's nine o'clock in the morning.	Son las nueve de la mañana.	

	10:50 A.M.	It's ten fifty A.M. It's ten minutes until eleven. It's ten 'til eleven.	Son las once menos diez.
	11:20 A.M.	It's eleven twenty. It's eleven twenty in the morning. It's twenty after eleven.	Son las once y veinte.
	12:00	It's noon.	Es mediodía.
	12:05 P.M.	It's five after twelve. It's twelve-oh-five in the afternoon. It's a little after noon. It's twelve-oh-five P.M.	Son las doce y cinco.
	1:00 P.M.	It's one in the afternoon. It's one P.M. It's one o'clock in the afternoon.	Es la una de la tarde.
	2:30 P.M.	It's two thirty P.M. It's two thirty in the afternoon.	Son las dos y media.
	2:40 P.M.	It's two forty in the afternoon. It's two forty P.M. It's twenty 'til three.	Son las dos y cuarenta. Son las tres menos veinte.
	4:59 P.M.	It's four fifty-nine in the afternoon.	Son las cuatro y cincuenta y nueve.
	6:00 P.M.	It's six P.M.	Son las seis de la tarde.
	7:00 P.M.	It's seven P.M. It's seven in the evening.	Son las siete de la noche.
	8:15 P.M.	It's eight fifteen in the evening. It's eight fifteen. It's eight fifteen P.M. It's a quarter after eight.	Son las ocho y quince de la noche. Son las ocho y cuarto de la noche.
	9:30 P.M.	It's nine thirty. It's nine thirty P.M. It's half past nine. It's nine thirty in the evening.	Son las nueve y media de la noche.

	10:00 P.M.	It's ten P.M. It's ten in the evening. It's ten at night. It's ten o'clock.	Son las diez de la noche.
	11:25 P.M.	It's eleven twenty-five P.M. It's eleven twenty-five at night.	Son las once y veinticinco de la noche.
	11:45 P.M.	It's eleven forty-five P.M. It's a quarter 'til midnight. It's eleven forty-five at night.	Son las once y cuarenta y cinco de la noche.

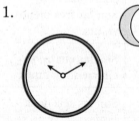

¡*PRACTIQUEMOS!* 19D

What time is it?

1.

_____

2.

_____

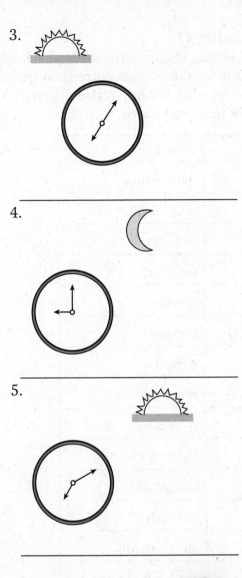

3.

_____

4.

_____

5.

_____

¡PRACTIQUEMOS! 19E

Escribe la hora con una frase completa.

1. | 2:37 P.M. | _____

2. | 8:55 A.M. | _____

3. | 1:20 A.M. | _____

4. | 9:30 P.M. | _____

5. | 11:45 P.M. | _____

Los números ordinales *(Ordinal Numbers)*

Como la raíz de la palabra *ordinal* lo señala, los números ordinales describen la posición o el orden en una secuencia. Nota las diferencias entre **first** *(primero)*, que termina en **st**; **second** *(segundo)*, que termina en **nd**; y **third** *(tercero)*, que termina en **rd.** Los otros números ordinales terminan en **th.**

1st	first	31st	thirty-first
2nd	second	32nd	thirty-second
3rd	third	33rd	thirty-third
4th	fourth	40th	fortieth
5th	fifth	41st	forty-first
6th	sixth	50th	fiftieth
7th	seventh	51st	fifty-first
8th	eighth	60th	sixtieth
9th	ninth	70th	seventieth
10th	tenth	71st	seventy-first
11th	eleventh	80th	eightieth
12th	twelfth	81st	eighty-first
13th	thirteenth	90th	ninetieth
14th	fourteenth	100th	one hundredth
15th	fifteenth	101st	one hundred first
16th	sixteenth	102nd	one hundred second
17th	seventeenth	103rd	one hundred third
18th	eighteenth	104th	one hundred fourth
19th	nineteenth	200th	two hundredth
20th	twentieth	250th	two hundred fiftieth
21st	twenty-first	300th	three hundredth
22nd	twenty-second	1,000th	one thousandth
23rd	twenty-third	1,200th	twelve hundredth
24th	twenty-fourth	1,000,000	one millionth
30th	thirtieth	1,200,000	one million two hundred thousandth

My nephew is in the Eighty-second Airborne Division.
Mi sobrino está en la División aerotransportada ochenta y dos, o Mi sobrino está en la Octogésima segunda división aerotransportada.

For the thousandth time, be quiet!
¡Por la milésima vez, cállate!

We live in the third house on the left.
Vivimos en la tercera casa a la izquierda.

Thanksgiving is celebrated on the fourth Thursday in November.
El Día de acción de gracias se celebra el cuarto jueves de noviembre.

The Thirteenth Amendment abolished slavery.
La Enmienda trece abolió la esclavitud. o La Decimotercera enmienda abolió la esclavitud.

¡PRACTIQUEMOS! 19F

Escribe los números ordinales siguientes.

1. 22nd _____
2. 55th _____
3. 107th _____
4. 12th _____
5. 203rd _____
6. 81st _____
7. 77th _____
8. 99th _____
9. 2,500th _____
10. 2,504th _____

Las fechas *(Dates)*

Usamos los números ordinales para decir las fechas. Nota que las terminaciones **st, nd, rd** y **th** no se escriben después de la última cifra de la fecha, aunque cuando lees en voz alta, debes decirlas.

October 1, 2023	October first, two thousand twenty-three (or October first, twenty twenty-three)
July 4, 1776	July fourth, seventeen seventy-six
April 9, 1865	April ninth, eighteen sixty-five
December 7, 1941	December seventh, nineteen forty-one

Nota que los años se escriben con **thousand** o con **fifteen, sixteen, twenty,** etcétera. Por ejemplo: 1970 sería **nineteen hundred and seventy** o simplemente **nineteen seventy.** El cero que indica el primer decenio del siglo se escribe oh: **in the year 1805** sería **in the year eighteen oh five.**

Los siglos *(Centuries)*

Cuando hablamos de los siglos, usamos los números ordinales.

the 16th century   el siglo XVI
the 21st century   el siglo XXI

Robert Frost was a famous twentieth-century poet.
Robert Frost fue un poeta famoso del siglo XX.

Las personas *(People)*

Si hay un número asociado al nombre de una persona, especialmente cuando se trata de reyes y reinas, necesitas el número ordinal.

> **Tip**
> Si utilizas el siglo como adjetivo, necesitas un guión:
> **twentieth-century politics** *(la política del siglo XX)*,
> **seventeenth-century art** *(el arte del siglo XVII)*

(King) George III   King George the third
(Queen) Elizabeth II   Queen Elizabeth the second
(King) Henry VIII   (King) Henry the eighth
(King) Louis XVI   (King) Louis the sixteenth
Tsar Nicolas I   Tsar Nicolas the first

¡PRACTIQUEMOS! 19G

Escribe las fechas siguientes:

1. August 29, 1982 _____
2. January 1, 1852 _____
3. October 31, 1784 _____
4. May 5, 2023 _____
5. February 16, 1910 _____

Escribe los siglos siguientes

6. the 11th century _____
7. the 24th century _____
8. the 20th century _____
9. the 17th century _____
10. the 5th century _____

Las fracciones *(Fractions)*

En inglés, empleamos los números ordinales para expresar las fracciones.

$\frac{1}{2}$ **one-half** o **a half**
$\frac{1}{3}$ **one-third** o **a third**
$\frac{2}{3}$ **two-thirds**
$\frac{1}{4}$ **one-fourth** o **one-quarter**
$\frac{1}{5}$ **one-fifth** o **a fifth**
$\frac{3}{5}$ **three-fifths**
$\frac{1}{6}$ **one-sixth** o **a sixth**

$\frac{1}{7}$	one-seventh
$\frac{1}{8}$	one-eighth o an eighth
$1\frac{1}{3}$	one and one-third o one and a third
$2\frac{1}{4}$	two and one-quarter o two and a quarter
$3\frac{2}{3}$	three and two-thirds

Si utilizas las fracciones con unidades de medida, tienes que poner la fracción antes de la unidad.

$\frac{1}{2}$ inch	**one-half inch** o **one-half an inch** o **a half an inch**
$\frac{2}{3}$ cup	**two-thirds of a cup**
$1\frac{1}{2}$ tablespoons	**one and a half tablespoons** o **a tablespoon and a half**
$1\frac{1}{2}$ feet	**one and one-half feet** o **one and a half feet** o **a foot and a half**

(Cuando se trata de **one**, puedes decir **a ... and a half**.)

| $2\frac{1}{2}$ pounds | **two and a half pounds** |
| $2\frac{1}{2}$ feet | **two and a half feet** |

¡PRACTIQUEMOS! 19H

Escribe la fracción en la línea.

1. $\frac{3}{4}$ _____
2. $\frac{1}{5}$ _____
3. $2\frac{1}{2}$ yards _____
4. $\frac{2}{3}$ _____
5. $3\frac{1}{2}$ buckets _____
6. $\frac{9}{10}$ _____
7. $\frac{7}{16}$ inch _____
8. $9\frac{1}{2}$ weeks _____
9. $5\frac{1}{2}$ days _____
10. 7/8 ounce _____

Putting It All Together

A. LA POBLACIÓN (POPULATION)

Examina la tabla y contesta las preguntas según el modelo.

Baltimore, Maryland	614,664
Boston, Massachusetts	673,184
Chicago, Illinois	2,704,958
Dallas, Texas	1,317,929
Denver, Colorado	693,060
Detroit, Michigan	672,795
Honolulu County, Hawaii	992,605
Joliet, Illinois	148,262
Las Vegas, Nevada	632,912
Los Angeles, California	3,976,322
Miami, Florida	453,579
New Orleans, Louisiana	391,495
New York, New York	8,537,673
Philadelphia, Pennsylvania	1,567,872
San Antonio, Texas	1,492,510
Savannah, Georgia	146,763
Seattle, Washington	704,352
St. Louis, Missouri	311,404
St. Paul, Minnesota	302,398
Washington, D.C.	681,170

Source: U.S. Census Bureau annual estimate as of July 1, 2016.

Ejemplo:

What is the population of Los Angeles? *The population of Los Angeles is three million, nine hundred seventy-six thousand, three hundred twenty-two.*

1. What is the population of St. Paul?

    _____

    _____

2. What is the population of Denver?

    _____

    _____

3. What is the population of Washington, D.C.?

    _____

    _____

4. What is the population of Joliet?

    _____

    _____

5. What is the population of New York?

    _____

    _____

6. What is the population of Chicago?

    _____

    _____

7. What is the population of Las Vegas?

    _____

    _____

8. What is the population of Honolulu County?

    _____

    _____

B. U.S. PRESIDENTS

Contesta las preguntas según el modelo.

1	George Washington	1789–1797
2	John Adams	1797–1801
3	Thomas Jefferson	1801–1809
4	James Madison	1809–1817
5	James Monroe	1817–1825
6	John Quincy Adams	1825–1829
7	Andrew Jackson	1829–1837
8	Martin Van Buren	1837–1841
9	William Harrison	1841
10	John Tyler	1841–1845
11	James K. Polk	1845–1849
12	Zachary Taylor	1849–1850
13	Millard Fillmore	1850–1853
14	Franklin Pierce	1853–1857
15	James Buchanan	1857–1861
16	Abraham Lincoln	1861–1865
17	Andrew Johnson	1865–1869
18	Ulysses S. Grant	1869–1877
19	Rutherford B. Hayes	1877–1881
20	James Garfield	1881
21	Chester A. Arthur	1881–1885
22	Grover Cleveland	1885–1889
23	Benjamin Harrison	1889–1893
24	Grover Cleveland	1893–1897
25	William McKinley	1897–1901
26	Theodore Roosevelt	1901–1909
27	William H. Taft	1909–1913

28	Woodrow Wilson	1913–1921
29	Warren Harding	1921–1923
30	Calvin Coolidge	1923–1929
31	Herbert Hoover	1929–1933
32	Franklin Delano Roosevelt	1933–1945
33	Harry S. Truman	1945–1953
34	Dwight D. Eisenhower	1953–1961
35	John F. Kennedy	1961–1963
36	Lyndon B. Johnson	1963–1969
37	Richard M. Nixon	1969–1974
38	Gerald Ford	1974–1977
39	Jimmy Carter	1977–1981
40	Ronald Reagan	1981–1989
41	George H.W. Bush	1989–1993
42	Bill Clinton	1993–2001
43	George W. Bush	2001–2009
44	Barack Obama	2009–2017
45	Donald J. Trump	2017–present

Source: The White House (www.whitehouse.gov)

Who was the 7th President? *The seventh president was Andrew Jackson. He served from eighteen twenty-nine until eighteen thirty-seven.*

1. Who was the 2nd president?

_____

_____

2. Who was the 16th president?

_____

_____

3. Who was the 32nd president?

_____

_____

4. Who was the 40th president?

_____

_____

5. Who was the 28th president?

_____

_____

6. Who was the 3rd president?

_____

_____

7. Who was the 37th president?

_____

_____

8. Who was the 21st president?

_____

_____

9. Who was the 44th president?

_____

_____

10. Who was the 26th president?

_____

_____

20

Las exclamaciones (Interjections)

¿Cuánto sabes? *(How much do you know?)*

Escribe la exclamación apropiada en el blanco:

1. _____ Nice outfit!
2. _____ This stew tastes awful!
3. _____ I think I made a mistake.

Las exclamaciones son útiles, no sólo en el lenguaje oral, pero en el escrito, especialmente en **Reported Speech** (ver el capítulo 22). El uso de las exclamaciones se parece mucho a lo que hacemos en español. En inglés, las empleamos para añadir una reacción emocional, un elemento de sorpresa.

Vocabulary Helper	
awful	*horrible*
outfit	*el traje*
stew	*el estofado*

Wow! I like your new cell phone!
¡Caray! ¡Me gusta tu nuevo teléfono celular!

Una exclamación es invariable y se pone frecuentemente a la cabeza de la oración. Nota que a veces la exclamación contiene más de una palabra.

En la lista siguiente hay algunas exclamaciones útiles:

Awesome! [ɔsəm] *¡Estupendo!*
Bravo! [bravoʊ] *¡Bravo!*
Cool! [kul] *¡Fenómeno!*
Damn! [dæm] *¡Caramba!*
Darn! [darn] *¡Carajo!*
Encore! [ankɔr] *¡Otra!; ¡Otra vez!*
Goodness gracious! [gʊdnɪs greɪʃəs] *¡Dios mío!*
Great! [greɪt] *¡Estupendo!*
Heavens! [hevənz] *¡Cielos!*
No Way! [noʊ weɪ] *¡De ningún modo!*
Oh no! [oʊ noʊ] *¡Ay, no!*
Super! [supər] *¡Súper!*
Terrific! [tərɪfɪk] *¡Estupendo!*
Wonderful! [wʌndərfəl] *¡Qué maravilla!*
Yeah! [jeə] *¡Sí!*
Yes! [jes] *¡Sí!*

Los sonidos utilizados como exclamaciones
(Sounds Used as Interjections)

Las exclamaciones siguientes expresan emoción a través de un sonido:

Ah! [a] *¡Ah!*
Aha! [aha] *¡Ajá!*
Boo! [bu] *¡Bu!*
Hey! [heɪ] *¡Eh! o ¡Oye!*
Hurray! [həreɪ] *¡Hurra!*
Ooh! [u] *¡Oh!*
Oops! [ups] *¡Huy!*
Ouch! [aʊtʃ] *¡Ay!*
Ow! [aʊ] *¡Ay!*
Phooey! [fui] *¡Bobadas!*
Whoa! [hwoʊ] *¡So!* Whoa! You're going too fast! *¡So! ¡Vas demasiado rápido!*
Whoops! [hwʊps] *¡Epa!*
Wow! [waʊ] *¡Caray! ¡Estupendo!*
Yay! [yei] *¡Yupi!*
Yecch! [jek] *¡Puaj!*
Yippee! [jɪpi] *¡Yupi!*
Yuk! [jʌk] *¡Puaj!*
Yum! [jʌm] *¡Nam!*

Palabras que puedes utilizar para ganar tiempo:

Er [ər] *Em*
Hmm [hm] *Mmm*
Uh [ʌ] *eh, oh*
Um [ʌm] *eh, oh*

¡*PRACTIQUEMOS!* 20A

Pon la exclamación apropiada en el blanco!

1. _____! I just won the lottery!
2. _____! My toe hurts!
3. _____! I dropped my fork.
4. _____! This stew tastes horrible!
5. _____! This rollercoaster is awesome!
6. _____! I lost my keys!
7. _____! You did a great job!
8. _____! It's raining and I left the windows open!

WHAT... (QUÉ...)

El uso de **What...** y **What a...** se parece mucho a lo que hacemos en español.

SINGULAR – CONTABLE

En el singular, cuando se trata de un sustantivo contable, tienes que utilizar el artículo indefinido **a**:

What a party! *¡Qué fiesta!*

El adjetivo se pone antes del sustantivo:

What a beautiful view!
¡Qué vista hermosa!

SINGULAR – NO CONTABLE

What nerve!
¡Qué morro!

PLURAL

En el plural, utiliza sólo **What...**

What pretty decorations!
¡Qué adornos lindos!

Puedes también decir **such...** y **such a...** pero el uso es diferente de lo de **What...**

This is such a great party!
¡Es una fiesta estupenda!

He has such nerve!
¡Qué descaro tiene!

You have such pretty decorations!
¡Ud. tiene adornos muy lindos!

Putting It All Together

BUSCAPALABRAS (WORD SEARCH)

Hay 15 exclamaciones en este buscapalabras.

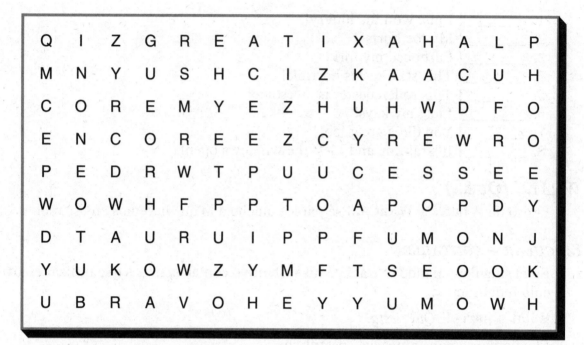

```
Q   I   Z   G   R   E   A   T   I   X   A   H   A   L   P
M   N   Y   U   S   H   C   I   Z   K   A   A   C   U   H
C   O   R   E   M   Y   E   Z   H   U   H   W   D   F   O
E   N   C   O   R   E   E   Z   C   Y   R   E   W   R   O
P   E   D   R   W   T   P   U   U   C   E   S   S   E   E
W   O   W   H   F   P   P   T   O   A   P   O   P   D   Y
D   T   A   U   R   U   I   P   P   F   U   M   O   N   J
Y   U   K   O   W   Z   Y   M   F   T   S   E   O   O   K
U   B   R   A   V   O   H   E   Y   Y   U   M   O   W   H
```

Situaciones *(Situations)*

¿Qué exclamación corresponde a la situación?

1. You've dropped a brick on your foot.
   a. Aha!
   b. Yecch!
   c. Ouch!
   d. Encore!
2. You just received an A on your English test.
   a. Whoops!
   b. Yikes!
   c. Eek!
   d. Yay!
3. Your friend just showed you his new car.
   a. What an awesome car!
   b. What awesome car!
   c. You have what a nice car!
   d. You have a such nice car!

> **Vocabulary Helper**
> **brick** [brɪk] *el ladrillo*
> **to drop** [drap] *dejar caer*
> **to receive** [ri 'siv] *recibir*
> **salt** [sɔlt] *la sal*
> **to show** [ʃoʊ] *mostrar*
> **sugar** ['ʃə gər] *el azúcar*

4. You put salt in your coffee instead of sugar.
    a. Yum!
    b. Yecch!
    c. Cool!
    d. Bravo!
5. You just saw an enjoyable movie with your friends.
    a. Boo! What a movie!
    b. Phooey! What a movie!
    c. That was a such great movie!
    d. That was such a great movie!

¡Exclamaciones!

¿Qué exclamación corresponde a cada fotográfia?

1. _____

2. _____

3. _____

4. _____

21

La estructura de las oraciones (Sentence Structure)

¿Cuánto sabes? *(How much do you know?)* **?**

Traduce la conjunción y escríbela en el blanco.

1. Joanne fell asleep _____ *(en cuanto)* she closed her eyes.
2. The band kept playing. _____ *(Mientras tanto)* the ship was sinking.
3. You can go out and play _____ *(a condición de que)* you finish your homework.
4. We'll have a picnic tomorrow _____ *(a menos que)* it rains.

Desde el punto de vista de la estructura, una oración puede ser muy sencilla o bastante compleja. En los capítulos anteriores, has visto los elementos básicos de las oraciones. Ahora, hablemos de las maneras de construir una oración.

Oraciones simples *(Simple Sentences)*

Comencemos por la oración simple. Una oración simple tiene un sujeto y un predicado. El sujeto puede ser simple:

I drew a picture.
o compuesto (**compound**)

My brother and I drew a picture.
Además, el predicado puede ser simple:

I <u>drew</u> a picture.
Yo dibujé un cuadro.

. . . o compuesto:

I <u>looked and listened</u>.
Yo miré y escuché.

En esta oración, hay un sujeto (**I**) y más de una acción (**to look** y **to listen**).

Las oraciones compuestas *(Compound Sentences)*

Si hay dos oraciones que pudieran tener sentido separadamente, tenemos una Compound Sentence (oración compuesta).

Hilda played the piano, and John played the flute.
Hilda tocó el piano y John tocó la flauta.

Las conjunciones coordinantes *(Coordinating Conjunctions)*

Las conjunciones coordinantes pueden ser simples o compuestas. Las utilizamos para conectar dos o más de dos partes de una oración cuando cada una de estas partes tendría sentido por separado.

I put on my hat and I walked out the door.
Me puse el sombrero y salí por la puerta.

La conjunción **and** enlaza **I put on my hat** y **I walked out the door.**

Las conjunciones coordinantes simples son:

and	*y*
or	*o*
but	*pero*

Las conjunciones sirven para conectar dos o más de dos partes de una oración. Si las partes son equivalentes y tienen sentido como oraciones completas, utilizamos **coordinating conjunctions** (las conjunciones coordinantes). Si la oración consta de una parte que tiene sentido por sí sola y de otra parte que no tiene sentido por sí sola y que depende de la primera parte, enlazamos las partes con **subordinating conjunctions** (las conjunciones subordinantes).

Las conjunciones coordinantes compuestas (llamadas también **correlative conjunctions**—*conjunciones correlativas*) se forman con un par de conjunciones:

both...and   *tanto...como, y*

Both Fran and Madeleine are pretty.
Tanto Fran como Madeleine son lindas.

Frank is talented; he can both sing and dance.
Frank tiene mucho talento; puede cantar y bailar.

either...or   *o...o*
Either we leave now or we stay home.
O partimos ahora o nos quedamos en casa.

neither...nor   *ni...ni*
Neither Marco nor Bill knows how to fly.
Ni Marco ni Bill sabe volar.

not only...but also   *no sólo...sino también*

This dish is not only good, but it's also good for your health.
Este plato no está sólo bueno, sino también es bueno para su salud.

whether...or not   *si...o no; aunque...o no*

Whether you like it or not, you must tell the truth.
Te guste o no, debes decir la verdad.

Las cláusulas *(Clauses)*

Puedes hacer una oración más compleja, añadiendo una cláusula que contiene un sujeto y un predicado:

I found the pen that you were looking for.
Encontré la pluma que tú buscabas.

Sin embargo, la cláusula **that you were looking for** no tiene sentido sin la cláusula principal **I found the pen.** En efecto, **that you were looking for** depende de la cláusula principal (**main clause**) para tener sentido.

Por lo general, necesitas una conjunción subordinante para hacer el enlace entre la cláusula principal y la cláusula dependiente. Ve la lista más abajo.

Las conjunciones subordinantes *(Subordinating Conjunctions)*

Si una parte de la oración depende de la otra, tienes que emplear una conjunción subordinante. Las conjunciones subordinantes más útiles son:

after *después*
although *aunque*
as *como*
as if *como si*
as long as *mientras*
as soon as *en cuanto*
as though *como si*
because *porque*
before *antes de que*
even though *aunque*
if *si*
in order that *para que*
once *una vez que*
provided that *a condición de que*
since *desde que, ya que*
so that *para que, de manera que*
though *aunque*
unless *a menos que*
until *hasta que*
when *cuando*
whenever *cuando*
where *donde*
wherever *dondequiera*
while *mientras*

I looked for my pen for twenty minutes before I found it.
Busqué mi pluma por veinte minutos antes de encontrarla.

We would like to see your boss, provided that he is available.
Quisiéramos ver a su jefe, a condición de que esté disponible.

Wherever I go, I meet friendly people.
Dondequiera que voy, encuentro a gente agradable.

Once the oven is preheated, you can put the pizza in it.
Una vez que el horno esté precalentado, puedes poner la pizza en él.

¡PRACTIQUEMOS! 21A

Escribe la letra de la conjunción que corresponde.

1. though   ____
2. while   ____
3. after   ____
4. both...and   ____
5. provided that   ____
6. because   ____
7. or   ____
8. neither...nor   ____
9. in order that   ____
10. until   ____

a. después
b. aunque
c. mientras
d. hasta que
e. tanto...como
f. o
g. para que
h. porque
i. a condición de que
j. ni...ni

Oración simple o compuesta: cómo decidir
(Simple Sentence or Complex Sentence: How to Decide)

Por un lado, deseas tener oraciones claras, por otro lado, deseas crear un estilo interesante y variado. Te recomiendo que evites las construcciones demasiado complejas. A veces, es más práctico escribir dos oraciones en vez de una:

Tony won a new motorcycle. However, he didn't know how to ride it.
Tony se ganó una nueva motocicleta. Sin embargo, no sabía manejarla.

Puedes emplear las conjunciones para variar tu estilo, por ejemplo:

Tony won a new motorcycle that he did not, however, know how to ride.
Tony did not know how to ride the new motorcycle that he had won.

Los adverbios conjuntivos *(Conjunctive Adverbs)*

Empleamos los adverbios conjuntivos para conectar las cláusulas. No te olvides que los adverbios modifican los verbos, los adjetivos u otros adverbios. (Ver el capítulo 15.) Cuando empleas un adverbio conjuntivo, conectas las cláusulas mientras modificas la cláusula que contiene el adverbio conjuntivo. Puedes emplear un punto y coma o sólo un punto.

I locked my keys in the car; as a result, I missed the appointment.
Yo dejé mis llaves en el coche; por consecuencia, yo falté a la cita.

also *también, además*
anyhow *de todas maneras*
as a result *por consecuencia*
consequently *en consecuencia, por consecuencia*
eventually *finalmente*
for example *por ejemplo*
furthermore *además*
however *no obstante, sin embargo*
in addition *además*
in fact *en realidad*
in other words *en otras palabras*
in the meantime *entretanto, mientras tanto*
later *después, más tarde*
meanwhile *entretanto, mientras tanto*
nevertheless *no obstante, sin embargo*
next *después, luego*
on the contrary *en contra*
on the other hand *por otro lado*
perhaps *quizás*
so *así que*
still *no obstante, sin embargo*
then *en ese caso, entonces*
therefore *por consiguiente*
thus *así*

I didn't mean to insult you; anyhow, I'd like to apologize.
No era mi intención ofenderte; de todas maneras, quisiera pedirte perdón.

o

I didn't mean to insult you. Anyhow, I'd like to apologize.

You ought to take a shower; in other words, you're dirty.
Deberías ducharte; en otras palabras, estás sucio.

It's raining right now, so you need your umbrella.
Está lloviendo ahora, así que necesitas tu paraguas.

El sujeto compuesto *(Compound Subject)*
En inglés, el sujeto puede ser compuesto.

Jim and Jerry went to the dance.
Jim y Jerry fueron al baile.

Cats and dogs do not like each other.
Los gatos y los perros no se llevan bien.

El predicado compuesto *(Compound Predicate)*

Es también posible que el predicado sea compuesto en inglés.

Jerry <u>went</u> to the dance and <u>met</u> his friends.
Jerry fue al baile y se encontró con sus amigos.

En esta oración, hay más de una acción (**to go** y **to meet**).

Además, es posible poner más de un complemento directo en una oración:

My daughter reads books, magazines, newspapers, and blogs.
Mi hija lee libros, revistas, periódicos y blogs.

También es posible poner más de un complemento indirecto:

This afternoon, Fran went to the supermarket, the post office, and the gas station.
Esta tarde, Fran fue al supermercado, a la oficina de correos y a la gasolinera.

Nota que en inglés no es necesario repetir la preposición antes de una lista.

Putting It All Together

Elige la conjunción que conecta las dos cláusulas o frases lo mejor posible, y reescribe la oración.

1. My uncle tells interesting stories. He has traveled a lot. (although, because, lest)

   _____

2. We need to do our homework _____ we get home. (as soon as, as if, after)

   _____

3. You don't know fear _____ you've driven on a freeway. (provided that, whenever, until)

   _____

4. You shouldn't talk in class. You shouldn't send text messages. (wherever, furthermore, although)

   _____

5. George did not hear the phone. Laura did not hear the phone. (either...or, neither...nor, also)

   _____

6. Bryan should be safe _____ he stays calm. (as long as, as soon as, consequently)

   _____

7. One should not be rude. One should be kind to others. (as a result, whether, on the contrary)

   _____

8. The drunk driver lost his license. He was remorseful. (for example, in addition, nevertheless)

9. We planted the seeds. We watered them. (anyhow, still, next)

10. The plane flew west for two hours. The pilot saw land. (in the meantime, eventually, unless)

> **Vocabulary Helper**
> **ashamed** [ə 'ʃeɪmd] *avergonzado*
> **drunk driver** [drʌŋk 'draɪ vər] *el conductor borracho*
> **flew** [flu] (pret. de **to fly,** *volar*)
> **freeway** ['fri weɪ] *la autopista*
> **remorseful** [rɪ 'mɔrs fəl] *lleno de remordimiento*
> **safe** [seɪf] *seguro*
> **text message** [tekst 'mes ɪdʒ] *el mensaje-texto*

22

La puntuación (Punctuation)

Aunque este capítulo esté al fin del libro, no quiere decir que la puntuación sea menos importante que otros elementos de la gramática. Al igual que en español, la puntuación nos ayuda a hacer más claro lo que escribimos.

El uso de las mayúsculas *(Capitalization)*

El uso de las mayúsculas en inglés se parece a lo que hacemos en español, salvo algunas excepciones. Las mayúsculas se utilizan para indicar el comienzo de una oración:

<u>W</u>hen the play ended, we all applauded.
Cuando la obra terminó, todos aplaudimos.

Las mayúsculas se utilizan también para los nombres propios:

Las personas: **Andrew, Mr. Smith**
Los lugares: **Paris, France; New York, New York; Yellowstone Park; Wall Street**
Los ríos: **the Hudson River, the Mississippi**
Las montañas: **Mount Whitney**

Las regiones: the South, the North

Nota que los puntos cardinales no necesitan mayúscula.

We headed south.
Nos fuimos al sur.

Las empresas, las organizaciones, los organismos y las instituciones: General Motors, Apple, the Humane Society, the Senate, Northwestern University, Albany High School

Las nacionalidades, razas o religiones: French (francés, francesa), Puerto Rican (puertorriqueño, puertorriqueña), African American (afroamericano, afroamericana), Asian (asiático, asiática), Caucasian (blanco, blanca; caucásico, caucásica), Hispanic (hispano, hispana), Christian (cristiano, cristiana), Jewish (judío, judía), Muslim (musulmán, musulmana), Catholic (católico, católica), Protestant (protestante), Orthodox (ortodoxo, ortodoxa)

Las eras y los acontecimientos históricos: the Middle Ages (*la Edad Media*), the Renaissance (*el Renacimiento*), the Vietnam War (*la Guerra de Vietnam*)

Los títulos de las personas: Governor Wolf, Mayor Corning, Dr. Hernández

Los títulos de las publicaciones: *Gone with the Wind, Of Mice and Men, War and Peace* Empleamos las mayúsculas en todas las palabras, a excepción de los artículos a, an, the, y las preposiciones y las conjunciones cortas. Sin embargo, si el artículo está al principio del título, toma una mayúscula: *The Canterbury Tales, A Midsummer Night's Dream*

Los meses: January, February, March, April, May, June, July, August, September, October, November, December

Los días de la semana: Sunday, Monday, Tuesday, Wednesday, Thursday, Friday, Saturday

Sin embargo, en inglés, la forma adjetival de un nombre propio retiene la mayúscula. (Ver el capítulo 14.)

California, Californian
Italy, Italian
Washington, Washingtonian

Mike likes Italian wine, but Dorothy prefers Californian grapes.
A Mike le gusta el vino italiano, pero a Dorothy le gustan las uvas de California.

Las pausas *(Pauses)*

La puntuación ayuda al lector a reproducir el ritmo que quiere comunicar el autor.

En inglés, empleamos el punto (period), la coma (comma) y el punto y coma (semicolon).

El punto *(Period)*

Al igual que en español, ponemos un punto al final de una oración.

The road is long.
El camino es largo.

Lo empleamos también para las abreviaciones:

Mister Smith → **Mr. Smith**
October → **Oct.**
20 feet → **20 ft.** (*20 pies*)
pound (*libra*) → **lb.**
pounds (*libras*) → **lbs.** Por ejemplo: **20 lbs.**

Como has leído en el capítulo 21, las oraciones complejas necesitan varias formas de puntuación.

Las comas *(Commas)*

La coma muestra que hay una breve pausa:

I rang the bell, but nobody answered.
Yo soné el timbre, pero nadie abrió.

La coma separa dos cláusulas, especialmente cuando una de ellas es subordinante a la otra.

She knew little about him, and he disclosed nothing.
Ella sabía poco de él, y él no revelaba nada.

Si las dos partes de una oración son equivalentes, la coma no es necesaria:

I put on my hat and I walked out the door.
Yo me puse el sombrero y salí por la puerta.

Pero si hay una serie de acciones, la coma nos ayuda a separarlas:

I put on my hat, walked out the door, and hailed a taxi.
Yo me puse el sombrero, salí por la puerta y llamé un taxi.

La coma separa los elementos de una serie de cosas o de personas.

John, Paul, George, and Ringo were all there.
John, Paul, George y Ringo estaban todos allí.

I went to the market to buy apples, oranges, bananas, and cookies.
Yo fui al mercado para comprar manzanas, naranjas, bananas y galletas.

Si hay dos o más adjetivos que modifican un sustantivo, ponemos una coma entre las adjetivos:

Joe drives a big, blue truck.
Joe maneja un gran camión azul.

Excepción: Si un adjetivo va a la par de un sustantivo, no es necesario poner una coma antes del adjetivo que está asociado con el sustantivo. Por ejemplo:

Greg ordered his burrito with the special red sauce.
Greg pidió su burrito con la salsa roja especial.

En este caso, la salsa se conoce como **red sauce,** y el adjetivo modifica las dos palabras como una sola cosa.

Empleamos las comas en los grandes números. (Ver el capítulo 19.)

5,280 feet = 1 mile
y cuando damos la fecha:

July 4, 1776
November 11, 1918

(Nota que no hay coma en los años.)

El punto y coma *(Semicolon)*

Empleamos el punto y coma para separar dos cláusulas independientes. (Ver el capítulo 21.)

Sin conjunción: I ate too much pie; I feel sick to my stomach.
Comí demasiado pastel; me dolió el estómago.

Con conjunción: I ate too much pie; consequently, I feel sick to my stomach.
Comí demasiado pastel; como consecuencia, me dolió el estómago.

Además, utilizamos un punto y coma si hay una lista de cosas que incluye comas:

In the car we managed to fit twelve boxes; six plants; and Fluffy, our cat.
En el auto logramos meter doce cajas, seis plantas, y Fluffy, nuestro gato.

El signo de exclamación *(Exclamation Point)*

Al igual que en español, el signo de exclamación es útil para comunicar la emoción, la sorpresa o un verbo en el modo imperativo. (Ver también el capítulo 20.) Nota que en inglés hay sólo un signo de exclamación, al final de la oración.

That's wonderful!
¡Maravilloso!

Go away!
¡Vete! o ¡Váyase!

Ouch!
¡Ay!

Los signos de interrogación *(Question Marks)*

En inglés, hay sólo un signo de interrogación, al fin de la pregunta.

What time is it?
¿Qué hora es?

Where are my eyeglasses?
¿Dónde están mis anteojos?

Los paréntesis *(Parentheses)*

Empleamos los paréntesis para añadir algo a una oración que ya está completa, o para amplificar.

Our house (I've always lived in an apartment) is very comfortable.
Nuestra casa (he vivido siempre en un apartamento) es muy cómoda.

When Anne's car broke down, she called the AAA (American Automobile Association). *Cuando el coche de Anne se averió, llamó a la AAA.*

Los apóstrofos *(Apostrophes)*

Empleamos los apóstrofos para formar el caso posesivo. (Ver también el capítulo 12.)

Einstein's theory   *la teoría de Einstein*

Además, utilizamos los apóstrofos para hacer contracciones.

He is tired. → He's tired.
Él está cansado.

No te olvides que **it's** es la contracción de **it is**, e **its** es el posesivo de **it**.

It's a mystery.
Es un misterio.

My cell phone won't work; its battery is dead.
Mi teléfono móvil no funciona; la pila está agotada.

El guión *(Hyphen)*

En inglés, empleamos los guiones en ciertas palabras compuestas:

father-in-law *el suegro*
twenty-seven *veintisiete*

Si no estás seguro, busca la palabra compuesta en un buen diccionario. Además, de vez en cuando las reglas cambian según el uso popular.

La raya *(Dash)*

Al igual que en español, la raya indica que una parte de la oración provee información adicional.

His nephews—Huey, Dewey, and Louis—were all there. *Sus sobrinos—Huey, Dewey y Louis—estaban todos allí.*

La elipsis *(Ellipsis)*

La elipsis indica que faltan palabras en la oración, especialmente cuando se trata de una cita. Se forma por tres puntos.

The Constitution begins with, "We, the People of the United States ... establish this Constitution for the United States of America."
La Constitución comienza por, "Nosotros, el pueblo de los Estados Unidos ... establecemos esta constitución para los Estados Unidos de América."

Las comillas *(Quotation Marks)*

DIRECT ADDRESS AND INDIRECT ADDRESS
(EL DISCURSO DIRECTO Y EL DISCURSO INDIRECTO)

En inglés, al igual que en español, puedes citar a alguien directamente, utilizando comillas, o puedes citar indirectamente parafraseando lo que la persona dijo. Por supuesto, hay muchas maneras de parafrasear una cita.

Discurso directo: **Professor Smith said, "The results of the study are astounding."**

Discurso indirecto: **Professor Smith said that the results of the study were astounding.**

Discurso directo: **Benjamin Franklin said, "Fish and visitors smell in three days."**

Discurso indirecto: **Benjamin Franklin said that fish and visitors smell in three days.** o **According to Benjamin Franklin, fish and visitors smell in three days.**

Discurso directo: **Bill said, "I'm going to the store."**

Discurso indirecto: **Bill said that he was going to the store.**

Discurso directo: **Bill said, "I went to the store."**

Discurso indirecto: **Bill said that he had gone to the store.**

Discurso directo: **Bill said, "I'll go to the store."**

Discurso indirecto: **Bill said that he would go to the store.** o **Bill offered to go to the store.**

QUOTES WITHIN QUOTES *(LAS CITAS DENTRO DE OTRAS)*

Empleamos las comillas simples si hay un discurso directo dentro de otro.

Andy added, "Let me quote Patrick Henry, who said 'Give me liberty or give me death.' "
Andy añadó, "Permítanme citar a Patrick Henry, quien dijo 'Dadme la libertad o dadme la muerte.'"

Además, puedes emplear las comillas para subrayar una palabra, una expresión o una cláusula en una oración.

World War I was known as the "War to end all wars," until World War II.
La Primera guerra mundial se conocía como la "guerra que acabó con todas la guerras," hasta la Segunda guerra mundial.

La correspondencia personal *(Personal Correspondence)*

Cuando escribes una carta, ten en cuenta el nivel de lenguaje. Por ejemplo, si se trata de una tarjeta postal o de un mensaje que envías a un amigo o a una amiga, puedes utilizar un estilo informal. Es normal comenzar la carta de la manera siguiente:

Dear ... *(Querido, Querida)*

y terminar el mensaje con una expresión como:

Sincerely yours, *(le / te saluda atentamente)*
Yours truly, *(le / te saluda atentamente)*

Si se trata de un amigo o una amiga:

Affectionately, *(afectuosamente)*
Love, *(un abrazo)*

February 6, 2024

Dear Aunt Hilda,

Thank you very much for the beautiful scarf you sent me for my birthday. It will be very useful when I move to Canada next year for school. Hope to see you again soon.

Love,
Andrew

La correspondencia comercial *(Business Letters)*

Sin embargo, la correspondencia comercial requiere otras expresiones. Puedes decir **Dear** o no en el saludo:

Dear Mrs. Smith:
Dear Sir:

Para evitar de decir **Miss** (Srta.) o **Mrs.** (Sra.), muchas personas utilizan **Ms.** [mɪz]:
Ms. Smith

Para terminar la carta, hay expresiones más correctas:

Sincerely, *(le / te saluda atentamente)*

y, si conoces bien a alguien:

Cordially, *(cordialmente)*

Hay varias abreviaciones que se utilizan en las cartas comerciales:

Encl. abreviación de **enclosure** o **enclosures**: *documento adjunto*

cc: abreviación de **carbon copy**, una copia hecha con papel carbón (esta expresión se refiere a la manera de hacer copias con una máquina de escribir).

Re: abreviación de **regarding**: *respecto a*

October 31, 2023

Mr. John Smith, President
Smith Plumbing Company
123 Main Street
Anytown, Ohio 11111

Mr. Smith:

Thank you very much for your letter of October 24, 2019. I appreciate your offer to refund my payment. Per your request, I have enclosed a copy of the original invoice and photos of the damage that was done to my kitchen by your crew. I look forward to hearing from you in the near future.

Sincerely,

Mrs. Yolanda Felberbaum
139-47 87th Avenue
Anytown, Ohio 11112

Encl.

cc: Joe Spenuziak, Attorney-at-Law

Los correos electrónicos (E-mails) y los mensajes de texto

El nivel de lenguaje de un correo electrónico puede variar según la situación. Por ejemplo, si escribes un mensaje comercial o formal, puedes utilizar Dear en el saludo.

Dear Mr. Jones,

o simplemente el nombre

Mr. Jones,
Ms. Allen,

El mensaje puede terminarse con

Sincerely,
Cordially,
Best regards,

Mr. Kirk,

We would be happy to provide insurance for your event in March. Please follow the enclosed link to our secure web site to complete the application form.

If you have any questions or concerns, do not hesitate to contact me. My cell phone number is listed at the bottom of this message.

Best regards,
George Roberts

> **Vocabulary Helper**
> **concerns** [kən 'sɜrnz] *los inquietudes*
> **event** [ɪ 'vent] *el evento*
> **follow** ['fa loʊ] *seguir*
> **secure** [sɪ 'kyur] *seguro*

Si el tono del mensaje es más familiar, puedes comenzar con:

Hello...

o

Hi...

y terminar el correo por:

Regards,
Kind regards,
Best wishes,

y, de vez en cuando,
Best,

> **Vocabulary Helper**
> **(I'm) looking forward** ['lʊk ɪŋ] *tengo muchas ganas; tengo mucho deseo*
> **to attach** [ə 'tætʃ] *adjuntar*

Hello Joan,

Looking forward to our meeting on Tuesday. I've attached the documents you'll need for our discussion.

Regards,
Andre

En cuanto a los mensajes de texto, no te preocupes de la puntuación. Aquí tienes algunas abreviaturas útiles:

BC	because	*porque*
BTW	by the way	*a propósito*
CYA	See ya. **(See you.)**	*Chau*
CUS	See you soon.	*Hasta pronto.*
IDK	I don't know.	*No sé.*
IMO	in my opinion	*en mi opinión*
L8R	later	más tarde
LOL	laughing out loud	*riendo (en voz alta)*
OMG	Oh my God!	*¡Dios mío!*
RU	Are you...?	*¿Eres...? o ¿Estás...?*
THX	Thanks	*Gracias*

En lo que refiere a la puntuación, los signos se utilizan más para expresar emociones.

:-0	:0	surprise	*la sorpresa*
:-(	:(	frown	*el ceño*
:/		bummer	*¡Qué lío! o ¡Qué lástima!*

Terminemos este capítulo con una sonrisa:

:-)	:)	smiley	*el smiley*

Putting It All Together

A. *PUNTUACIÓN*

¿Cuál es el signo de puntuación, en inglés, que corresponde a cada situación?

1. el nombre propio _____
2. los grandes números _____
3. la sorpresa _____
4. el caso posesivo _____
5. una pregunta _____

B. LA CORRESPONDENCIA PERSONAL

Corrige la tarjeta postal siguiente y reescríbela con la puntuación correcta.

january 5 2020

dear Lyda,

How are you my connecting flight was canceled and I ended up here in wisconsin? Instead of surfing and lying on the beach in florida, I'm learning to ski. Im sorry I wont be able to bring back the oranges I promised you; How about some Cheese instead? Say hello to ted, connor and Siena for me.

Sincerely

Marisol

Lyda Whorton
1060 west Addison street
Chicago ILlinois 11113

> **Vocabulary Helper**
> **connecting flight** [kə 'nekt ɪŋ flaɪt]
> *el vuelo de conexión*
> **surfing** ['sərf ɪŋ] participio presente de
>   **to surf,** *hacer surf*

_____

_____

_____

_____

_____

_____

C. LA CORRESPONDENCIA COMERCIAL

Corrige la tarjeta comercial siguiente y reescríbela con la puntuación correcta.

january 14 2022

MR Horatio yachenfluster, director
Dairy airlines
123 Airport road
Bloomsburg wisconsin 11114

mr Yachenfluster

I am writing to complain about the service your airline provided on January 3 2022. As you know the 10AM flight was delayed for seven hours. finally, at midnight. the flight was canceled because the pilot had fallen asleep A blizzard hit the next day and I was forced to spend my entire vacation at the rusty roof inn. Fortunately, I had my luggage Unfortunately I was prepared for a week at the beach.

i have enclosed the receipts for the clothing I needed to buy in order to stay warm one sweater, one coat, pair of boots, one hat, one pair of mittens, one scarf

Thank you for your attention to this matter I look forward to hearing from you

Love,

Ms. Marisol Hernández
10 East addison street
chicago, Illinois 11113

encl

cc Better business Bureau

Vocabulary Helper
luggage ['lʌ gɪdʒ] *el equipaje*
mittens ['mɪ tnz] *las manoplas*
receipts [ri 'sits] *los recibos*

_____

_____

_____

_____

_____

_____

_____

_____

_____

_____

_____

_____

Apéndice (Appendix)

Las partes principales de los verbos regulares
(Principal Parts of Regular Verbs)

Nota que hablamos de los participios presentes en el capítulo 2 y de los participios pasados en el capítulo 3. Omitimos **to** para hacer esta lista más simple.

INFINITIVO	PRESENTE DE INDICATIVO	PARTICIPIO PRESENTE	PARTICIPIO PASADO	PRETÉRITO
advise *(aconsejar)*	I, you, we, they advise; he, she, it advises	advising	advised	advised
dance *(bailar)*	I, you, we, they dance; he, she, it dances	dancing	danced	danced
download *(telecargar, bajar)*	I, you, we, they download; he, she, it downloads	downloading	downloaded	downloaded
establish *(establecer)*	I, you, we, they establish; he, she, it establishes	establishing	established	established
hope *(esperar)*	I, you, we, they hope; he, she, it hopes	hoping	hoped	hoped
maintain *(mantener)*	I, you, we, they maintain; he, she, it maintains	maintaining	maintained	maintained

INFINITIVO	PRESENTE DE INDICATIVO	PARTICIPIO PRESENTE	PARTICIPIO PASADO	PRETÉRITO
plead (implorar, declararse inocente o culpable)	I, you, we, they plead; he, she, it pleads	pleading	pleaded	pleaded (Ver el capítulo 3, página 24.)
save (ahorrar, salvar)	I, you, we, they save; he, she, it saves	saving	saved	saved
study (estudiar)	I, you, we, they study; he, she, it studies	studying	studied	studied
walk (andar, caminar)	I, you, we, they walk; he, she, it walks	walking	walked	walked
work (trabajar)	I, you, we, they work; he, she, it works	working	worked	worked
wound [wund] (herir) Ver to wind en la tabla siguiente.	I, you, we, they wound; he, she, it wounds	wounding	wounded	wounded

Las partes principales de los verbos irregulares
(Principal Parts of Irregular Verbs)

Nota que hablamos de los participios presentes en el capítulo 2 y de los participios pasados en el capítulo 3. Omitimos to para hacer esta lista más simple.

INFINITIVO	PRESENTE DE INDICATIVO	PARTICIPIO PRESENTE	PARTICIPIO PASADO	PRETÉRITO
arise (alzarse, surgir)	I, you, we, they arise; he, she, it arises	arising	arisen	arose
awake (despertarse)	I, you, we, they awake; he, she, it awakes	awaking	awakened	awoke
be (ser, estar)	I am; you, we, they are; he, she, it is	being	been	I, he, she, it was; you, we, they were

INFINITIVO	PRESENTE DE INDICATIVO	PARTICIPIO PRESENTE	PARTICIPIO PASADO	PRETÉRITO
bear *(llevar, dar a luz a)*	I, you, we, they bear; he, she, it bears	bearing	borne *(llevado)*, born *(nacido)*	bore
beat *(golpear)*	I, you, we, they beat; he, she, it beats	beating	beaten	beat
become *(volverse)*	I, you, we, they become; he, she, it becomes	becoming	become	became
begin *(comenzar, empezar)*	I, you, we, they begin; he, she, it begins	beginning	begun	began
bend *(doblar)*	I, you, we, they bend; he, she, it bends	bending	bent	bent
bet *(apostar)*	I, you, we, they bet; he, she, it bets	betting	bet	bet
bind *(atar, liar)*	I, you, we, they bind; he, she, it binds	binding	bound	bound
bite *(morder)*	I, you, we, they bite; he, she, it bites	biting	bit	bit
bleed *(sangrar)*	I, you, we, they bleed; he, she, it bleeds	bleeding	bled	bled
blow *(soplar)*	I, you, we, they blow; he, she, it blows	blowing	blown	blew
break *(romper)*	I, you, we, they break; he, she, it breaks	breaking	broken	broke
bring *(traer)*	I, you, we, they bring; he, she, it brings	bringing	brought	brought

Infinitivo	Presente de Indicativo	Participio Presente	Participio Pasado	Pretérito
build (*construir*)	I, you, we, they build; he, she, it builds	building	built	built
burn (*quemar*)	I, you, we, they burn; he, she, it burns	burning	burned, burnt	burned, burnt
burst (*reventar*)	I, you, we, they burst; he, she, it bursts	bursting	burst	burst
buy (*comprar*)	I, you, we, they buy; he, she, it buys	buying	bought	bought
catch (*agarrar*)	I, you, we, they catch; he, she, it catches	catching	caught	caught
choose (*escoger, elegir*)	I, you, we, they choose; he, she, it chooses	choosing	chosen	chose
cling (*agarrarse*)	I, you, we, they cling; he, she, it clings	clinging	clung	clung
come (*venir*)	I, you, we, they come; he, she, it comes	coming	come	came
cost (*costar, valer*)	They cost; it costs	costing	cost	cost
creep (*arrastrarse, reptar*)	I, you, we, they creep; he, she, it creeps	creeping	crept	crept
cut (*cortar*)	I, you, we, they cut; he, she, it cuts	cutting	cut	cut
deal (*negociar, repartir*)	I, you, we, they deal; he, she, it deals	dealing	dealt	dealt

INFINITIVO	PRESENTE DE INDICATIVO	PARTICIPIO PRESENTE	PARTICIPIO PASADO	PRETÉRITO
dig (*excavar*)	I, you, we, they dig; he, she, it digs	digging	dug	dug
dive (*zambullir, tirarse de cabeza*)	I, you, we, they dive; he, she, it dives	diving	dived	dived/dove
do (*hacer*)	I, you, we, they do; he, she, it does	doing	done	did
draw (*extraer, dibujar*)	I, you, we, they draw; he, she, it draws	drawing	drawn	drew
dream (*soñar*)	I, you, we, they dream; he, she, it dreams	dreaming	dreamed, dreamt	dreamed, dreamt
drink (*beber*)	I, you, we, they drink; he, she, it drinks	drinking	drunk	drank
drive (*conducir, manejar*)	I, you, we, they drive; he, she, it drives	driving	driven	drove
dwell (*vivir*)	I, you, we, they dwell; he, she, it dwells	dwelling	dwelt	dwelt
eat (*comer*)	I, you, we, they eat; he, she, it eats	eating	eaten	ate
fall (*caer, caerse*)	I, you, we, they fall; he, she, it falls	falling	fallen	fell
feed (*dar de comer a; comer, si se trata de un animal*)	I, you, we, they feed; he, she, it feeds	feeding	fed	fed

INFINITIVO	PRESENTE DE INDICATIVO	PARTICIPIO PRESENTE	PARTICIPIO PASADO	PRETÉRITO
feel *(sentir, tocar)*	I, you, we, they feel; he, she, it feels	feeling	felt	felt
fight *(luchar)*	I, you, we, they fight; he, she, it fights	fighting	fought	fought
find *(encontrar)*	I, you, we, they find; he, she, it finds	finding	found	found
flee *(huir de)*	I, you, we, they flee; he, she, it flees	fleeing	fled	fled
fling *(lanzar)*	I, you, we, they fling; he, she, it flings	flinging	flung	flung
fly *(volar)*	I, you, we, they fly; he, she, it flies	flying	flown	flew
forbid *(prohibir)*	I, you, we, they forbid; he, she, it forbids	forbidding	forbidden	forbade, forbad
forget *(olvidar)*	I, you, we, they forget; he, she, it forgets	forgetting	forgotten	forgot
forgive *(perdonar)*	I, you, we, they forgive; he, she, it forgives	forgiving	forgiven	forgave
forsake *(abandonar)*	I, you, we, they forsake; he, she, it forsakes	forsaking	forsaken	forsook
freeze *(congelar, helar)*	I, you, we, they freeze; he, she, it freezes	freezing	frozen	froze

INFINITIVO	PRESENTE DE INDICATIVO	PARTICIPIO PRESENTE	PARTICIPIO PASADO	PRETÉRITO
get (obtener)	I, you, we, they get; he, she, it gets	getting	gotten o got (raro)	got
give (dar)	I, you, we, they give; he, she, it gives	giving	given	gave
go (ir)	I, you, we, they go; he, she, it goes	going	gone	went
grind (moler, pulverizar)	I, you, we, they grind; he, she, it grinds	grinding	ground	ground
grow (crecer)	I, you, we, they grow; he, she, it grows	growing	grown	grew
hang (colgar, pender, ahorcar)	I, you, we, they hang; he, she, it hangs	hanging	hung (cosa: colgar); hanged (persona: ahorcar) (Ver el capítulo 3.)	hung (cosa: colgar); hanged (persona: ahorcar) (Ver el capítulo 3.)
have (tener/haber)	I, you, we, they have; he, she, it has	having	had	had
hear (oír)	I, you, we, they hear; he, she, it hears	hearing	heard	heard
hide (esconder)	I, you, we, they hide; he, she, it hides	hiding	hidden	hid
hit (golpear)	I, you, we, they hit; he, she, it hits	hitting	hit	hit
hold (tener)	I, you, we, they hold; he, she, it holds	holding	held	held

INFINITIVO	PRESENTE DE INDICATIVO	PARTICIPIO PRESENTE	PARTICIPIO PASADO	PRETÉRITO
hurt (*doler, herir*)	I, you, we, they hurt; he, she, it hurts	hurting	hurt	hurt
keep (*tener, conservar*)	I, you, we, they keep; he, she, it keeps	keeping	kept	kept
kneel (*arrodillarse*)	I, you, we, they kneel; he, she, it kneels	kneeling	knelt	knelt
know (*conocer, saber*)	I, you, we, they know; he, she, it knows	knowing	known	knew
lay (*poner*)	I, you, we, they lay; he, she, it lays	laying	laid	laid
lead (*conducir*)	I, you, we, they lead; he, she, it leads	leading	led	led
leap (*saltar*)	I, you, we, they leap; he, she, it leaps	leaping	leaped, leapt	leaped, leapt
learn (*aprender*)	I, you, we, they learn; he, she, it learns	learning	learned, learnt	learned, learnt
leave (*partir, salir*)	I, you, we, they leave; he, she, it leaves	leaving	left	left
lend (*prestar*)	I, you, we, they lend; he, she, it lends	lending	lent	lent
lie (*acostarse*)	I, you, we, they lie; he, she, it lies	lying	lain	lay
lie (*mentir*)	I, you, we, they lie; he, she, it lies	lying	lied	lied

INFINITIVO	PRESENTE DE INDICATIVO	PARTICIPIO PRESENTE	PARTICIPIO PASADO	PRETÉRITO
light *(encender, iluminar)*	I, you, we, they light; he, she, it lights	lighting	lit, lighted	lit, lighted
lose *(perder)*	I, you, we, they lose; he, she, it loses	losing	lost	lost
make *(hacer)*	I, you, we, they make; he, she, it makes	making	made	made
mean *(significar, querer decir)*	I, you, we, they mean; he, she, it means	meaning	meant	meant
meet *(encontrar)*	I, you, we, they meet; he, she, it meets	meeting	met	met
mow *(cortar)*	I, you, we, they mow; he, she, it mows	mowing	mowed, mown	mowed
pay *(pagar)*	I, you, we, they pay; he, she, it pays	paying	paid	paid
put *(poner, colocar)*	I, you, we, they put; he, she, it puts	putting	put	put
quit *(abandonar)*	I, you, we, they quit; he, she, it quits	quitting	quit *(raro: quitted)*	quit *(raro: quitted)*
read [rid] *(leer)*	I, you, we, they read; he, she, it reads	reading	read	read [red]
ride *(montar, ir en...)*	I, you, we, they ride; he, she, it rides	riding	ridden	rode
ring *(sonar)*	I, you, we, they ring; he, she, it rings	ringing	rung	rang

INFINITIVO	PRESENTE DE INDICATIVO	PARTICIPIO PRESENTE	PARTICIPIO PASADO	PRETÉRITO
rise (*levantarse, subir*)	I, you, we, they rise; he, she, it rises	rising	risen	rose
run (*correr*)	I, you, we, they run; he, she, it runs	running	run	ran
say (*decir*)	I, you, we, they say; he, she, it says	saying	said	said
see (*ver*)	I, you, we, they see; he, she, it sees	seeing	seen	saw
seek (*buscar*)	I, you, we, they seek; he, she, it seeks	seeking	sought	sought
sell (*vender*)	I, you, we, they sell; he, she, it sells	selling	sold	sold
send (*enviar, mandar*)	I, you, we, they send; he, she, it sends	sending	sent	sent
set (*poner*)	I, you, we, they set; he, she, it sets	setting	set	set
shake (*sacudir*)	I, you, we, they shake; he, she, it shakes	shaking	shaken	shook
shine (*lucir*)	I, you, we, they shine; he, she, it shines	shining	shone	shone
shoot (*tirar, pegar un tiro*)	I, you, we, they shoot; he, she, it shoots	shooting	shot	shot
show (*mostrar, enseñar*)	I, you, we, they show; he, she, it shows	showing	showed, shown	showed

INFINITIVO	PRESENTE DE INDICATIVO	PARTICIPIO PRESENTE	PARTICIPIO PASADO	PRETÉRITO
shrink (*disminuir*)	I, you, we, they shrink; he, she, it shrinks	shrinking	shrunk	shrank
shut (*cerrar*)	I, you, we, they shut; he, she, it shuts	shutting	shut	shut
sing (*cantar*)	I, you, we, they sing; he, she, it sings	singing	sung	sang
sink (*bajar, hundirse*)	I, you, we, they sink; he, she, it sinks	sinking	sunk	sank
sit (*sentarse*)	I, you, we, they sit; he, she, it sits	sitting	sat	sat
slay (*matar*)	I, you, we, they slay; he, she, it slays	slaying	slain	slew
sleep (*dormir*)	I, you, we, they sleep; he, she, it sleeps	sleeping	slept	slept
slide (*deslizar, resbalar*)	I, you, we, they slide; he, she, it slides	sliding	slid	slid
slink (*entrar furtivamente, escabullirse*)	I, you, we, they slink; he, she, it slinks	slinking	slunk	slunk
sneak (*hacer algo furtivamente*)	I, you, we, they sneak; he, she, it sneaks	sneaking	sneaked (*familiar:* snuck)	sneaked (*familiar:* snuck)
speak (*hablar*)	I, you, we, they speak; he, she, it speaks	speaking	spoken	spoke
speed (*ir de prisa*)	I, you, we, they speed; he, she, it speeds	speeding	sped, speeded	sped, speeded

INFINITIVO	PRESENTE DE INDICATIVO	PARTICIPIO PRESENTE	PARTICIPIO PASADO	PRETÉRITO
spend (*gastar, pasar*)	I, you, we, they spend; he, she, it spends	spending	spent	spent
spin (*girar*)	I, you, we, they spin; he, she, it spins	spinning	spun	spun
spit (*escupir*)	I, you, we, they spit; he, she, it spits	spitting	spat, spit	spat, spit
split (*dividir, hender*)	I, you, we, they split; he, she, it splits	splitting	split	split
spring (*saltar*)	I, you, we, they spring; he, she, it springs	springing	sprung	sprang, sprung
stand (*estar de pie*)	I, you, we, they stand; he, she, it stands	standing	stood	stood
steal (*robar*)	I, you, we, they steal; he, she, it steals	stealing	stolen	stole
stick (*pegar, picar*)	I, you, we, they stick; he, she, it sticks	sticking	stuck	stuck
sting (*picar*)	I, you, we, they sting; he, she, it stings	stinging	stung	stung
stink (*heder, apestar*)	I, you, we, they stink; he, she, it stinks	stinking	stunk	stank, stunk
strike (*golpear*)	I, you, we, they strike; he, she, it strikes	striking	struck	struck
strive (*esforzarse*)	I, you, we, they strive; he, she, it strives	striving	strived, striven	strove

INFINITIVO	PRESENTE DE INDICATIVO	PARTICIPIO PRESENTE	PARTICIPIO PASADO	PRETÉRITO
swear (jurar)	I, you, we, they swear; he, she, it swears	swearing	sworn	swore
sweep (barrer)	I, you, we, they sweep; he, she, it sweeps	sweeping	swept	swept
swell (hincharse)	I, you, we, they swell; he, she, it swells	swelling	swollen, swelled	swelled
swim (nadar)	I, you, we, they swim; he, she, it swims	swimming	swum	swam
swing (oscilar)	I, you, we, they swing; he, she, it swings	swinging	swung	swung
take (tomar, coger, comer)	I, you, we, they take; he, she, it takes	taking	taken	took
teach (enseñar)	I, you, we, they teach; he, she, it teaches	teaching	taught	taught
tear [ter] (rasgar)	I, you, we, they tear; he, she, it tears	tearing	torn	tore
tell (contar)	I, you, we, they tell; he, she, it tells	telling	told	told
think (pensar)	I, you, we, they think; he, she, it thinks	thinking	thought	thought
throw (lanzar, echar)	I, you, we, they throw; he, she, it throws	throwing	thrown	threw

INFINITIVO	PRESENTE DE INDICATIVO	PARTICIPIO PRESENTE	PARTICIPIO PASADO	PRETÉRITO
understand (*comprender, entender*)	I, you, we, they understand; he, she, it understands	understanding	understood	understood
wake (*despertar*)	I, you, we, they wake; he, she, it wakes	waking	woken, waked	woke, waked
wear (*llevar*)	I, you, we, they wear; he, she, it wears	wearing	worn	wore
weave (*tejer*)	I, you, we, they weave; he, she, it weaves	weaving	woven	wove
weep (*llorar*)	I, you, we, they weep; he, she, it weeps	weeping	wept	wept
win (*ganar*)	I, you, we, they win; he, she, it wins	winning	won	won
wind [waɪnd] (*devanar, enrollarse*)	I, you, we, they wind; he, she, it winds	winding	wound [waund] ¡Cuidado! El participio pasado de **to wound** [wund] *(herir)* es **wounded**.	wound [waund] ¡Cuidado! El pretérito de **to wound** [wund] *(herir)* es **wounded**.
wring (*escurrir*)	I, you, we wring; he, she, it wrings	wringing	wrung	wrung
write (*escribir*)	I, you, we, they write; he, she, it writes	writing	written	wrote

Respuestas (Answer Key)

CAPÍTULO 1

¡PRACTIQUEMOS! 1A

1. cure
2. occasion
3. purpose
4. demand
5. endurance
6. system
7. doctor
8. evidence
9. approximate
10. caution

¡PRACTIQUEMOS! 1B

1. Practice makes perfect. (El ejercicio lo hace al maestro.)
2. Knowledge is power. (Saber es poder.)
3. You can't judge a book by its cover. (No juzgues algo por sus apariencias.)
4. Home is where you hang your hat. (Lit.: El hogar es el lugar donde alguien cuelga su sombrero.)
5. Time heals all wounds. (El tiempo lo cura todo.)

CAPÍTULO 2

¿Cuánto sabes?

1. go, take, understand, tries, deny
2. c
3. eating, erasing, being, writing, going
4. We are reading the online newspaper.

¡PRACTIQUEMOS! 2A

1. amuses
2. challenge
3. avoid
4. run
5. face
6. forbids
7. lacks
8. predicts
9. react
10. dance
11. radio
12. flies

¡PRACTIQUEMOS! 2B

1. have contaminated
2. has circulated
3. have appeared
4. have exceeded
5. have expected
6. has solved
7. has begun
8. have finished
9. has lost
10. have gone

BUSCAPALABRAS

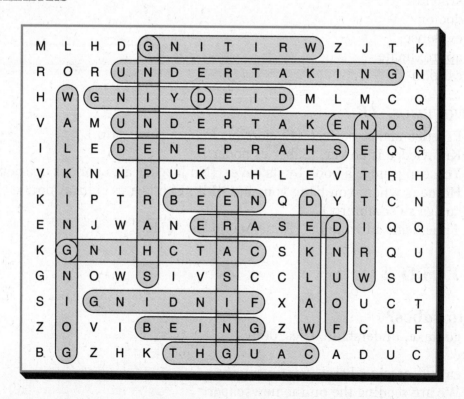

¡PRACTIQUEMOS! 2C

1. I am reading a book.
2. Madeleine is happy.
3. We are watching television.
4. Anne and Marie are at the zoo.
5. Fran is working today.
6. My wife is pretty.
7. Brett and Ellen are playing tennis.
8. The horse is eating an apple.
9. I like science fiction.
10. Watch out! The plane is crashing!

Grammar in Context

going; is going; reading; am choosing; have; Do; like; love; enjoy; goes; ought to; see

Putting It All Together

CRUCIGRAMA

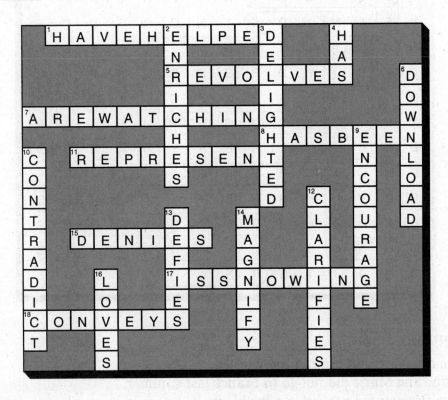

CAPÍTULO 3

¿Cuánto sabes?

1. smiled, ate, wrote, wrote, slept
2. c
3. eaten, slept, tried, talked, painted
4. b
5. When I was young, I went (used to go) to the beach every day.

¡PRACTIQUEMOS! 3A

1. I ate at noon.
2. Fran taught psychology.
3. Bob was a lawyer.
4. We put on our hats.
5. They talked a lot.
6. You asked a lot of questions.
7. She helped children with their homework.
8. I watched too much TV.
9. Our senator ran for office every six years.
10. Sammy caught the ball.
11. We often worked all weekend.
12. You demonstrated a high level of understanding of the topic.

BUSCAPALABRAS

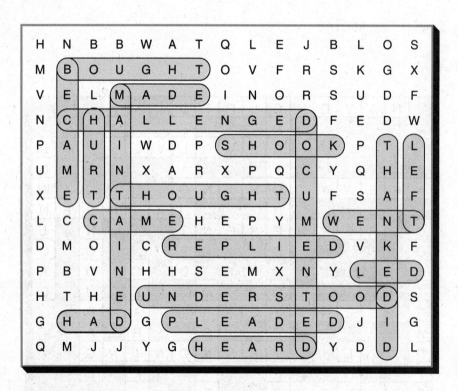

¡PRACTIQUEMOS! 3B

1. We did not travel around the world.
2. Anne and Marie did not go to France last summer.
3. The firemen did not put out the blaze.
4. Our cat did not sleep all morning.
5. The movie did not cost $100 million to produce.
6. Biff was not a very good salesman.
7. Nathaniel and John did not buy a sailboat.
8. David did not build a beautiful cabinet.
9. Eddie did not walk down to the corner.
10. You did not do a good deed.

¡PRACTIQUEMOS! 3C

Varias respuestas son posibles.

1. Did you buy a new shirt? Who bought a new shirt?
2. Who moved our piano? Did Joe and Alberto move our piano? What did Joe and Alberto move?
3. At what time did we wake up? When did we wake up? Who woke up at six A.M.? Did we wake up at six A.M.?
4. Who went to the zoo? Did Anne and Marie go to the zoo? Where did Anne and Marie go?
5. Is Madeleine tired? Who is tired?
6. Was Abe the tallest one in the class? Who was the tallest one in the class?
7. Who locked the door? Did you lock the door? What did you lock?
8. Did Marisol win the election easily? Who won the election easily?
9. Did it rain all night? When did it rain?
10. Did I tell you the latest news from home? What did I tell you?

¡PRACTIQUEMOS! 3D

Present Progressive → Past Progressive

1. Sally was wearing a blue dress.
2. James and Lynn were talking on the phone.
3. Marie and I were writing a computer program.
4. Michael was not playing baseball.
5. Were you listening to me?
6. George was lying through his teeth.
7. You were making me angry.
8. Were you sleeping?

Past Perfect → Past Progressive

9. My cat and dog were chasing each other.
10. The IRS was investigating my accountant.
11. The clown was amusing the children.
12. Madeleine was celebrating her birthday.
13. Was Toni flying the plane?
14. Ted was restoring an old car.

CRUCIGRAMA

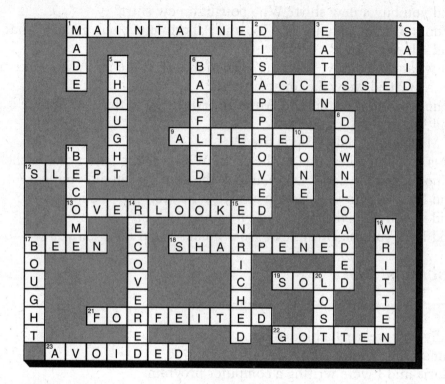

¡PRACTIQUEMOS! 3E

1. had shaken
2. had bought
3. had gone
4. had given
5. had forgotten
6. had begun
7. had led
8. had fallen
9. had walked
10. had taught

¡PRACTIQUEMOS! 3F

1. Dave and June had not gone to Hershey, Pennsylvania.
2. My friends had not seen the movie.
3. You had not said enough.
4. We had not traveled far.
5. Terri had not read every book in the library.

¡PRACTIQUEMOS! 3G

1. Had Dave fought his last fight?
2. Had Madeleine lost her doll?
3. Had I finished all my work?
4. Had we reached the end of our rope?
5. Had Fran and I paid our taxes on time? Had we paid our taxes on time?

¡PRACTIQUEMOS! 3H

1. had been sleeping
   had not been sleeping
2. been drinking
   not been drinking
3. had been
   had not been
4. been
   not been
5. had been
   had not been

¡PRACTIQUEMOS! 3I

1. We used to go to the movies every Saturday. We would go to the movies every Saturday.
2. My father used to be a tap dancer.
3. Our town used to be beautiful.
4. Your necklace was going to cost a lot.
5. Alex used to check his e-mail every day.
6. Bryan kept right on running.
7. Matthew and Andrew were going to join a band.
8. Our town didn't use to be dangerous.
9. We used to like chocolate eclairs.
10. Every Thanksgiving we used to go to my grandmother's house. Every Thanksgiving we would go to my grandmother's house.

¡PRACTIQUEMOS! 3J

1. Did your brother use to play the drums?
2. When you were a child, did you play video games all day?
3. Did the car keep going after the light had turned red?
4. Were you going to fly to Canada?
5. Did they often attend protests? or Would they often attend protests?

Putting It All Together

1. John woke up at 6:00 A.M.
2. He ate breakfast at 6:30 A.M.
3. He caught the train at 7:00 A.M.
4. No, John called the Tokyo office at 11:00 A.M.
5. He sneaked out early.
6. Yes, he called his brother at 8:00 P.M.
7. No, he went to sleep at 10:00 P.M.
8. John had lunch with the governor at noon.
9. Yes, he cooked dinner with his family at 6:00 P.M.
10. Yes, he watched TV from 7:00 P.M. until 8:00 P.M.

CAPÍTULO 4

¿Cuánto sabes?

1. We will listen to the radio.
2. We will be listening to the radio.
3. They will have eaten dinner.
4. Will you finish early?
5. Will they have talked to the mayor?

¡PRACTIQUEMOS! 4A

1. My car will accelerate quickly.
2. Laura will avoid eating meat.
3. We will notice any changes to the document.
4. A global economy will prosper.
5. Our wi-fi will be very secure.
6. You will not fool me.
7. I will disapprove of your behavior.
8. Erika will be very tired.
9. Will they have the flu?
10. Will you understand?

¡PRACTIQUEMOS! 4B

4, 8, 1, 10, 11, 2, 13, 14, 3, 7, 5, 15, 9, 6, 12

Putting It All Together

SAME STUFF, DIFFERENT DAY... (OTRO DÍA, PERO TODO IGUAL)

1. I will be studying. *o* I will study.
2. I will be studying.
3. will investigate
4. will be audited
5. will go
6. will see
7. will not have finished
8. will be released
9. will pass
10. will have been playing

CRUCIGRAMA

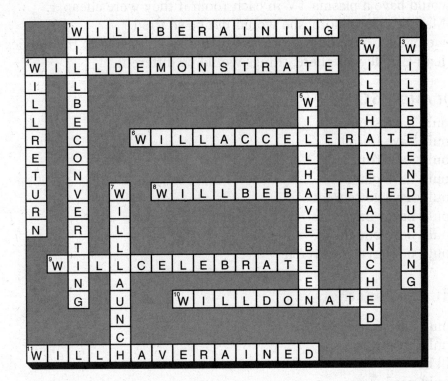

CAPÍTULO 5

¿Cuánto sabes?

1. would go
2. would like
3. If I had the money, I would buy a new computer.
4. If you had eaten, you would not be hungry.

¡PRACTIQUEMOS! 5A

1. would bake
2. would bake
3. would bake
4. would bake
5. would bake
6. would bake
7. would start
8. would buy
9. would win
10. would travel

¡PRACTIQUEMOS! 5B

1. If we had more time, we would go to England.
2. If Thomas were taller, he would play basketball.
3. If we are late, it isn't my fault.
4. If the sun were out, we would be able to see the Statue of Liberty.

5. If you ate less candy, you would feel better.
6. I would have a plasma TV in each room if they were cheaper.
7. If Mathilda slept more, she would not be so tired.
8. If we did not have homework, we would be able to go to the movies.
9. If Jean-Claude were here, things would be different.

¡PRACTIQUEMOS! 5C

1. would have seen
2. would have found
3. would have finished
4. would have played
5. would have gotten/got
6. would have gone
7. would have bought
8. would not have discovered

Putting It All Together

1. would advise
2. would benefit
3. will be
4. would need
5. would cure
6. would download
7. would have evaporated
8. would have answered
9. would never have gone
10. costs/would cost

¿QUÉ HARÍAS? (WHAT WOULD YOU DO?)

1. I would sing too.
2. I would dictate the terms too.
3. I would lead the mission too.
4. I would obtain permission too.
5. I would earn money too.
6. I would not sing either.
7. I would not dictate the terms either.
8. I would not lead the mission either.
9. I would not obtain permission either.
10. I would not earn money either.

CAPÍTULO 6

¿Cuánto sabes?

1. He will have a headache.
2. When he was young, Sammy went bike riding every day.
3. You ought to save money. *o* You should save money.

¡PRACTIQUEMOS! 6A

1. They have finished.
2. Shall I open the window?
3. We have climbed that mountain.
4. You have made a mistake.
5. Dave and June have bought a car.
6. They will laugh.
7. Shall we sit?
8. You will make dinner.
9. I do not speak Chinese.
10. Susan will work this Saturday.
11. You will/shall regret your error!
12. Do you eat meat?
13. I do like to read a good book!

¡PRACTIQUEMOS! 6B

1. You ought to be more careful.
2. They must be home by now.
3. We can speak four languages.
4. Anne and Marie must not like chocolate.
5. Mr. Robinson can't hear the TV.
6. I may get a new job.
7. Would Tom like some pie?
8. We could hear the neighbors arguing.
9. The mayor might come to dinner.
10. I should take my umbrella.

Putting It All Together

A. SENTENCE SCRAMBLE

1. Peter and Paul will do the work.
2. Shall I call the doctor?
3. We can go to the park after dinner.
4. Do you like science fiction?
5. You can run, but you can't hide.
6. Could you open the door, please.
7. Aspirin may alleviate your symptoms.
8. We ought to thank him for his gift.
9. Mr. George may postpone our meeting.
10. You should replace the batteries in your smoke detector.

B. POSITIVE OR NEGATIVE?

1. The oil spill may not contaminate Lake Michigan.
2. Our new electrician should conform to city codes.
3. Lucy might have bought a new car.
4. Lemons may not cure cancer.
5. My old computer could not (couldn't) download faster than my new one.
6. I did finish my chores./I finished my chores.
7. We must not encourage fiscal responsibility.
8. Tony cannot (can't) fly helicopters.
9. When I was young, we used to go to Florida on vacation.
10. Flying cars would not (wouldn't) eliminate the need for highways.

C. INTERROGATIVE

1. Will Brett star in a new film?
2. Can you write with both hands?
3. Could our ancestors endure extreme cold?
4. Should Congress pass a bill to improve the economy?
5. Has Ethan recovered from his accident?

D. PROVERBIOS Y EXPRESIONES

1. should
2. must
3. shall
4. can; cannot or can't
5. would

CAPÍTULO 7

¿Cuánto sabes?

1. answer
2. return
3. to work
4. were

¡PRACTIQUEMOS! 7A

1. go
2. obtain
3. finish
4. see
5. leave
6. speak
7. stop
8. return
9. examine
10. reimburse

¡PRACTIQUEMOS! 7B

1. answer
2. to reconsider
3. order
4. to be
5. check
6. to delete
7. stop
8. finish

Putting It All Together

1. put down
2. reveal
3. download
4. be
5. live
6. were
7. were
8. go
9. study
10. will be
11. slow
12. plant
13. to buy
14. raise
15. to practice
16. practice
17. were
18. clarify
19. to jump
20. get
21. apologize
22. read
23. try
24. study
25. to follow

CAPÍTULO 8

¿Cuánto sabes?

1. Ask
2. Finish
3. Listen to me!
4. Let's eat out.
5. Don't close the window.

¡PRACTIQUEMOS! 8A

1. Open
2. Take
3. take
4. Postpone
5. turn off
6. Have
7. Save
8. to do
9. Bring
10. measure, cut

¡PRACTIQUEMOS! 8B

1. Don't get up!
2. Don't open the door.
3. Let's not eat out.
4. Don't let him in.
5. Don't avoid sunlight.
6. Don't neglect your work.
7. Let's not tighten our belts.
8. Don't let him solve the problem.
9. Don't submit your resignation.
10. Don't bring the scissors.

Putting It All Together

FILLING

1. Cut up
2. Place
3. Add
5. Set

CRUST

3. Mix
5. Knead

COMBINE FILLING AND CRUST

1. Preheat
3. Pour
4. Put
5. Pinch
6. Bake
7. Remove

OPTIONAL RECIPE

3. Buy

CAPÍTULO 9

¿Cuánto sabes?

1. Susan wrote the article.
   Voz pasiva: The article was written by Susan.
   Forma negativa: The article was not written by Susan.
   Pregunta: Was the article written by Susan? *o* Wasn't the article written by Susan?
2. The people elect the president.
   Voz pasiva: The president is elected by the people.
   Forma negativa: The president is not elected by the people.
   Pregunta: Is the president elected by the people? *o* Isn't the president elected by the people?

¡PRACTIQUEMOS! 9A

1. Many beautiful houses were designed by Frank Lloyd Wright.
2. The modern assembly line was developed by Henry Ford.
3. Income tax is collected by the Internal Revenue Service.
4. The peanut was developed by George Washington Carver.
5. Samuel Alito was nominated to the Supreme Court by George Bush.
6. The painting is being restored by Carlos.
7. The sound barrier was broken by Chuck Yeager in 1947.
8. The car was being fixed by Dave.
9. The 2016 World Series was won by the Chicago Cubs.
10. The ground was covered by snow.

¡PRACTIQUEMOS! 9B

1. The umbrella was left by Paul./The umbrella was not left by Paul.
2. The cat is being chased by the dog./The cat is not being chased by the dog.
3. The farm was bought by the man./The farm was not bought by the man.
4. The gift was acknowledged by Ryan and Sara./The gift was not acknowledged by Ryan and Sara.
5. The floor is being worn out by you./The floor is not being worn out by you.

¡PRACTIQUEMOS! 9C

1. The committee was convinced by me to pass the motion./Was the committee convinced by me to pass the motion?
2. The stolen paintings were recovered by the police./Were the stolen paintings recovered by the police?
3. The image is magnified by the lens./Is the image magnified by the lens?
4. The role of Charlemagne will be played by Brett./Will the role of Charlemagne be played by Brett?
5. The seeds are being scattered by the farmer./Are the seeds being scattered by the farmer? or The seeds are scattered by the farmer./Are the seeds scattered by the farmer?
6. Our house was struck by lightning./Was our house struck by lightning?

Putting It All Together

1. The Bill of Rights was written by the Founding Fathers in 1791.
2. Freedom of speech is guaranteed by the First Amendment of the Bill of Rights.
3. National and local news was provided by many newspapers.
4. Hearst's life is parodied by the movie *Citizen Kane*.
5. Radio had been overtaken by television.
6. The Vietnam War was covered by CBS's Ed Bradley.
7. Current events can be written about by individuals.
8. A great role will be played by the Internet.

CAPÍTULO 10

¿Cuánto sabes?

1. to go to the movies
2. to do our homework
3. drinking
4. Smoking

¡PRACTIQUEMOS! 10A

1. to study in China
2. to believe the news
3. to visit Miami
4. to speak Arabic
5. to pay attention
6. to postpone the exam
7. to pay the bills
8. to avoid the accident
9. to be on vacation
10. to lock the door

¡PRACTIQUEMOS! 10B

1. smoking
2. eating
3. committing
4. cleaning
5. bothering
6. streaming
7. getting
8. making *o* to make
9. singing *o* to sing
10. Keeping

Putting It All Together

CRUCIGRAMA

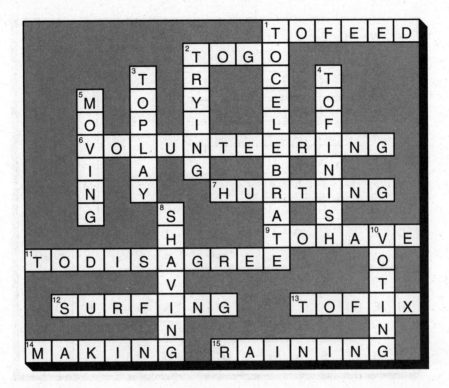

CAPÍTULO 11

¿Cuánto sabes?

1. fathers-in-law
2. tomatoes
3. cherries
4. ovens
5. offices
6. teeth
7. children
8. actress (actor es también posible como forma femenina)
9. congresswoman
10. mare

¡PRACTIQUEMOS! 11A

BUSCAPALABRAS

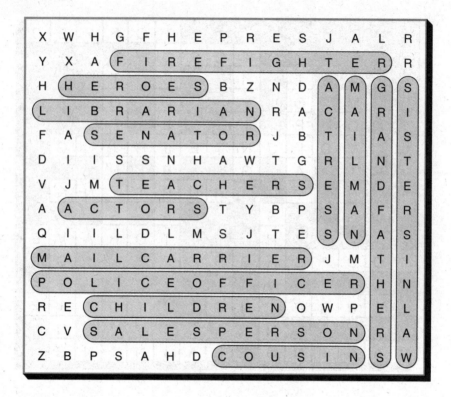

¡PRACTIQUEMOS! 11B

He / She / It?

1.	father	he
2.	cow	she/it
3.	imagination	it
4.	ship	it/she
5.	librarian	he/she
6.	doctor	he/she
7.	mail carrier	he/she
8.	attorney	he/she
9.	princess	she
10.	cousin	he/she
11.	lioness	she/it
12.	charisma	it
13.	salesman	he
14.	sow	she/it
15.	actor	he/she
16.	firefighter	he/she
17.	salesperson	he/she
18.	mechanic	he/she
19.	coach	he/she
20.	heroine	she

¡PRACTIQUEMOS! 11C

1. cards
2. women
3. children
4. waiters
5. skies
6. attorneys
7. potatoes
8. hatches
9. deer
10. feet
11. knives
12. brothers-in-law
13. losses
14. bunnies
15. signs
16. houses
17. mice
18. criteria
19. leaves
20. service stations

Putting It All Together

¿SINGULAR O PLURAL?

1. are playing
2. sings
3. raises
4. loves
5. has
6. loves
7. is deciding
8. has
9. argue
10. are
11. is
12. marches

SINGULAR → PLURAL

1. brothers-in-law
2. These keys
3. Our congressmen
4. The firefighters
5. They/actresses
6. sheep
7. serfs
8. potatoes
9. silos

10. syllabi (*o* syllabuses)
11. poets laureate
12. copy editors
13. firemen
14. justices
15. hooves

CAPÍTULO 12

¿Cuánto sabes?

1. Our
2. her
3. my boss's office
4. the children's teacher
5. Julian and Kelly's house

¡PRACTIQUEMOS! 12A

1. Our puppy is cute.
2. I like your sister.
3. Can you lend me your book?
4. We love our university.
5. Where is your homework?
6. My mother is beautiful.
7. Our family lives in Chicago.
8. his computer
9. his computers
10. A leopard can't change its spots. (Fig.: El árbol que nace torcido jamás sus ramas endereza.)
11. Where did you buy your furniture?
12. My son lost his shoes.
13. Please open your books to page 23.
14. Please open your book to page 23.
15. her boyfriend
16. her cousins
17. his cousins

¡PRACTIQUEMOS! 12B

1. the farmer's tractor
2. the women's team
3. the woman's cell phone
4. the building's entrance
5. the mayor of New York/New York's mayor
6. the author of the book/the book's author
7. the planet's climate
8. Susan's bicycle
9. Jesus' birth
10. the friends' party

Putting It All Together

1. Quality at <u>its</u> best!
2. Sheriff's Office/deputies
3. father's/year's/cars/IIHS's/dealer's

GRAMÁTICA EN CONTEXTO

(1) a; (2) c; (3) b; (4) c; (5) a; (6) b; (7) a; (8) c; (9) a; (10) b

CAPÍTULO 13

¿Cuánto sabes?

1. Lake Tahoe
2. The Space Age
3. ningún artículo
4. a
5. The

¡PRACTIQUEMOS! 13A

1. Lake Michigan
2. The English Channel, England, France
3. The Alps
4. Mount Everest
5. Route 95
6. Canada, the Dominican Republic
7. the Mediterranean Sea

¡PRACTIQUEMOS! 13B

1. Friday/on Friday.
2. Dr. McCallum
3. North Carolina
4. Saint Louis, Midwest
5. Japan, Japanese
6. Money, happiness
7. my toe, the stairs

¡PRACTIQUEMOS! 13C

a helicopter
a podium
an address
a ship
a turban
an elephant
a ballpoint pen
an Easter egg
a guitar
an old camera
a wonderful article
an X-ray

1. My favorite instrument is <u>the</u> violin.
2. Harry missed <u>the</u> bus this morning.
3. "How did you break your leg?"
   "I tripped over <u>a</u> toy in <u>the</u> hallway."
4. We like classical music.
5. It's about to rain. I see clouds (some clouds) in <u>the</u> west.
6. Otto is learning Japanese.
7. I'd like to know more about <u>the</u> Japanese way of life.
8. "Where are your pants?"
   "They're in <u>the</u> dryer."
9. Mike lives in Canada.
10. My friend Medi is from <u>the</u> United Arab Emirates.
11. At what time does <u>the</u> store close?
12. "Is the Earth round?"
    "No, it's <u>a</u> sphere."
13. "You should complain to <u>the</u> mayor."
    "Mayor Smith? Will he help me?"
14. I like cake, but not in <u>the</u> morning.
15. "Would you like rice (some rice)?"
    "No, thank you."
16. We need to go to the store to buy flour (some flour).
17. Eric wants to be <u>an</u> agent in <u>the</u> FBI.
18. Ouch! I just hurt <u>my</u> hand!
19. Would you like tea (some tea)?
20. Frank and Maryrose live in <u>a</u> yellow house at <u>the</u> corner of Elm Street and Delaware Avenue. (O ...<u>the</u> yellow house... si quieres precisar.)
21. *The Canterbury Tales*
22. *Gone with the Wind*
23. *An American in Paris*
24. *War and Peace*
25. *A Raisin in the Sun*
26. *The Day the Earth Stood Still*
27. *A Tale of Two Cities*
28. *To Kill a Mockingbird*

CAPÍTULO 14

¿Cuánto sabes?

1. practical
2. thankful
3. relative
4. tempting
5. another
6. Presbyterian

¡PRACTIQUEMOS! 14A

(1) superficial; (2) intolerable; (3) convenient; (4) pleasant; (5) secondary

¡PRACTIQUEMOS! 14B

(1) black, dangerous, old; (2) pretty; (3) interesting; (4) mechanical

¡PRACTIQUEMOS! 14C

Aquí tienes unas respuestas posibles:
dependable, beneficial, suitable, phenomenal, practical, athletic, energetic, vibrant, primary, confident, independent, intelligent, diligent, careful, wonderful, flexible, active, marvelous, organized, excited, amazing, challenging, exciting, superior

Grammar in Context

I am very <u>interested</u> in the position that you advertised in last week's *Daily Tribune*. I am <u>intelligent</u> and very <u>organized</u>. In fact, at my last job, I was so <u>wonderful/marvelous</u> that the other employees were <u>inspired</u>. We increased sales by one hundred percent! Fortunately, I'm <u>flexible</u> and if you hire me I can begin next week. The position at your company sounds very <u>challenging</u>. I am <u>confident</u> that you will find my background to be <u>appropriate</u> for the position.

TRUE OR FALSE?

1. F
2. F
3. F
4. T
5. F

NATIONALITIES CROSSWORD

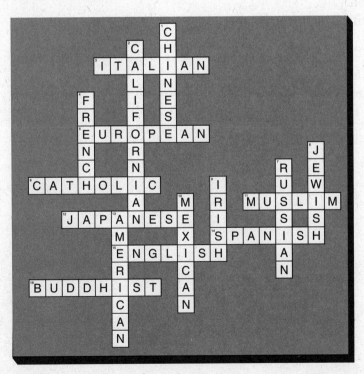

Putting It All Together

A. SENTENCE SCRAMBLE

1. We looked for a suitable place to pitch our tent.
2. Your political views are very interesting.
3. The vain actor chose cosmetic surgery so he could look young again.
4. The travelers stopped at the scenic overlook.
5. Please limit your comments to constructive criticism.
6. Fran's tireless efforts were rewarded.
7. You can't teach an old dog new tricks.
8. Aaron sat down in a wooden chair.

B. ADJECTIVE AND NOUN PLACEMENT

Route 66 was a <u>famous</u> American <u>highway</u> that connected Chicago and Los Angeles.

The <u>picturesque</u> <u>route</u> was planned in the 1920s and completed during the 1930s. Route 66 provided a <u>much-needed</u> <u>link</u> for the <u>rural</u> <u>areas</u> and <u>small</u> <u>towns</u> in the <u>vast</u> <u>countryside</u> between Chicago and Los Angeles. <u>Numerous</u> gas <u>stations</u> and <u>quaint</u> <u>motels</u> were built along the route, offering <u>safe</u> and <u>comfortable</u> services to <u>weary</u> <u>travelers.</u> Although Route 66 has been replaced by our <u>interstate</u> highway <u>system,</u> every summer <u>nostalgic</u> <u>vacationers</u> still follow what remains of it.

CAPÍTULO 15

¿Cuánto Sabes?

1. now
2. carefully
3. the day before yesterday
4. I sing badly.
5. My mother got up early.

BUSCAPALABRAS

```
P  B  L  A  T  E  I  S  O  D  S  O  O  N  W
A  D  C  U  U  A  A  W  G  H  H  R  N  O  W
L  P  U  A  I  R  A  B  R  U  P  T  L  Y  S
V  G  L  C  R  L  I  T  T  L  E  D  Y  O  E
S  R  Z  C  O  Y  K  A  N  G  R  I  L  Y  L
I  B  Q  E  N  O  R  M  O  U  S  L  Y  H  F
J  N  M  P  I  T  T  E  D  A  I  L  Y  L  I
U  Q  D  T  C  H  I  L  D  I  S  H  L  Y  S
U  V  R  A  A  K  V  M  S  T  J  O  Z  H
Y  P  U  B  L  I  C  L  Y  V  E  R  Y  D  L
S  L  H  L  L  N  A  T  I  O  N  A  L  L  Y
D  T  S  Y  Y  M  C  B  L  S  T  P  U  S  I
W  I  I  L  I  B  E  R  A  L  L  Y  D  R  I
Q  O  S  A  Q  U  I  C  K  L  Y  I  I  Q  G
D  T  O  C  D  H  Q  Q  Q  F  I  L  X  N  Z
```

abruptly	early	little	publicly
acceptably	enormously	nationally	quickly
angrily	ironically	now	selfishly
childishly	late	only	soon
daily	liberally	persistently	very

¡PRACTIQUEMOS! 15A

1. They play chess extremely well.
2. The weather is intolerably hot.
3. The deer stopped abruptly when it saw the car.
4. Pete slammed the door angrily./Pete angrily slammed the door.
5. René's book is enormously popular.
6. We defeated the other team pretty quickly.
7. You are behaving childishly!
8. I would like to be financially independent.
9. His office is upstairs.
10. Francine usually texts me early in the afternoon.

Putting It All Together

ironically
astoundingly
intelligently
fast/quickly
freely
favorably
beautifully
athletically

well
necessarily
nationally
ordinarily
truly
loud/loudly
easily
immensely
absolutely
angrily
carefully
lately

1. I'm <u>almost</u> certain that I locked the door.
2. Your cooperation is <u>greatly</u> appreciated.
3. Dr. Smith is <u>away</u> this afternoon.
4. What have you done for me <u>lately/recently</u>?
5. This dessert is <u>very</u> tasty.
6. Madeleine presented her case <u>very eloquently</u>.
7. Tom got up <u>early</u> to fly to Switzerland.
8. Frederick <u>really</u> likes to go sailing.
9. When you're working on a computer you should save your work <u>often</u>.
10. When are you going to Las Vegas <u>again</u>? *o* When are you going <u>again</u> to Las Vegas?
11. We feel bad about what happened to you. *o* We feel badly about what happened to you.
12. Harper usually backs up her files to the cloud.

CAPÍTULO 16

¿Cuánto sabes?

1. wider, better, worse, more exciting
2. coldest, best, happiest, most tired
3. b
4. Bob is taller than Marco.
   Marco is as tall as Hervé.

¡PRACTIQUEMOS! 16A

1. more acceptable
2. rounder
3. more scenic
4. sillier
5. more thankful
6. more rural
7. nicer
8. more refreshing
9. rougher
10. faster

¡PRACTIQUEMOS! 16B

1. the shiniest
2. the most adorable
3. the biggest
4. the most tasteless
5. the most wonderful
6. the wettest
7. the best
8. the newest
9. the earliest
10. the most athletic

¡PRACTIQUEMOS! 16C

1. Otto walks more quickly.
2. George reads the most slowly.
3. Madeleine dresses the most elegantly.
4. Richard drives the least dangerously.
5. Anne and Marie travel farthest.
6. Dan answers more correctly.
7. We answer less correctly.
8. Sue talks more clearly.
9. I sing the best.
10. You should work less quickly and more carefully.

Putting It All Together

A. U.S. Mountains

1. Yes, Mount Denali is the tallest mountain.
2. Yes, Mount Mitchell is taller than Mount Rushmore.
3. Mount Davis is the shortest (mountain on the list).
4. No, Mount Marcy is not as tall as Mount Rushmore. *o* No, Mount Rushmore is taller than Mount Marcy.
5. Yes, they are shorter than Mount St. Helens. *o* Yes, Mount St. Helens is taller than Mount Kilauea and Mount Davis.

B. The Race

1. No, Bill did not run more quickly than Peter. *o* No, Peter ran more quickly than Bill.
2. John ran the most quickly (of all). *o* John ran more quickly than all the other students.
3. Arnold ran the least quickly (of all).
4. Yes, Peter ran less quickly than John.
5. No, Carl ran more quickly than Mark.

CAPÍTULO 17

¿Cuánto sabes?

1. to *o* in order to
2. despite *o* in spite of
3. ran into
4. from
5. during

¡PRACTIQUEMOS! 17A

1. to
2. close to *o* near
3. in, during
4. According to, across
5. in, above
6. to, between
7. in case of
8. after
9. next to
10. since

Putting It All Together

1. because of
2. hang up
3. near
4. listen to
5. behind her *o* after her
6. for them
7. pay for
8. clean *o* clean up
9. run out of
10. leave out
11. closed *o* closed up
12. to him
13. burn down
14. instead of
15. looking forward to

Grammar in Context

The *Star Spangled Banner* was written <u>in</u> 1814 <u>by</u> Francis Scott Key. It describes the shelling <u>of</u> Fort McHenry <u>during</u> the War of 1812. Key wrote the *Star Spangled Banner* as a poem and it was later put <u>to</u> music. The *Star Spangled Banner* is played <u>before</u> many public functions, especially sporting events.

Oh, say can you see <u>by</u> the dawn's early light
What so proudly we hailed <u>at</u> the twilight's last gleaming?
Whose broad stripes and bright stars <u>thru</u> the perilous fight,

O'er the ramparts we watched were so gallantly streaming?
And the rockets' red glare, the bombs bursting <u>in</u> air,
Gave proof <u>through</u> the night that our flag was still there.
Oh, say does that star-spangled banner yet wave
<u>O'er</u> the land <u>of</u> the free and the home <u>of</u> the brave?

1. The *Star Spangled Banner* was written in 1814.
2. Francis Scott Key wrote the *Star Spangled Banner*. *o* The *Star Spangled Banner* was written by Francis Scott Key. (Ver el capítulo 9.)

CAPÍTULO 18

¿Cuánto sabes?

1. They
2. mine
3. for you
4. her
5. To whom

¡PRACTIQUEMOS! 18A

1. *ellos*; They
2. *nosotros o nosotras*; We
3. *ellas*; They
4. *vosotros o vosotras, ustedes*; You
5. *ellos*; They
6. *él*; He
7. *ella*; She
8. *nosotros, nosotras*; We

¡PRACTIQUEMOS! 18B

1. mine
2. yours
3. theirs
4. hers
5. ours
6. his, hers
7. theirs
8. yours

¡PRACTIQUEMOS! 18C

1. without you
2. before them
3. to her
4. from them
5. with us
6. by him
7. to me
8. for you

¡PRACTIQUEMOS! 18D

1. them
2. you
3. her
4. him
5. it
6. them
7. it
8. him
9. her
10. it

¡PRACTIQUEMOS! 18E

1. that *o* which
2. who
3. whom
4. whose
5. who
6. whom
7. that *o* which
8. which

¡PRACTIQUEMOS! 18F

1. Who is watching a movie?
2. What is Mike watching?
3. Who is talking to Mrs. Applebee?
4. With whom are you speaking?
5. Whose watch is broken? *o* What is broken?
6. Which do you prefer? *o* Which color do you prefer?
7. What did you eat? (*Ver la página 29, cómo hacer preguntas en el pretérito*)
8. Whose backpack is this?
9. To whom should I address my letter? *o* To whom should we address our letter?
10. Which movie do you want to see?

Putting It All Together

CRUCIGRAMA

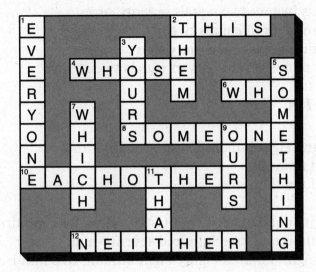

CAPÍTULO 19

¿Cuánto sabes?

1. seventeen
   thirty-four
   twenty-two thousand, five hundred eighty-five
   twelve million, five hundred forty-three thousand, two hundred twenty-one
2. August twentieth, eighteen sixty-three
   June sixth, nineteen forty-four
3. third
   twenty-seventh
   five hundred fortieth
   fifty-first

¡PRACTIQUEMOS! 19A

three books
fifteen stories/floors
four cars
one house
twelve eggs/one dozen eggs
eleven men
fourteen trees
ten pens
nine cats
eighteen chairs

¡PRACTIQUEMOS! 19B

1. Forty-two divided by seven equals six.
2. Ninety-nine minus sixty equals thirty-nine.
3. Twenty-six plus thirty-three equals fifty-nine.

4. Eighty-five plus six equals ninety-one.
5. Twenty times four equals eighty.
6. Sixty divided by fifteen equals four.
7. Fifty-five plus twenty-two equals seventy-seven.
8. Nineteen minus seven equals twelve.
9. Thirty-two times two equals sixty-four.
10. Ninety-nine minus seventy-seven equals twenty-two.

¡PRACTIQUEMOS! 19C

1. fifty-five
2. three thousand eight hundred *o* thirty-eight hundred
3. one hundred thousand
4. one hundred ten thousand
5. two million
6. fifteen million, one hundred twenty thousand, four hundred fifty-five
7. twenty-five thousand, two hundred seventy-nine
8. five billion, eight hundred eighty-eight million, two hundred twenty-two thousand, six hundred forty-three
9. one hundred seventy-seven thousand, eighty-two
10. twenty-eight million, fifty

¡PRACTIQUEMOS! 19D

1. It's ten after ten at night.
2. It's noon.
3. It's five after eight in the morning. *o* It's eight-oh-five in the morning.
4. It's nine in the evening. *o* It's nine P.M. *o* It's nine o'clock.
5. It's seven ten in the evening. *o* It's ten after seven.

¡PRACTIQUEMOS! 19E

1. It's two thirty-seven P.M. *o* It's two thirty-seven in the afternoon.
2. It's eight fifty-five A.M. *o* It's eight fifty-five in the morning. *o* It's five 'til 9 in the morning.
3. It's one twenty A.M. *o* It's one twenty in the morning.
4. It's nine thirty P.M. *o* It's nine thirty in the evening. *o* It's half past nine in the evening.
5. It's eleven forty-five P.M. *o* It's eleven forty-five at night. *o* It's a quarter 'til midnight.

¡PRACTIQUEMOS! 19F

1. twenty-second
2. fifty-fifth
3. one hundred seventh
4. twelfth
5. two hundred third
6. eighty-first
7. seventy-seventh
8. ninety-ninth
9. two thousand five hundredth
10. two thousand five hundred fourth

¡PRACTIQUEMOS! 19G

1. August twenty-ninth, nineteen eighty-two
2. January first, eighteen fifty-two
3. October thirty-first, seventeen eighty-four
4. May fifth, two thousand twenty-three
5. February sixteenth, nineteen ten
6. the eleventh century
7. the twenty-fourth century
8. the twentieth century
9. the seventeenth century
10. the fifth century

¡PRACTIQUEMOS! 19H

1. three-fourths *o* three quarters
2. one-fifth
3. two and a half yards *o* two and one-half yards
4. two-thirds
5. three and a half buckets *o* three and one-half buckets
6. nine-tenths
7. seven-sixteenths of an inch
8. nine and a half weeks *o* nine and one-half weeks
9. five and a half days *o* five and one-half days
10. seven-eighths of an ounce

Putting It All Together

A. POPULATIONS

1. The population of St. Paul is three hundred two thousand, three hundred ninety-eight.
2. The population of Denver is six hundred ninety-three thousand sixty.
3. The population of Washington, D.C., is six hundred eighty-one thousand, one hundred seventy.
4. The population of Joliet is one hundred forty-eight thousand, two hundred sixty-two.
5. The population of New York is eight million, five hundred thirty-seven thousand, six hundred seventy-three.
6. The population of Chicago is two million, seven hundred four thousand, nine hundred fifty-eight.
7. The population of Las Vegas is six hundred thirty-two thousand, nine hundred twelve.
8. The population of Honolulu County is nine hundred ninety-two thousand, six hundred five.

B. PRESIDENTS

1. The second president was John Adams. He served from seventeen ninety-seven until eighteen oh one.
2. The sixteenth president was Abraham Lincoln. He served from eighteen sixty-one until eighteen sixty-five.

3. The thirty-second president was Franklin Delano Roosevelt. He served from nineteen thirty-three until nineteen forty-five.
4. The fortieth president was Ronald Reagan. He served from nineteen eighty-one until nineteen eighty-nine.
5. The twenty-eighth president was Woodrow Wilson. He served from nineteen thirteen until nineteen twenty-one.
6. The third president was Thomas Jefferson. He served from eighteen oh one until eighteen oh nine.
7. The thirty-seventh president was Richard Nixon. He served from nineteen sixty-nine until nineteen seventy-four.
8. The twenty-first president was Chester A. Arthur. He served from eighteen eighty-one until eighteen eighty-five.
9. The forty-fourth president was Barack Obama. He served from two thousand nine until two thousand seventeen. *o* He served from twenty oh nine until twenty seventeen.
10. The twenty-sixth president was Theodore Roosevelt. He served from nineteen hundred one until nineteen hundred nine. *o* He served from nineteen oh one until nineteen oh nine.

CAPÍTULO 20

¿Cuánto sabes? (Sugerencias)
1. Wow!
2. Yecch!
3. Oh no!

¡PRACTIQUEMOS! 20A
1. Yay! *o* Yippee!
2. Ouch! *o* Ow!
3. Oops! *o* Whoops!
4. Yecch! *o* Yuk!
5. Wow!
6. Darn!
7. Awesome! *o* Bravo!
8. Oh no!

Putting It All Together

BUSCAPALABRAS

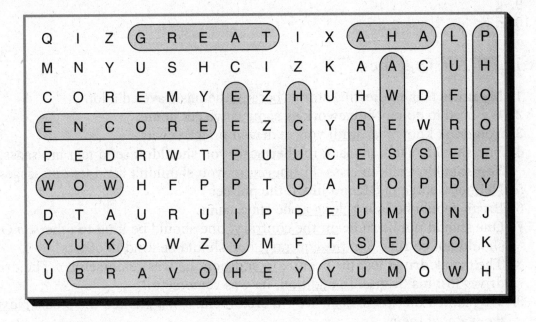

SITUACIONES

1. c
2. d
3. a
4. b
5. d

¡EXCLAMACIONES!

1. Wow! *o* Ooh!
2. Aha!
3. Phooey! *o* Yecch! *o* Yuk!
4. Yum!

CAPÍTULO 21

¿Cuánto sabes?

1. as soon as
2. Meanwhile,
3. provided that
4. unless

¡PRACTIQUEMOS! 21A

1. b
2. c
3. a
4. e
5. i

6. h
7. f
8. j
9. g
10. d

Putting It All Together

1. My uncle tells interesting stories <u>because</u> he has traveled a lot.
2. We need to do our homework <u>as soon as</u> we get home.
3. You don't know fear <u>until</u> you've driven on a freeway.
4. You shouldn't talk in class; <u>furthermore</u>, you shouldn't send text messages. *o* You shouldn't talk in class. <u>Furthermore</u>, you shouldn't send text messages.
5. <u>Neither</u> George <u>nor</u> Laura heard the phone.
6. Bryan should be safe <u>as long as</u> he stays calm.
7. One should not be rude; <u>on the contrary</u>, one should be kind to others. *o* One should not be rude. <u>On the contrary</u>, one should be kind to others.
8. The drunk driver lost his license; <u>in addition</u>, he was remorseful. *o* The drunk driver lost his license. <u>In addition</u>, he was remorseful.
9. We planted the seeds; <u>next</u>, we watered them. *o* We planted the seeds. <u>Next</u>, we watered them.
10. The plane flew west for two hours; <u>eventually</u>, the pilot saw land. *o* The plane flew west for two hours. <u>Eventually</u>, the pilot saw land.

CAPÍTULO 22

¿Cuánto sabes?

1. Julia, Mr. Jones's daughter, is a student at South High School.
2. My favorite Italian restaurant is Luigi's.
3. Tina asked who had let the dogs out of the house.
4. John said, "I volunteer."

Putting It All Together

A. *PUNTUACIÓN*

1. capital letter
2. comma
3. exclamation point
4. apostrophe
5. question mark

B. LA CORRESPONDENCIA PERSONAL

January 5, 2020

Dear Lyda,

How are you? My connecting flight was cancelled and I ended up here in Wisconsin. Instead of surfing and lying on the beach in Florida, I'm learning to ski. I'm sorry I won't be able to bring back the oranges I promised you. How about some cheese instead? Say hello to Ted, Connor, and Siena for me.

Love,

Marisol

Lyda Whorton
1060 West Addison Street
Chicago, IL 11113

C. LA CORRESPONDENCIA COMERCIAL

January 14, 2022

Mr. Horatio Yachenfluster, Director
Dairy Airlines
123 Airport Road
Bloomsburg, Wisconsin 11114

Mr. Yachenfluster:

I am writing to complain about the service your airline provided on January 3, 2010. As you know, the 10 A.M. flight was delayed for seven hours. Finally, at midnight, the flight was canceled because the pilot had fallen asleep. A blizzard hit the next day and I was forced to spend my entire vacation at the Rusty Roof Inn. Fortunately, I had my luggage. Unfortunately, I was prepared for a week at the beach.

I have enclosed the receipts for the clothing I needed to buy in order to stay warm: one sweater, one coat, pair of boots, one hat, one pair of mittens, one scarf.

Thank you for your attention to this matter. I look forward to hearing from you.

Sincerely,

Ms. Marisol Hernández
10 East Addison Street
Chicago, Illinois 11113

Encl.

cc: Better Business Bureau

Vocabulario inglés-español
(English-Spanish Vocabulary)

PALABRAS ÚTILES QUE APARECEN EN ESTE LIBRO

above	de arriba	afraid, to be + inf.	tener miedo de
abridge (to)	abreviar, privar	African	africano, africana
absurdity	el disparate	after	después
accede (to)	acceder	afterwards	más tarde
accelerate (to)	acelerar	again	otra vez
acceptable	aceptable	against	en contra de
accompany (to)	acompañar	ago	hace + lapso de tiempo
account of, on	a causa de		
accurate	exacto, exacta	ago, two days	hace dos días
acquire (to)	adquirir	agree (to)	acordar
across	a través	agreeable	agradable
actor	el actor	ahead	delante
actress	la actriz	ahead of	por delante de
actually	en realidad	all	todo
add (to)	añadir	all over	por todas partes
adversity	la adversidad	allay (to)	calmar
advice	el consejo	alleviate (to)	aliviar
advise (to)	aconsejar a	allot (to)	asignar

almost	casi	athletic	atlético
already	ya	attach (to)	adjuntar
alter (to)	alterar	audience	el público
always	siempre	August	agosto
amazing	asombroso, asombrosa, extraordinario, extraordinaria	aunt	la tía
		avoid (to)	evitar
		away	fuera
amazingly	extraordinariamente	awful	horrible
amendment	la enmienda	badly	mal
American	americano, americana, estadounidense	bake (to)	hornear
		ballpark	el estadio de béisbol
analysis	el análisis	ballpark figure	una cifra aproximada
anchor, anchorman, anchorwoman	el presentador, la presentadora	band	el grupo, la banda
angry	enojado, enojada	barrier, sound	la barrera del sonido
annoy (to)	apestar, molestar	baseball	el béisbol
annually	anualmente	be (to)	ser, estar
another	otro, más	beautiful	bello, bella, hermoso, hermosa
anywhere	en cualquier parte	beautifully	bellamente
appear (to)	aparecer, parecer	beauty	la belleza
apply (to)	aplicar, solicitar	become (to)	volverse
appoint (to)	nombrar	behind	detrás, detrás de
approximate	aproximado, aproximada	believe (to)	creer
April	abril	below	abajo, por debajo
army	el ejército	beneath	debajo
around	cerca	beneficial	beneficioso
artistic	artístico	benefit (to)	beneficiar
as for	en cuanto a	best	el / la mejor
ask (to)	pedir	better	mejor
assembly line	la cadena de montaje, la línea de montaje	between	entre
		birth	el nacimiento

black	negro, negra	cease (to) + inf.	cesar de
blog	el blog	cell phone	el teléfono móvil
blue	azul	chair	la silla, el presidente, la presidenta
boss	el jefe, la jefa	chairman	el presidente
bother (to)	molestar	chairperson	el presidente, la presidenta
box	la caja		
boy	el muchacho	chairwoman	la presidenta
boyfriend	el novio	challenge (to)	desafiar
bread	el pan	championship	el campeonato
break (to)	romper	charisma	el carisma
breathe (to)	respirar	cheap	barato, barata
briskly	con brío	checkup	el chequeo
brother	el hermano	chief	el jefe
brother-in-law	el cuñado	child	el niño, la niña
brown	marrón	childish	infantil
building	el edificio	Chinese	chino, china
bull	el toro	chocolate	el chocolate
bus	el autobús	choir	el coro
buy (to)	comprar	chores	las tareas
by	delante	Christian	cristiano, cristiana
cage	la jaula	church	la iglesia
calculator	la calculadora	cinnamon	la canela
calf	el ternero	circumference	la circunferencia
Canadian	canadiense	city	la ciudad
car	el coche	clarification	la aclaración
careful	cuidadoso, cuidadosa, prudente	clarify (to)	clarificar, aclarar
		class	la clase
carefully	cuidadosamente, con cuidado	clean (to)	limpiar
carry (to)	llevar	climate	el clima
cashier	el cajero, la cajera	climb (to)	subir
Catholic	católico, católica	close [kloʊs]	cerca

close (to) [klouz]	*cerrar*	criterion	*el criterio*
close to	*cerca de*	critical	*crítico, crítica*
coalition	*la coalición*	crowd	*la multitud, el público*
college	*la universidad*	crust	*la corteza*
comic	*cómico, cómica*	cry (to)	*llorar*
commit (to)	*cometer*	Cuban	*cubano*
committee	*el comité*	cure	*curar*
commonly	*generalmente*	curiously	*curiosamente*
company	*la empresa*	currently	*actualmente*
compel (to)	*obligar*	cut up (to)	*cortar*
computer	*la computadora, el ordenador*	daily	*diario, diaria, cotidiano, cotidiana*
confidently	*con confianza*	dance (to)	*bailar*
congress	*el congreso*	dangerous	*peligroso, peligrosa*
congressperson	*el congresista, la congresista, el miembro del Congreso*	database	*el banco de datos*
		daughter	*la hija*
consist (to)	*consistir*	deal (to)	*negociar, repartir*
constantly	*constantemente*	death	*la muerte*
contaminate (to)	*contaminar*	December	*diciembre*
continent	*el continente*	decide (to) + inf.	*decidirse*
continue (to) + gerundio	*seguir + gerundio*	decline (to)	*declinar*
		decry (to)	*criticar*
convenience store	*una tienda de barrio*	deer	*el ciervo*
convey (to)	*transportar, transmitir*	defer (to)	*diferir*
countryside	*el campo*	defy (to)	*afrontar, desafiar*
county	*el condado*	delay	*el retraso*
couple	*la pareja*	delight (to)	*encantar*
cousin	*el primo, la prima*	demonstrate (to)	*demostrar*
cow	*la vaca*	deny (to)	*negar*
creed	*el credo*	dependable	*fiable*
crew	*la tripulación, el grupo, el equipo*	deploy (to)	*utilizar*

desist (to)	desistir	Ecuadoran, Ecuadorean	ecuatoriano, ecuatoriana
destroy (to)	destruir	elephant	el elefante
detector, smoke	el detector de humo	elsewhere	en otra parte
die (to)	morir	emotional	emocional, emotivo, emotiva
differ (to)	ser diferente		
display (to)	exhibir, demostrar	employ (to)	emplear
diversity	la diversidad	enact (to)	promulgar
do (to)	hacer	encourage (to)	alentar
doctor	el médico, la médica	encouragement	el ánimo, el aliento
document (to)	documentar	endurance	el aguante, la resistencia
domestic	nacional		
dough	la masa	English	inglés
down	abajo	enjoy (to)	disfrutar de
download (to)	telecargar, bajar	enormously	enormemente
downstairs	abajo, en la planta inferior	enough	bastante
		equal	igual
draft (to)	redactar, escribir la primera versión	equality	la igualdad
		erase (to)	borrar
dry (to)	secar	European	europeo, europea
dryer	la secadora	evening, in the	por la noche, por la tarde
duchess	la duquesa		
duck	el pato, la pata	every	todo
duke	el duque	every day	todos los días
dye (to)	teñir	everyday	cotidiano, diario
dying, to be + inf.	estar muriendo, Fig. estar ansioso de	every two years	cada dos años
		everywhere	por todas partes
each	cada	evidence	la prueba
each other	el uno al otro	exam	el examen
eager, to be + inf.	estar ansioso de	excepting	excepto
early	temprano	exemplify (to)	ejemplificar
Earth, the	la Tierra	expect (to)	esperar
easy	fácil	expectation	la esperanza

experiment	*el experimento*	food	*la comida*
fabricate (to)	*fabricar*	foot	*el pie*
faculty	*la facultad*	forbid (to)	*prohibir*
family	*la familia*	forbidden	*prohibido, prohibida*
far	*lejos*	forget (to)	*olvidar*
farmer	*el granjero, la granjera*	forget (to) + inf.	*olvidarse de*
farther	*más lejos*	fortunately	*por suerte*
fast-moving	*rápido*	frail	*delicado, frágil*
father	*el padre*	freedom	*la libertad*
father-in-law	*el suegro*	freely	*libremente*
fault	*la culpa*	freeze (to)	*congelar, helar*
feasibly	*de manera viable*	Friday	*el viernes*
February	*febrero*	fry (to)	*freír*
fiancé	*el novio*	furniture	*los muebles*
fiancée	*la novia*	future, in the	*en el futuro*
fidget (to)	*moverse, no estar quieto*	gas station	*la gasolinera*
filling	*el relleno*	giant	*gigante*
finally	*finalmente, por fin*	girl	*la chica*
financially	*económicamente*	girlfriend	*la novia*
find (to)	*encontrar*	glass, magnifying	*la lupa*
finish (to)	*acabar*	golden	*dorado, dorada*
fire	*el fuego*	good	*bueno, buena*
firefighter	*el bombero*	goose	*la oca*
fish	*el pez*	graceful	*elegante, gracioso, graciosa*
fix (to)	*reparar*	grandfather	*el abuelo*
flash drive	*una llave portátil*	grandmother	*la abuela*
flight	*el vuelo*	gratefully	*con agradecimiento*
flock	*el rebaño*	greatly	*enormemente*
flour	*la harina*	green	*verde*
fly (to)	*volar*	grievance	*la queja*

Guatemalan	*guatemalteco, guatemalteca*	his (pron. posesivo)	*suyo, suya (de él)*
guilty	*culpable*	Hispanic	*hispánico, hispánica*
gulf	*el golfo*	historic	*histórico, histórica*
happiness	*la felicidad*	hoe (to)	*azadonar*
happy, to be + inf.	*estar encantado de*	homework	*los deberes*
hate (to)	*odiar*	Honduran	*hondureño, hondureña*
have to (to)	*tener que*	honor	*el honor*
health	*la salud*	hope (to)	*esperar*
healthy	*sano, sana*	horse	*el caballo*
hear (to)	*oír*	hospital	*el hospital*
heat	*el calor*	host	*el anfitrión, el presentador, la presentadora*
hen	*la gallina*		
her (adj. posesivo)	*su, sus (de ella)*	hostess	*la anfitriona, la presentadora*
her (después de una preposición)	*ella*	hotel	*el hotel*
her (pronombre de complemento)	*la*	hug (to)	*abrazar*
		hurt (to)	*doler*
herd	*el rebaño*	husband	*el marido*
here	*aquí*	ice-cream cone	*el cucurucho de helado*
hero	*el héroe*		
heroically	*heroicamente*	if	*si*
heroine	*la heroína*	imperative that..., It is	*Es urgente que...*
hers (pron. posesivo)	*suyo, suya (de ella)*	income tax	*el impuesto sobre la renta*
herself	*se, ella misma, a sí misma*	independently	*independientemente*
high	*alto, alta*	indoors	*dentro*
high and low	*de arriba abajo*	inevitable	*inevitable*
high school	*la escuela secundaria*	infer (to)	*inferir*
him (pronombre de complemento)	*lo*	influence	*la influencia*
		influential	*influyente*
himself	*se, él mismo, a sí mismo*	infrequently	*raramente*
his (adj. posesivo)	*su, sus (de él)*	initiate (to)	*iniciar*

inside	dentro, adentro	kiss	el beso
insist (to)	insistir	kite	la cometa
intelligent	inteligente	knead (to)	amasar
intend (to) + inf.	tener la intención de	kneel (to)	arrodillarse
intentional	deliberado	knife	el cuchillo
intolerably	insoportablemente	know how (to) + inf.	saber + inf.
investigate (to)	investigar	lake	el lago
investigation	la investigación	language	el idioma
invoice	la factura	lasso (to)	echar el lazo
ironic	irónico, irónica	last month	el mes pasado
it (después de una preposición)	él, ella	last night	anoche
		last Tuesday	el martes pasado
it (pronombre de complemento)	la, lo	last week	la semana pasada
It is required that...	Es necesario que...	last year	el año pasado
It is urgent that...	Es urgente que...	lately	recientemente
its	su, sus	later, later on	más tarde
itself	se, él mismo, ella misma, a sí mismo, a sí misma	laugh (to)	reír
		launch (to)	lanzar
January	enero	lawful	legal, legítimo, legítima
jealously	con envidia	lawyer	el abogado, la abogada
Jewish	judío, judía		
jokingly	en broma	lay (to)	poner
journalism	el periodismo	leaf	la hoja
July	julio	leap	el salto
June	junio	learn + inf.	aprender a
jury	el jurado	least	el / la menos
justice	la justicia, el juez, la jueza	leave (to)	salir
		leave out (to)	omitir
keep (to)	conservar	lend (to)	prestar
keep on (to) + participio presente	seguir + infinitivo	less	menos
key	la llave	lesson	la lección

letter	la carta, la letra	mayor	el alcalde
librarian	el bibliotecario, la bibliotecaria	mayoress	la alcaldesa
library	la biblioteca	me (después de una preposición)	mí
life	la vida	me (pronombre de complemento)	me
lightning bolt	el rayo	mean (to) + inf.	tener la intención de
lightning rod	el pararrayos	meanwhile	entretanto, mientras tanto
likely, to be + inf.	ser probable	measure (to)	medir
lion	el león	meat	la carne
lioness	la leona	medium	el medio (de comunicación)
listen to (to)	escuchar	metal; precious metal	el metal; el metal precioso
little	poco, poca	mete out (to)	imponer
loaf (of bread)	el pan	Mexican	mejicano, mejicana
located	situado, situada	middle name	el segundo nombre
look (to) forward to	tener muchas ganas; tener mucho deseo	Milky Way, the	la Vía Láctea
lose (to)	perder	mine	mío, mía
lunch	el almuerzo	misery	la miseria
magnify (to)	magnificar	mistake	el error
magnifying glass	la lupa	mix (to)	mezclar
mail carrier	el cartero, la cartera	moderation	la moderación
maintain (to)	mantener	Monday	el lunes
makeup	el maquillaje	Moon, the	la Luna
man	el hombre	more	más
manage (to) + inf.	conseguir	morning, in the	por la mañana
mankind	la humanidad	mosque	la mezquita
manner	la manera	mother	la madre
March	marzo	mother-in-law	la suegra
mare	la yegua	mountain	la montaña
margarine	la margarina	mouse	el ratón, la ratona
marry (to)	casarse con	mug (to)	atracar
May	mayo		

Muslim	musulmán, musulmana	occasionally	de vez en cuando, ocasionalmente, a veces
my	mi, mis	occur (to)	ocurrir
myself	me, yo mismo, a mí mismo	ocean	el océano
name, middle	el segundo nombre	October	octubre
nation	la nación	of	de
near	cerca, casi	offer (to) + inf.	ofrecerse para
necessary	necesario	often	frecuentemente, a menudo
need (to) + inf.	tener que	old	viejo
neglect (to)	descuidar	on account of	a causa de
neighborhood	el barrio	once	una vez, una vez que
nephew	el sobrino	once in a while	de vez en cuando
never	nunca	one another	el uno al otro
new	nuevo, nueva	only	solo, sólo
news	las noticias	orange	la naranja, naranja (adj.)
next	después, luego	orchestra	la orquesta
next month	el próximo mes	ordinarily	en general
next to	al lado de, cerca de	our (adj. posesivo)	nuestro, nuestra, nuestros, nuestras
next Tuesday	el próximo martes	ours (pron. posesivo)	nuestro, nuestra
next week	la próxima semana	ourselves	nos, nosotros mismos, nosotras mismas, a nosotros mismos
next year	el próximo año		
nicely	amablemente, bien		
niece	la sobrina	out	fuera
nightmare	la pesadilla	outdo (to)	superar
notebook	el cuaderno	outside	afuera, fuera
noticeable	evidente, notable	over	por encima, encima de, sobre
noticeably	perceptiblemente	over, to take	ocupar el poder
noun	el sustantivo	overdo (to)	exagerar, hacer demasiado
November	noviembre		
now	ahora	overlook (to)	pasar por alto, olvidar
occasion	la ocasión		

parakeet	*el periquito*	pour (to)	*verter*
parody (to)	*parodiar*	practically	*prácticamente*
partake (to)	*tomar parte en*	practice (to)	*practicar*
party	*la fiesta*	prefer (to)	*preferir*
pass (to)	*pasar*	preheat (to)	*precalentar*
pay (to)	*pagar*	prepare (to)	*preparar*
peace	*la paz*	president	*el presidente, la presidenta*
peaceably	*de manera pacífica*	press, the	*la prensa*
per your request	*según su demanda*	pretend (to)	*pretender, fingir*
persist (to)	*persistir*	prey on (to)	*aprovecharse de*
persistently	*con persistencia*	prince	*el príncipe*
pharmacist	*el farmacéutico, la farmacéutica*	princess	*la princesa*
picturesque	*pintoresco, pintoresca*	printer	*el impresor (persona), la impresora (máquina)*
pinch (to)	*pellizcar*		
pipe	*la cañería*	professor	*el profesor, la profesora*
place (to)	*poner*	prominent	*prominente*
plan (to) + inf.	*planear*	promise (to)	*prometer*
plane	*el avión*	pronoun	*el pronombre*
planets	*los planetas*	proof	*la prueba*
play (to)	*jugar, tocar*	proposal	*la propuesta*
plead (to)	*implorar, declararse inocente o culpable*	Protestant	*protestante*
pleasantly	*amablemente*	proud	*orgulloso, orgullosa*
please	*por favor*	provided that	*a condición que*
pleased, to be + inf.	*estar encantado de*	pry (to)	*fisgar, abrir con una palanca*
poet laureate	*el poeta laureado*		
police officer	*el agente, la agente de policía*	public	*público, pública*
portray (to)	*representar*	publicly / publically	*públicamente, en público*
postpone (to)	*aplazar, diferir, posponer*	Puerto Rican	*puertorriqueño, puertorriqueña*
potato	*la papa, la patata*	puppy	*el cachorro*

purpose	*el objetivo*	remember (to) + inf.	*acordarse de*
put (to)	*poner*	remove (to)	*sacar*
quality	*la calidad*	replace (to)	*reemplazar*
quiet	*la tranquilidad*	reply (to)	*responder, contestar, replicar*
quite	*bastante*	required that..., It is	*Es necesario que...*
rabbit	*el conejo*	resist (to)	*resistir*
racism	*el racismo*	respecting	*con respecto a*
radio	*la radio*	restore (to)	*restaurar, reestablecer*
radio (to)	*radiar*		
rains, when it	*cuando está lloviendo*	retrieve (to)	*recuperar, reparar*
rally (to)	*agruparse*	ride (to)	*ir, montar a / en*
rarely	*raramente*	right now	*ahora mismo*
rather	*bastante*	ring (to)	*sonar*
ratify (to)	*ratificar*	rise (to)	*subir*
rebel (to)	*rebelarse*	river	*el río*
recede (to)	*retirarse*	rodeo	*el rodeo*
recently	*recientemente*	role	*el papel, la función*
red	*rojo, roja*	roof	*el techo*
redress	*la reparación*	rooster	*el gallo*
refer (to)	*remitir, mandar*	run (to)	*correr*
reflect (to)	*reflejar*	Russian	*ruso, rusa*
refuse (to) + inf.	*rechazar (hacer algo)*	sad, to be + inf.	*estar triste de*
regarding	*con respecto a*	safe	*una caja fuerte*
regularly	*regularmente, normalmente*	salesperson	*el vendedor, la vendedora, el dependiente,*
reimburse (to)	*reembolsar*	Salvadoran	*salvadoreño, salvadoreña*
relatively	*relativamente*		
reliability	*la fiabilidad*	Saturday	*el sábado*
reluctantly	*de mala gana*	say (to)	*decir*
rely (to)	*atenerse, depender de*	scarf	*la bufanda*
remain (to)	*quedar, permanecer*	scenic	*escénico, escénica, pintoresco, pintoresca*

science fiction	la ciencia ficción	sink (to)	sumergir
sea	el mar	sister	la hermana
security	la seguridad	sister-in-law	la cuñada
see (to)	ver	sit (to)	sentarse
seek (to)	buscar	slay (to)	matar
seem (to)	parecer	sleep (to)	dormir
seldom	raramente	slit	el corte
self-evident	evidente	slug (to)	aporrear
self-expression	la autoexpresión	small	pequeño, pequeña
selfish	egoísta	smoke (to)	fumar
self-pity	la lástima de si mismo	smoke detector	el detector de humo
sell (to)	vender	sneak (to)	moverse a hurtadillas
senator	el senador, la senadora	snub (to)	desairar
September	septiembre	solar system, the	el sistema solar
server	el camarero, la camarera	solution	la solución
service	el servicio	solve (to)	solucionar
set aside (to)	apartar	some	alguno, alguna
set free (to)	liberar	someday	algún día
shake (to)	sacudir	something	algo
sheep	la oveja	sometimes	a veces
shine (to)	brillar	somewhat	un poco
shoe	el zapato	soon	pronto
shortening	la grasa	sound barrier	la barrera del sonido
shovel (to)	palear	sow	la cerda
sign (to)	firmar	Spanish	español, española
signature	la firma	Spanish-speaking	hispanohablante, hispanoparlante
since	desde, desde que, ya que	speak (to)	hablar
		sphere	la esfera
sing (to)	cantar	spit (to)	escupir
singe (to)	quemar	spite of, in	a pesar de

spy (to)	espiar	swim (to)	nadar
stag	el ciervo	syllabus	el programa
stairs	la escalera	symptom	el síntoma
stallion	el semental	synagogue	la sinagoga
stand (to)	estar de pie	system	el sistema
standardize (to)	normalizar	take (to)	tomar
state	el estado	take over (to)	ocupar el poder
steady (to)	estabilizar	talk (to)	hablar
steal (to)	robar	tax, income	el impuesto sobre la renta
stepsister	la hermanastra	teach (to)	enseñar
stereo	el equipo estereofónico	teacher	el maestro, la maestra
stop (to)	parar, dejar	team	el equipo
street	la calle	tear [tɪr] (to)	derramar lágrimas
strive (to)	esforzarse, afanarse	tear [ter] (to)	rasgar, rasgarse
stub (to)	tropezar	television; plasma television	la televisión, el televisor; el televisor plasma
student	el alumno, la alumna, el estudiante, la estudiante	tempt (to)	tentar
study (to)	estudiar	terrify (to)	aterrorizar
subdue (to)	someter	text message	el mensaje-texto
submit (to)	entregar	that	que
suggest (to)	sugerir	that (adj. demostrativo)	ese, esa, aquel, aquella
suitable	apropiado, apropiada	that, that one (pron. demostrativo)	ése, ésa, eso, aquél, aquélla, aquello
Sun, the	el Sol	the press	la prensa
Sunday	el domingo	theater	el teatro
superiority	la superioridad	their (adj. posesivo)	su, sus (de ellos, de ellas)
suppose (to)	suponer	theirs (pron. posesivo)	suyo
surely	sin duda, seguramente	them (después de una preposición)	ellos, ellas
swear (to)	jurar		
sweep (to)	barrer	them (pronombre de complemento)	las, los

themselves	se, ellos mismos, a sí mismos		tooth	el diente
then	entonces		top	la cima
theoretical	teórico		town	la ciudad
theory	la teoría		toy	el juguete
thereof	del mismo, de la misma		toy (to)	jugar con
these (adj. demostrativo)	estos, estas		train	el tren
these (pron. demostrativo)	éstos, éstas, estos		travel (to)	viajar
this (adj. demostrativo)	este, esta		truly	verdaderamente
this, this one (pron. demostrativo)	éste, ésta, esto		truth	la verdad
those (adj. demostrativo)	esos, esas, aquellos, aquellas		try (to)	esforzarse, intentar, probar
those (pronombre demostrativo)	ésos, ésas, aquéllos, aquéllas		Tuesday	el martes
though	aunque		ugliness	la fealdad
through	a través de		uncle	el tío
throw (to)	tirar		under	debajo
thunderstorm	la tormenta		underestimate (to)	desapreciar
Thursday	el jueves		understand (to)	entender
tie (to)	atar		unexpectedly	inesperadamente
time, it is (it's) + inf.	es hora de		unify (to)	unificar
timeless	eterno, eterna		union	el sindicato, el club
tip (to)	dar una propina, inclinar		university	la universidad
tireless	incansable		unless	a menos que
tomato	el tomate		unravel (to)	deshacer
tomorrow	mañana		until	hasta, hasta que
tomorrow afternoon	mañana por la tarde		up	arriba
tomorrow morning	mañana por la mañana		upstairs	arriba, en la planta superior
tomorrow, the day after	pasado mañana		urge (to)	rogar
too	también, demasiado		urgent that..., It is	Es urgente que...
			us (después de una preposición)	nosotros
			us (pronombre de complemento)	nos

usually	normalmente	white	blanco, blanca
vary (to)	variar	who	que
Venezuelan	venezolano, venezolana	Who? (pron. interrogativo)	¿Quién?
very	muy	whom	a quien
village	el pueblo	Whom? (pron. interrogativo)	¿A quién?; ¿De quién?
vindicate (to)	vindicar	whose	cuyo, cuya
violet	violeta	Whose? (pron. interrogativo)	¿De quién?
vital that..., It is	Es importante que...	width	el ancho
volunteer (to)	ofrecerse de voluntario	wife	la mujer, la esposa
wait (to)	esperar	win (to)	ganar
walk (to)	caminar	wipe (to)	limpiar
want (to)	querer	wise	sabio, sabia
warehouse	el almacén	wish (to)	desear
washable	lavable	with	con
watch	el reloj	within	dentro de, en
watch (to)	mirar	woman	la mujer
water	el agua	wood	la madera
way	la manera, el camino	wooden	de madera
wear (to)	llevar	word search	el buscapalabras
wedded	casado, casada	work (to)	trabajar
Wednesday	el miércoles	worse	peor
well	bien	worst	el / la peor
wet (to)	mojar	worth (to be)	valer
What? (pron. interrogativo)	¿Qué?	x-ray (to)	radiografiar
when	cuando	yellow	amarillo, amarilla
where	donde	yesterday	ayer
which	que	yesterday afternoon	ayer por la tarde
Which? (pron. interrogativo)	¿Cuál?	yesterday evening	ayer por la noche
while	mientras	yesterday morning	ayer por la mañana

yesterday, the day before	*anteayer*	yourself	*te, tú mismo, a ti mismo, se, Ud. mismo, a Ud.*
you (después de una preposición)	*ti, usted, ustedes, vosotros*	yourselves	*se, Uds. mismos, a sí mismos, vos, vosotros mismos, a vosotros mismos*
you (pronombre de complemento)	*te, la, lo, las, los*	zero (to)	*poner a cero*
your (adj. posesivo)	*tu, tus, su, sus (de Ud., de Uds.), vuestro, vuestra, vuestros, vuestras*		
yours (pron. posesivo)	*tuyo, tuya, suyo, suya (de Ud.), vuestro, vuestra, suyo (de Ud.)*		

Vocabulario español-inglés
(Spanish-English Vocabulary)

ESTA LISTA TE AYUDARÁ A ENCONTRAR LAS PALABRAS QUE APARECEN EN ESTE LIBRO

a causa de	on account of	abuelo (m.)	grandfather
a condición que	provided that	acabar	to finish
a menos que	unless	acceder	to accede
a pesar de	in spite of	acelerar	to accelerate
a quien	whom	aceptable	acceptable
¿A quién?	Whom? (pron. interrogativo)	aclaración (f.)	clarification
a través	across	acompañar	to accompany
a través de	through	aconsejar a	to advise
a veces	sometimes	acordar	to agree
abajo	below, down, downstairs	acordarse de	to remember + inf.
abogado (m.), abogada (f.)	lawyer	actor (m.)	actor
		actriz (f.)	actress
abrazar	to hug	actualmente	currently
abreviar	to abridge	adentro	inside
abril	April	adjuntar	to attach
abrir con una palanca	to pry	adquirir	to acquire
		adversidad (f.)	adversity
abuela (f.)	grandmother	afanarse	to strive

africano, africana	African	análisis (m.)	analysis
afrontar	to defy	ancho (m.)	width
afuera	outside	anfitrión (m.)	host
agente de policía (m., f.)	police officer	anfitriona (f.)	hostess
		ánimo (m.)	encouragement
agosto	August	anoche	last night
agradable	agreeable	ansioso de, estar	to be eager + inf.; Fig. to be dying + inf.
agradecimiento, con	gratefully		
agruparse	to rally	anteayer	yesterday, the day before
agua (f.)	water		
aguante (m.)	endurance	anualmente	annually
ahora	now	añadir	to add
ahora mismo	right now	año (m.) pasado	last year
al lado de	next to	aparecer	to appear
alcalde (m.)	mayor	apartar	to set aside
alcaldesa (f.)	mayoress	apestar	to annoy
alentar	to encourage	aplazar	to postpone
algo	something	aplicar	to apply
algún día	someday	aporrear	to slug
alguno	some	aprender a	to learn + inf.
aliento (m.)	encouragement	apropiado	suitable
aliviar	to alleviate	aprovecharse de	to prey on
almacén (m.)	warehouse	aproximado, aproximada	approximate
almuerzo (m.)	lunch		
alterar	to alter	aquel, aquella, aquello	that one (pron. demostrativo)
alto	high		
alumno (m.), alumna (f.)	student	aquellos, aquellas	those (adj. demostrativo)
		aquellos, aquellas	those (pronombre demostrativo)
amablemente	pleasantly		
amablemente, bien	nicely	aquí	here
amarillo, amarilla	yellow	arriba	up, upstairs
amasar	to knead	arriba abajo, de	high and low
americano, americana	American	arriba, de	above

arrodillarse	to kneel	bello, bella	beautiful
artístico	artistic	beneficiar	to benefit
asignar	to allot	beneficioso	beneficial
asombroso, asombrosa	amazing	beso (m.)	kiss
atar	to tie	biblioteca (f.)	library
atenerse	to rely	bibliotecario (m.), bibliotecaria (f.)	librarian
aterrorizar	to terrify	bien	well
atlético, atlética	athletic	blanco, blanca	white
atracar	to mug	blog (m.)	blog
aunque	though, although	bombero (m.)	firefighter
autobús (m.)	bus	borrar	to erase
autoexpresión (f.)	self-expression	brillar	to shine
avión (m.)	plane	brío (con brío)	briskly
avisar, sin	unexpectedly	bueno, buena	good
ayer	yesterday	bufanda (f.)	scarf
ayer por la mañana	yesterday morning	buscapalabras (m.)	word search
ayer por la noche	yesterday evening	buscar	to seek
ayer por la tarde	yesterday afternoon	caballo (m.)	horse
azadonar	to hoe	cachorro (m.)	puppy
azul	blue	cada	each
bailar	to dance	cada dos años	every two years
bajar	to download	cadena (f.) de montaje	assembly line
banco (m.) de datos	database	caja (f.)	box
banda (f.)	band	caja (f.) fuerte	safe
barato, barata	cheap	cajero (m.), cajera (f.)	cashier
barrer	to sweep	calculadora (f.)	calculator
barrera (f.) del sonido	sound barrier	calidad (f.)	quality
barrio (m.)	neighborhood	calle (f.)	street
bastante	enough, quite, rather	calmar	to allay
béisbol (m.)	baseball	calor (m.)	heat
bellamente	beautifully	camarero (m.), camarera (f.)	server
belleza (f.)	beauty		

caminar	to walk	*clarificar*	to clarify
camino (m.)	way	*clase (f.)*	class
campeonato (m.)	championship	*clima (m.)*	climate
campo (m.)	countryside	*club (m.)*	union
canadiense	Canadian	*coalición (f.)*	coalition
canela (f.)	cinnamon	*coche (m.)*	car
cañería (f.)	pipe	*cometa (f.)*	kite
cantar	to sing	*cometer*	to commit
carisma (m.)	charisma	*cómico, cómica*	comic
carne (f.)	meat	*comida (f.)*	food
carta (f.)	letter	*comité (m.)*	committee
cartero (m.)	mail carrier	*comprar*	to buy
casado, casada	wedded	*computadora (f.)*	computer
casarse con	to marry	*con*	with
casi	almost, near	*con agradecimiento*	gratefully
católico, católica	Catholic	*con confianza*	confidently
causa de, a	on account of	*con cuidado*	carefully
cerca	around, close [kloʊs], near	*con envidia*	jealously
		con persistencia	persistently
cerca de	close to, next to	*con respecto a*	regarding, respecting
cerda (f.)	sow		
cerrar	to close [kloʊz]	*condado (m.)*	county
cesar de	to cease + inf.	*condición que, a*	provided that
chequeo (m.)	checkup	*conejo (m.)*	rabbit
chica (f.)	girl	*confianza, con*	confidently
chino (m.), china (f.)	Chinese	*congelar*	to freeze
chocolate (m.)	chocolate	*congresista (m.), congresista (f.), miembro (m.) del Congreso*	congressperson
ciencia (f.) ficción	science fiction		
ciervo (m.)	deer, stag		
cifra (f.) aproximada	ballpark figure	*congreso (m.)*	congress
cima (f.)	top	*conseguir*	to manage + inf.
circunferencia (f.)	circumference	*consejo (m.)*	advice
ciudad (f.)	city, town	*conservar*	to keep

consistir	to consist	cuidadoso, cuidadosa	careful
constantemente	constantly	culpa (f.)	fault
contaminar	to contaminate	culpable	guilty
contestar	to answer, to reply	cuñada (f.)	sister-in-law
continente (m.)	continent	cuñado (m.)	brother-in-law
contra de, en	against	curar	cure
coro (m.)	choir	curiosamente	curiously
correr	to run	cuyo, cuya	whose
cortar	to cut up	dar una propina	to tip
corte (m.)	slit	de	of
corteza (f.)	crust, bark	de arriba	above
cotidiano	everyday	de arriba abajo	high and low
cotidiano, cotidiana	daily	de madera	wooden
credo (m.)	creed	de mala gana	reluctantly
creer	to believe	de manera pacífica	peaceably
cristiano (m.), cristiana (f.)	Christian	de manera viable	feasibly
criterio (m.)	criterion	¿De quien?	Whom?, Whose? (pron. interrogativo)
criticar	to decry	de vez en cuando	once in a while, occasionally
crítico, crítica	critical		
cuaderno (m.)	notebook	debajo	beneath, under
¿Cuál?	Which? (pron. interrogativo)	debajo, por	below
		deberes (m. pl.)	homework
cualquier parte, en	anywhere	decidirse	to decide + inf.
cuando	when	decir	to say
cuando está lloviendo	when it rains	declararse inocente o culpable	to plead
cuando, de vez en	once in a while		
cuanto a, en	as for	declinar	to decline
cubano	Cuban	delante	ahead, by
cuchillo (m.)	knife	delante de, por	ahead of
cucurucho (m.)	ice-cream cone	deliberado	intentional
cuidado, con	carefully	delicado	frail
cuidadosamente	carefully	demasiado	too, too much

demostrar	to demonstrate, to display	*duque (m.)*	duke
dentro	indoors, inside	*duquesa (f.)*	duchess
dentro de, en	within	*echar el lazo*	to lasso
depender de	to rely	*económicamente*	financially, economically
dependiente (m.), dependienta (f.)	salesperson	*ecuatoriano, ecuatoriana*	Ecuadoran, Ecuadorean
derramar lágrimas	to tear [trr]	*edificio (m.)*	building
desafiar	to challenge, to defy	*egoísta*	selfish
desairar	to snub	*ejemplificar*	to exemplify
desapreciar	to underestimate	*ejército (m.)*	army
descuidar	to neglect	*el / la menos*	least
desde, desde que	since	*el / la peor*	worst
desear	to wish	*él / ella*	it (después de una preposición)
deshacer	to unravel	*el / la mejor*	best
desistir	to desist	*elefante (m.)*	elephant
después	after, next	*elegante*	graceful, elegant
destruir	to destroy	*ella*	her (después de una preposición)
detector (m.) de humo	smoke detector		
detrás, detrás de	behind	*ellos, ellas*	them (después de una preposición)
diario, diaria	daily, everyday		
diciembre	December	*emocional*	emotional
diente (m.)	tooth	*emotivo, emotiva*	emotional
diferir	to defer, to postpone	*emplear*	to employ
disfrutar de	to enjoy	*empresa (f.)*	company
disparate (m.)	absurdity	*en broma*	jokingly
diversidad (f.)	diversity	*en contra de*	against
documentar	to document	*en cualquier parte*	anywhere
doler	to hurt	*en cuanto a*	as for
domingo (m.)	Sunday	*en el futuro*	in the future
donde	where	*en general*	ordinarily
dorado, dorada	golden	*en la planta superior*	upstairs
dormir	to sleep	*en otra parte*	elsewhere
duda, sin	surely	*en público*	publicly, publically

348 Complete English Grammar Review for Spanish Speakers

en realidad	actually	ése, ésa, eso	that (pron. demostrativo)
encantado de, estar	to be happy + inf., to be pleased + inf.	esfera (f.)	sphere
encantar	to delight	esforzarse	to strive, to try
encima de	over	ésos, ésas	those (pronombre demostrativo)
encontrar	to find		
enero	January	esos, esas,	those (adj. demostrativo)
enmienda (f.)	amendment		
enojado, enojada	angry	español, española	Spanish
enormemente	enormously, greatly	esperanza (f.)	expectation, hope
enseñar	to teach	esperar	to expect, to hope, to wait
entender	to understand		
entonces	then	espiar	to spy
entre	between	esposa (f.)	wife
entregar	to submit	estabilizar	to steady
entretanto	meanwhile	estado (m.)	state
envidia, con	jealously	estadounidense	American
equipo (m.)	crew, team	estar	to be
equipo (m.) estereofónico	stereo	estar ansioso de	to be eager + inf., Fig. to be dying + inf.
error (m.)	mistake	estar de pie	to stand
es hora de	it's time + inf.	estar encantado de	to be happy + inf., to be pleased + inf.
Es importante que...	It is vital that...		
Es necesario que...	It is required that...	estar triste de	to be sad + inf.
Es urgente que...	It is urgent that..., It is imperative that...	este, esta	this (adj. demostrativo)
		este, esta, esto	this, this one (pron. demostrativo)
escalera (f.)	stairs		
escénico, escénica	scenic	estos, estas	these (adj. demostrativo)
escuchar	to listen to	estos, estas, estos	these (pron. demostrativo)
escuela (f.) secundaria	high school		
escupir	to spit	estrellarse	to crash
ese, esa, aquel, aquella	that (adj. demostrativo)	estudiante (m.), estudiante (f.)	student
		estudiar	to study
		estadio (m.) de béisbol	ballpark

eterno	timeless	frecuentemente	often
europeo, europea	European	freír	to fry
evidente	self-evident, noticeable	fuego (m.)	fire
		fuera	away, out, outside
evitar	to avoid	fumar	to smoke
exacto, exacta	accurate	función (f.)	role
exagerar	to overdo	futuro, en el	in the future
examen (m.)	exam	gallina (f.)	hen
excepto	except, excepting, excluding	gallo (m.)	rooster
		gana, de mala	reluctantly
exhibir	to display	ganar	to win
experimento (m.)	experiment	gasolinera (f.)	gas station
extraordinariamente	amazingly	general, en	ordinarily
extraordinario, extraordinaria	amazing	generalmente	commonly
		gigante	giant
fabricar	to fabricate	golfo (m.)	gulf
fácil	easy	gracioso, graciosa	graceful
factura (f.)	invoice	granjero (m.), granjera (f.)	farmer
facultad (f.)	faculty		
familia (f.)	family	grasa (f.)	shortening
farmacéutico (m.), farmacéutica (f.)	pharmacist	grupo (m.)	band; crew
		guatemalteco, guatemalteca	Guatemalan
fealdad (f.)	ugliness		
febrero	February	hablar	to speak, to talk
felicidad (f.)	happiness	hace + lapso de tiempo	ago
fiabilidad (f.)	reliability	hace dos días	two days ago
fiable	dependable	hacer	to do
fiesta (f.)	party	hacer demasiado	to overdo
finalmente	finally	harina (f.)	flour
fingir	to pretend	hasta, hasta que	until
firma (f.)	signature	helar	to freeze
firmar	to sign	hermana (f.)	sister
fisgar	to pry	hermanastra (f.)	stepsister
frágil	frail	hermano (m.)	brother

hermoso, hermosa	beautiful	inclinar	to tip
héroe (m.)	hero	independientemente	independently
heroicamente	heroically	inesperadamente	unexpectedly
heroína (f.)	heroine	inevitable	inevitable
hija (f.)	daughter	infantil	childish
hispánico, hispánica	Hispanic	inferir	to infer
hispanohablante, hispanoparlante	Spanish-speaking	influencia (f.)	influence
		influyente	influential
histórico, histórica	historic	inglés	English
hoja (f.)	leaf	iniciar	to initiate
hombre (m.)	man	insistir	to insist
hondureño, hondureña	Honduran	insoportablemente	intolerably
honor (m.)	honor	inteligente	intelligent
hora de, es	it's time + inf.	intentar	to try
hornear	to bake	investigación (f.)	investigation
horrible	awful	investigar	to investigate
hospital (m.)	hospital	ir a, ir en	to ride
hotel (m.)	hotel	irónico	ironic
humanidad (f.)	mankind	jaula (f.)	cage
hurtadillas, moverse a	to sneak	jefe (m.)	boss, chief
idioma (m.)	language	judío, judía	Jewish
iglesia (f.)	church	jueves (m.)	Thursday
igual	equal	juez (m.), jueza (f.)	justice, judge
igualdad (f.)	equality	jugar	to play
implorar	to plead	jugar con	to toy with
imponer	to mete out	juguete (m.)	toy
importante que, Es	It is vital that...	julio	July
impresor (m., persona), impresora (f., máquina)	printer	junio	June
		jurado (m.)	jury
impuesto (m.) sobre la renta	income tax	jurar	to swear
incansable	tireless	justicia (f.)	justice

la	her, it, you (pronombre de complemento)	*Luna (f.)*	Moon
lago (m.)	lake	*lunes (m.)*	Monday
lágrimar, derramar	to tear [trr], to cry	*lupa (f.)*	magnifying glass
lanzar	to launch	*madera (f.)*	wood
las	you, them (pronombre de complemento)	*madera, de*	wooden
		madre (f.)	mother
lástima (f.) de si mismo	self-pity	*maestro (m.), maestra (f.)*	teacher
lavable	washable	*magnificar*	to magnify
lección (f.)	lesson	*mal*	badly
legal	lawful, legal	*manera (f.)*	manner, way
legítimo, legítima	lawful	*manera pacífica*	peaceably
lejos	far	*manera viable, de*	feasibly
león (m.)	lion	*mantener*	to maintain
leona (f.)	lioness	*mañana*	tomorrow
letra (f.)	letter	*mañana por la mañana*	tomorrow morning
liberar	to set free	*mañana por la tarde*	tomorrow afternoon
libertad (f.)	freedom		
libremente	freely	*maquillaje (m.)*	makeup
limpiar	to clean, to wipe	*mar (m.)*	sea
línea (f.) de montaje	assembly line	*margarina (f.)*	margarine
llave (f.)	key	*marido (m.)*	husband
llave (f.) portátil	flash drive	*marrón*	brown
llevar	to carry, to wear	*martes (m.)*	Tuesday
llorar	to cry	*martes (m.) pasado*	last Tuesday
lloviendo, cuando está	when it rains	*marzo*	March
lo	it (pronombre de complemento); him, you	*más*	more
		más lejos	farther
		más tarde	afterwards, later, later on
los	them, you (pronombre de complemento)	*masa (f.)*	dough
		matar	to slay
luego	next	*mayo*	May

me	me (pronombre de complemento)	mismo: tú mismo, a ti mismo; Ud. mismo, a Ud. mismo	yourself
me, yo mismo, a mí mismo	myself	mismo: yo mismo, a mí mismo	myself
médico (m.), médica (f.)	doctor	mismos: ellos mismos, a sí mismos	themselves
medio (m., de comunicación)	medium	mismos: nosotros mismos, a nosotros mismos	ourselves
medir	to measure		
mejicano, mejicana	Mexican	mismos: Uds. mismos, a sí mismos	yourselves
mejor	better	moderación (f.)	moderation
menos	less	mojar	to wet
menos que, a	unless	molestar	to annoy, to bother
mensaje (m.) - texto	text message	montaña (f.)	mountain
menudo, a	often	montar a / en	to ride
mes (m.) pasado	last month	morir	to die
metal (m.); el metal precioso	metal; precious metal	moverse	to fidget
mezclar	to mix	moverse a hurtadillas	to sneak
mezquita (f.)	mosque	muchacho (m.)	boy
mí	me (después de una preposición)	muebles (m. pl.)	furniture
mi, mis	my	muerte (f.)	death
mientras	while	mujer (f.)	woman, wife
mientras tanto	meanwhile	multitud (f.)	crowd
miércoles (m.)	Wednesday	musulmán, musulmana	Muslim
mío, mía	mine	muy	very
mirar	to watch	nacimiento (m.)	birth
miseria (f.)	misery	nación (f.)	nation
misma: ella misma, a sí misma	herself	nacional	domestic
mismo, del; misma, de la	thereof	nadar	to swim
		naranja (f.), naranja (adj.)	orange
mismo: él mismo, a sí mismo	himself	necesario	necessary
mismo: él mismo, ella misma, a sí misma	itself	necesario que..., Es	It is required that...

negar	to deny	odiar	to hate
negociar, repartir	to deal	ofrecerse de voluntario	to volunteer
negro, negra	black	ofrecerse para	to offer + inf.
niño (m.), niña (f.)	child	oír	to hear
noche, por la	in the evening	olvidar	to forget
nombrar	to appoint	olvidarse de	to forget + inf.
normalizar	to standardize	omitir	to leave out
normalmente	usually	ordenador (m.) (España)	computer (Spain)
nos	us (pronombre de complemento)	orgulloso, orgullosa	proud
nos, nosotros mismos, nosotras mismas, a nosotros mismos	ourselves	orquesta (f.)	orchestra
		otra vez	again
nosotros	us (después de una preposición)	otro, más	another
		oveja (f.)	sheep
notable	noticeable	pacífica, de manera	peaceably
noticias (f. pl.)	news	padre (m.)	father
novia (f.)	fiancée, girlfriend	pagar	to pay
noviembre	November	palear	to shovel
novio (m.)	boyfriend, fiancé	pan (m.)	bread, loaf of bread
nuestro, nuestra	ours (pron. posesivo)	papa (f.)	potato
nuestro, nuestra, nuestros, nuestras	our (adj. posesivo)	papel (m.)	role
		parar, dejar	to stop
nuevo	new	pararrayos (m.)	lightning rod
nunca	never	parecer	to appear, to seem
objetivo (m.)	purpose	pareja (f.)	couple
obligar	to compel	parodiar	to parody
oca (f.)	goose	parte, en otra	elsewhere
ocasión (f.)	occasion	pasado mañana	the day after tomorrow
ocasionalmente, a veces	occasionally		
océano (m.)	ocean	pasar	to pass
octubre	October	pasar por alto, olvidar	to overlook
ocupar el poder	to take over	pata (f.)	duck
ocurrir	to occur	patata (f.)	potato

pato (m.)	duck	por favor	please
paz (f.)	peace	por fin	finally
pedir	to ask	por la mañana	in the morning
peligroso, peligrosa	dangerous	por la noche	in the evening
pellizcar	to pinch	por la tarde	in the evening
peor	worse	por suerte	fortunately
pequeño, pequeña	small	por todas partes	all over, everywhere
perceptiblemente	noticeably		
perder	to lose	posponer	to postpone
periodismo (m.)	journalism	prácticamente	practically
periquito (m.)	parakeet	practicar	to practice
permanecer	to remain	precalentar	to preheat
persistencia, con	persistently	preferir	to prefer
persistir	to persist	prensa (f.)	the press
pesadilla (f.)	nightmare	preparar	to prepare
pesar de, a	in spite of	presentador (m.), presentadora (f.)	host, anchor, anchorman, anchorwoman
pez (m.)	fish		
pie (m.)	foot		
pie, estar de	to stand	presentadora (f.)	hostess
pintoresco	picturesque	presidenta (f.)	president, chair, chairperson, chairwoman
pintoresco, pintoresca	scenic		
planear	to plan + inf.		
planetas (m. pl.)	planets	presidente (m.)	president, chairman
planta inferior, en la	downstairs	prestar	to lend
poco	little	pretender	to pretend
poco, un	somewhat	primo (m.), prima (f.)	cousin
poeta (m.) laureado	poet laureate	princesa (f.)	princess
poner	to lay, to place, to put	príncipe (m.)	prince
		privar	to abridge
poner a cero	to zero	probable, ser	to be likely + inf.
por debajo	below	probar	to try
por delante de	ahead of	profesor (m.), profesora (f.)	professor
por encima	over	programa (m.)	syllabus
		prohibido, prohibida	forbidden

prohibir	to forbid	*racismo (m.)*	racism
prometer	to promise	*radiar*	to radio
prominente	**prominent**	*radio (f.)*	radio
promulgar	to enact	*radiografiar*	to x-ray
pronombre (m.)	pronoun	*rápido*	fast-moving
pronto	soon	*raramente*	infrequently, rarely, seldom
propuesta (f.)	proposal		
protestante	**Protestant**	*rasgar, rasgarse*	to tear [ter]
próxima semana (f.)	next week	*ratificar*	to ratify
próximo año (m.)	next year	*ratón (m.), ratona (f.)*	mouse
próximo martes (m.)	next Tuesday	*rayo (m.)*	lightning bolt
próximo mes (m.)	next month	*realidad, en*	actually
prudente	careful	*rebaño (m.)*	flock, herd
prueba (f.)	evidence, proof	*rebelarse*	to rebel
públicamente	**publicly, publically**	*rechazar*	to refuse + inf.
público	**publicly, publically**	*recientemente*	lately, recently
público (m.)	audience, crowd	*recuperar*	to retrieve
público, pública	public	*redactar*	to draft
pueblo (m.)	village	*reembolsar*	to reimburse
puertorriqueño, puertorriqueña	**Puerto Rican**	*reemplazar*	to replace
		reestablecer	to restore
que	that, which, who	*reflejar*	to reflect
¿Qué?	**What?** (pron. interrogativo)	*regularmente, normalmente*	regularly
quedar	to remain	*reír*	to laugh
queja (f.)	grievance	*relativamente*	relatively
quemar	to singe	*relleno (m.)*	filling
querer	to want	*reloj (m.)*	watch
quién (¿A quién? ¿De quien?)	**Whom?** (pron. interrogativo)	*remitir, mandar*	to refer
		reparación (f.)	redress
quien, a	whom	*reparar*	to fix
¿Quién?	**Who?** (pron. interrogativo)	*replicar*	to reply
		representar	to portray
quieto, no estar	to fidget		

resistencia (f.)	endurance	se, Uds. mismos, a sí mismos, vos, vosotros mismos, a vosotros mismos	yourselves
resistir	to resist		
respecto a, con	respecting	secadora (f.)	dryer
respirar	to breathe	secar	to dry
responder	to reply	seguir + gerundio	to continue + gerundio
restaurar	to restore		
retirarse	to recede	seguir + infinitivo	to keep on + participio presente
retraso (m.)	delay		
río (m.)	river	según su demanda	per your request
robar	to steal	segundo nombre (m.)	middle name
rodeo (m.)	rodeo	seguramente	surely
rogar	to urge	seguridad (f.)	security
rojo, roja	red	semana (f.) pasada	last week
romper	to break	semental (m.)	stallion
ruso (m.), rusa (f.)	Russian	senador (m.), senadora (f.)	senator
sábado (m.)	Saturday		
saber + inf.	to know how + inf.	sentarse	to sit
sabio, sabia	wise	septiembre	September
sacar	to remove	ser	to be
sacudir	to shake	ser probable	to be likely + inf.
salir	to leave	servicio (m.)	service
salto (m.)	leap	si	if
salud (f.)	health	siempre	always
salvadoreño, salvadoreña	Salvadoran	silla (f.)	chair
		sin duda	surely
sano, sana	healthy	sinagoga (f.)	synagogue
se, él mismo, a sí mismo	himself	sindicato (m.)	union
		síntoma (m.)	symptom
se, él mismo, ella misma, a sí mismo, a sí misma	itself	sistema (m.)	system
		sistema solar (m.)	solar system, the
se, ella misma, a sí misma	herself	situado	located
		sobre	over
se, ellos mismos, a sí mismos	themselves	sobrina (f.)	niece

sobrino (m.)	nephew	te, tú mismo, a ti mismo, se, Ud. mismo, a Ud. mismo	yourself
Sol (m.)	Sun, the	teatro (m.)	theater
solicitar	to apply	techo (m.)	roof
solo, sólo	only	telecargar	to download
solución (f.)	solution	teléfono (m.) móvil	cell phone
solucionar	to solve	televisión (f.)	television
someter	to subdue	televisor (m.); el televisor plasma	television set; plasma television
sonar	to ring		
su, sus	its	temprano	early
su, sus (de él)	his (adj. posesivo)	tener la intención de	to intend + inf., to mean + inf.
su, sus (de ella)	her (adj. posesivo)		
su, sus (de ellos, de ellas)	their (adj. posesivo)	tener miedo de	to be afraid + inf.
su, sus (de Ud., de Uds.)	your (adj. posesivo)	tener muchas ganas; tener mucho deseo	to look forward to
subir	to climb, to rise	tener que	to have to , to need + inf.
suegra (f.)	mother-in-law		
suegro (m.)	father-in-law	tentar	to tempt
sugerir	to suggest	teñir	to dye
sumergir	to sink	teoría (f.)	theory
superar	to outdo	teórico, teórica	theoretical
superioridad (f.)	superiority	ternero (m.)	calf
suponer	to suppose	ti	you (después de una preposición)
sustantivo (m.)	noun		
suyo	theirs (pron. posesivo)	tía (f.)	aunt
suyo, suya (de él)	his (pron. posesivo)	tienda (f.) de barrio	convenience store
suyo, suya (de ella)	hers (pron. posesivo)	Tierra (f.)	Earth, the
suyo, suya (de Ud.), suyo (de Ud.)	yours (pron. posesivo)	tío (m.)	uncle
		tirar	to throw
también	too	tocar	to play
tarde, por la	in the evening	todo	all, every
tareas (f. pl.)	chores	todos los días	every day
te	you (pronombre de complemento)	tomar	to take

tomar parte en	to partake	ver	to see
tomate (m.)	tomato	verdad (f.)	truth
tormenta (f.)	thunderstorm	verdaderamente	truly
toro (m.)	bull	verde	green
trabajar	to work	versión (f.), escribir la primera	to draft
tranquilidad (f.)	quiet	verter	to pour
transportar, transmitir	to convey	vez en cuando, de	once in a while
través de, a	through	vez, una; una vez que	once
través, a	across	Vía (f.) Láctea	Milky Way, the
tren (m.)	train	viable, de manera	feasibly
tripulación (f.)	crew	viajar	to travel
triste de, estar	to be sad + inf.	vida (f.)	life
tropezar	to stub	viejo, vieja	old
tu, tus	your (adj. posesivo)	viernes (m.)	Friday
tuyo, tuya	yours (pron. posesivo)	vindicar	to vindicate
		violeta	violet
unificar	to unify	visualizar	to display
universidad (f.)	college, university	volar	to fly
uno al otro, el	each other, one another	volverse	to become
urgente que..., Es	It is urgent that...; It is imperative that...	vos, vosotros mismos, a vosotros mismos	yourselves
usted, ustedes	you (después de una preposición)	vosotros	you (después de una preposición)
utilizar	to deploy	vuelo (m.)	flight
vaca (f.)	cow	vuestro, vuestra	yours (pron. posesivo)
valer	to be worth	vuestro, vuestra, vuestros, vuestras	your (adj. posesivo)
variar	to vary		
veces, a	occasionally, sometimes	ya	already
		ya que	since
vendedor (m.), vendedora (f.)	salesperson	yegua (f.)	mare
		yo mismo	myself
vender	to sell	zapato (m.)	shoe
venezolano, venezolana	Venezuelan		

Índice/Index